Grenzen einer strafrechtlichen Regulierung des Kapitalmarktes

Frankfurter kriminalwissenschaftliche Studien

Bd./Vol. 81

PETER LANG
Frankfurt am Main · Berlin · Bern · Bruxelles · New York · Oxford · Wien

Thilo Lars Hild

Grenzen einer strafrechtlichen Regulierung des Kapitalmarktes

Eine kriminalrechtliche Untersuchung von Börsengängen und Aktienhandel in Deutschland und den USA

PETER LANG
Europäischer Verlag der Wissenschaften

Bibliografische Information Der Deutschen Bibliothek
Die Deutsche Bibliothek verzeichnet diese Publikation in der Deutschen Nationalbibliografie; detaillierte bibliografische Daten sind im Internet über <http://dnb.ddb.de> abrufbar.

Zugl.: Frankfurt (Main), Univ., Diss., 2003

D 30
ISSN 0170-6918
ISBN 3-631-51427-1

www.peterlang.de

Von den Wellen des täglichen Lebens läßt sich der Gesetzgeber die Handlungen vor die Füße spülen, die er dann lässig aufgreift, um sie wegen ihrer Unerträglichkeit zu Verbrechenstatbeständen zu erheben.

Karl Binding, 1902
Lehrbuch des gemeinen Deutschen Strafrechts

Vorwort

Diese Arbeit lag dem Fachbereich Rechtswissenschaften der Johann Wolfgang Goethe - Universität im Wintersemester 2002 / 2003 als Dissertation vor.

An erster Stelle möchte ich meinem Doktorvater Herrn Prof. Dr. Peter-Alexis Albrecht besonders danken. Ohne seine wissenschaftliche Unterstützung und konstruktiven Vorschläge wäre diese Arbeit nicht zustande gekommen. Mein besonderer Dank gilt ferner Herrn Prof. Dr. Wolfgang Naucke, dessen Betreuung der Arbeit weit über die Erstattung des Zweitgutachtens hinaus ging. Beide haben durch zahlreiche Anregungen und Diskussionen während meines Studiums und der Promotion mein Strafrechtsverständnis nachhaltig geprägt. Auch möchte ich Herrn Privatdozent Dr. Stefan Braum für den wissenschaftlichen Austausch und seine Hilfe danken.

Ebenso danke ich Herrn Ministerialrat Klaus-Dieter Benner für die konstruktiven und kontroversen Diskussionen über die Legitimation des Börsenstrafrechts.

Ohne die Unterstützung beim Korrekturlesen und Formatieren hätte mich die Arbeit wahrscheinlich bis ins Rentenalter begleitet. Hierfür danke ich besonders meiner Verlobten Gesine, deren Eltern und Bruder - Monika, Jürgen und Jan Drewitz - sowie meinen Eltern.

Meine Eltern haben mich sowohl in meinen sportlichen als auch beruflichen Zielen und Plänen stets unterstützt und gefördert. Ich habe dies nie als eine Selbstverständlichkeit angesehen und bin hierfür sehr dankbar. Ihnen widme ich dieses Buch.

Frankfurt am Main, September 2003

INHALTSVERZEICHNIS

Einleitung

Der Kapitalmarkt und hierbei insbesondere der Aktien- und Anleihehandel stehen als Motor vieler Wirtschaftszweige in gesellschafts- und wirtschaftspolitischer Hinsicht im Interesse von Staat und Bevölkerung. Die Bedeutung des Kapitalmarkts als globaler Wirtschaftsfaktor wurde durch die starke Zunahme börsennotierter Unternehmen in den vergangenen Jahren, die länderübergreifenden Fusionen der Börsen und den weltweiten Aktienhandel deutlich. Die Möglichkeit, sowohl am ehemaligen deutschen Technologiesegment *Neuer Markt,* nunmehr dem sog. TecDax, und dem entsprechenden amerikanischen Handelssegment *Nasdaq* gelistet zu sein, wurde gerade in den Jahren 1997 bis 2001 in zunehmendem Maße von Internet-, Biotechnologie- und anderen Wachstumsunternehmen zur Kapitalbeschaffung genutzt.

Die Bedeutung rechtlicher Fragen von Börseneinführungen (**IPO** - Initial Public Offering[1]) und dem damit verbundenen Aktien- und Optionsscheinhandel rückt immer mehr in das Interesse des Gesetzgebers zur Verwirklichung wirtschaftspolitischer Ziele.

Hierzu bedient sich in Deutschland die Legislative in zunehmendem Maße der erhofften Steuerungsfunktion des Strafrechts als Mittel zur präventiven Wirtschaftskontrolle. Eine dem Kernstrafrecht entlehnte repressive staatliche Reaktion auf den sozialen Unwertgehalt einer Handlung ist nicht die Regel. Vielmehr wird der strafrechtliche Rechtsgüterschutz vorverlagert, und die Strafvorschriften enthalten hierdurch fast ausschließlich präventiven Regelungscharakter. Die Umsetzung kapitalmarktbezogener ordnungspolitischer Intentionen in Strafnormen ist kein Einzelfall, sondern stellt eine kontinuierliche Entwicklung der jüngsten Strafrechtsgeschichte dar, die als "Hypertrophie des Strafrechts"[2] bezeichnet wird.

Von der Steuerungsfunktion des Strafrechts wird quantitativ derart extensiv Gebrauch gemacht, daß die eigentliche Funktion, - der qualitative Rechtsgüterschutz im Kriminaljustizsystem - durch die Vorverlagerung von Strafrechtsschutz zurückgedrängt wird. Die Anwendung des Strafrechts als *ultima ratio* im Instrumentarium des Gesetzgebers[3] ist vielmehr als *prima ratio* substituiert worden.

Der Anstoß einer solch "poenaphilen" Entwicklung der Gesetzgebung findet seinen Ursprung nicht in nationaler Gesetzgebung, sondern im Rahmen der

---

[1] IPO bedeutet Initial Public Offering und steht für das erste öffentliche Angebot, Wertpapiere zu zeichnen.
[2] *Maurach/Zipf*, Strafrecht AT, Teilband 1, S. 280.
[3] BVerfGE 39 1, (47).

zunehmenden Angleichung amerikanischer und europäischer Rechtssysteme und deren ordnungspolitischen Intentionen. So wird auch das deutsche Kriminaljustizsystem in zunehmender Weise von Zweckmäßigkeitserwägungen getragen, deren gesetzgeberischer Ursprung im anglo-amerikanischen Recht liegt.

Das leitende Motiv vieler auf die Börseneinführung und den Börsenhandel bezogener Strafvorschriften besteht darin, das Vertrauen der Anleger in die Finanzmärkte zu stärken und einen wettbewerbsfähigen Finanzplatz zu garantieren.

Das deutsche Strafrecht, das in seiner durch die Aufklärung geprägten ultima-ratio-Funktion nicht dazu bestimmt ist, überindividuelle Rechtsgüter wie den ökonomischen Vertrauensschutz in den Wettbewerb zu garantieren, wird durch die extensive Ausdehnung des strafrechtlichen Rechtsgüterschutzes durch den Gesetzgeber als Mittel zur Verwirklichung wirtschaftspolitischer Ziele des Kapitalmarkts instrumentalisiert.

Vor diesem Hintergrund soll die vorliegende Arbeit, unter Berücksichtigung der U.S.-amerikanischen Kapitalmarktregulierung, die unterschiedlichen strafrechtlichen Vorschriften, die die Börseneinführung und den Aktienhandel betreffen, untersuchen und den hierdurch bestehenden Schutz der Finanzmärkte und seiner Anleger prüfen. Die Funktionen des Strafrechts im staatlichen Sanktionensystem sollen zunächst mittels einiger Prinzipien des Strafrechts verdeutlicht werden.

1. Kapitel: Prinzipien des Strafrechts

Der Kapitalmarkt wird in Deutschland zwar in geringerem Maße als in den Vereinigten Staaten mit den Mitteln des Strafrechts reguliert. Hierbei werden aber ebenso abstrakte Rechtsgüter als Schutzgut definiert und der strafrechtliche Schutz vorverlagert. Die Frage, ob die strafrechtliche Regulierung des Kapitalmarkts im Einklang mit der freiheitssichernden Funktion des deutschen Strafrechts steht, stellt sich deshalb um so deutlicher.

Das Strafrecht ist die stärkste und ausgeprägteste Form legitimierter staatlicher Gewalt[4]. Es stellt die schärfste Waffe des Staates dar, um Gesetzesverstöße zu sanktionieren. Gleichzeitig birgt das Strafrecht aber auch rechtsstaatliche Garantien in sich, die eine Absicherung gegen willkürliche Eingriffe des Staates in die Freiheitssphäre der Bürger beinhalten. Diese rechtsstaatlichen Garantien finden sich in den Prinzipien des Strafrechts wieder, insbesondere im Gesetzlichkeitsprinzip.

Die durch Strafnormen festgeschriebene Ermächtigung des Staates, ein bestimmtes menschliches Verhalten zu sanktionieren, stellt den schärfsten Eingriff in die individuelle Freiheit des Einzelnen dar. Gleichzeitig werden jedoch auch die Eingriffsbefugnisse des Staates durch die Prinzipien des Strafrechts qualitativ begrenzt. Der Schutz der individuellen Freiheit, der aus der Sicht der Aufklärung der Ausgangspunkt für die Begründung eines staatlichen Rechtszustandes ist, wird durch die Prinzipien des Strafrechts gesichert[5]. Neben den verfahrensrechtlichen Prinzipien wie Öffentlichkeit und Mündlichkeit ist das Prinzip der Gesetzlichkeit als wichtigstes Prinzip des Verfassungsrechts zu nennen. Seine enorme Bedeutung ist durch seine Funktion zu erklären. Das Prinzip der Gesetzlichkeit garantiert, daß eine staatliche Behörde ohne gesetzliche Grundlage eine Tat nicht als Straftat bezeichnen darf und auch ohne gesetzliche Grundlage von einer staatlichen Behörde keine Sanktionen verhängt werden dürfen (*nullum crimen, nulla poena sine lege*)[6]. Durch Gesetzlichkeit sollen willkürliche staatliche Eingriffe in die Freiheitsrechte des Einzelnen verhindert werden. Die Schutzfunktion des Gesetzlichkeitsprinzips als Absicherung der individuellen Freiheit ist ein elementarer Bestandteil eines rechtsstaatlichen Strafrechts. Legislativ verankert ist das Prinzip der Gesetzlichkeit des Strafrechts in Art. 103 Abs. 2 GG, §§ 1 StGB, 152 Abs. 2 StPO, 1 GVG.

Die Gesetzgebung im Bereich des Strafrechts hat sich im vergangenen Jahrhundert kontinuierlich verändert, so daß sich die Frage stellt, wodurch

---

[4] *Wolff, E.A.*, Die Abgrenzung von Kriminalunrecht zu anderen Unrechtsformen, in *Hassemer, W.*, Strafrechtspolitik, S. 139.

[5] *Albrecht, P.-A..*, Kriminologie, S. 102.

[6] Begründet wurde der nullum crimen, nulla poena-Grundsatz durch *P.J.A. Feuerbach*.

Gesetzlichkeit bedingt ist. Entscheidend für die Strafgesetzgebung einer demokratisch legitimierten Regierung ist deren Kriminalpolitik. Kriminalpolitik ist Politik mit den Mitteln der Androhung, der Verhängung und der Vollstreckung von strafenden Sanktionen[7]. Sie ist von verschiedenen Faktoren abhängig, die sich aktuell jedoch nicht an strafrechtsdogmatischen Gesichtspunkten orientieren, sondern wirtschaftliche, sozialgestaltende und gesellschaftssteuernde Ziele zum Gegenstand haben. Zu den Leitlinien der Kriminalpolitik gehört aber auch die Rechtsidee, gehören Menschenbild und Menschenwürde, Humanität und Toleranz, – ein Arsenal rechtsphilosophischer Instrumente[8] -, deren Einfluß in der aktuellen Gesetzgebung jedoch nur noch als rudimentär bezeichnet werden kann. Die Konsequenz dieser Entwicklung besteht darin, daß die Rechtsanwendung von zweckbezogener, gegenwartsnaher strafrechtlicher Auslegung, von Handhabung des Gesetzes nach Schutzbedürfnissen und kriminalpolitischen Empfänglichkeiten geprägt ist[9]. In Vergessenheit gerät hierbei nur allzu oft die Tatsache, daß das Strafrecht die Funktion einer ultima ratio der Sozialkontrolle[10] beinhaltet, und der Anwendungsbereich von Strafgesetzen dementsprechend vom Gesetzgeber zu limitieren ist.

Bevor nun die Gesetzlichkeit als wichtigstes Prinzip des Strafrechts anhand von rechtshistorischen Quellen und zeitgenössischer Gesetzgebung untersucht wird, stellt sich zunächst die Frage nach der Legitimation des Strafrechts. Welches "Recht" hat der Staat, bestimmte Verhaltensregeln für seine Bürger aufzustellen und die Zuwiderhandlung strafrechtlich zu verfolgen?[11] Woraus erschließt sich dieses "Recht"; was ist der Maßstab eines solchen "Rechts" ?

Die persönliche Freiheit des Einzelnen wird durch die gedankliche Konstruktion des Gesellschaftsvertrages garantiert, indem der Einsatz von Gewalt auf staatliche Institutionen übertragen wird. Freiheitsverletzungen sind Verbrechen, und der Staat hat das Recht und die Pflicht, mit Strafe zu reagieren[12]. Der im interpersonalen Verhältnis erfolgte wechselseitige Verzicht auf Gewalt und deren Delegation an einen neutralen Dritten begründet den Staat und mit ihm erst den eigentlichen Rechtszustand, in dem Ausübung von Gewalt als legitim bezeichnet werden kann[13]. Durch den Gewaltverzicht des Individuums und das staatliche Gewaltmonopol, dessen Anwendung durch Gesetze eingeschränkt ist, wird der organisierte Einsatz von Gewalt begrenzt, kontrollierbar und

---

[7] *Naucke, W.*, Gesetzlichkeit und Kriminalpolitik, in: JuS 1989, 862.
[8] *Hassemer, W.*, Strafen im Rechtsstaat, S. 70.
[9] *Naucke, W.*, Gesetzlichkeit und Kriminalpolitik, in: JuS 1989, 862, (863).
[10] *Albrecht, P.-A.*, Strafrecht - ultima ratio, S. 13.
[11] Vgl. hierzu *Schmitz, H.-G.*, Legitimität der Kriminalstrafe, S. 24.
[12] *Naucke, W.*, Schwerpunktverlagerungen im Strafrecht, in: KritV 1993, 137.
[13] *Albrecht P.-A.*, Kriminologie, S. 101.

vorhersehbar. Somit ist das Gesetz ein unverzichtbares Instrument zur Formalisierung von staatlicher Gewalt[14].

Die Legitimität eines rechtsstaatlichen Strafrechts ergibt sich vordergründig aus einem korrekt durchgeführten Gesetzgebungsverfahren unter Einhaltung aller formal-juristischen Vorschriften. Positives Recht ist der Maßstab eines strafrechtlichen Vorwurfs. Doch ist positives Recht, insbesondere Strafrecht, allein durch ein Gesetzgebungsverfahren auch ein vernünftiges Recht, ein richtiges Recht ? Worin besteht die Legitimation eines rechtsstaatlichen Strafrechts ? Ergibt sich die Legitimität eines rechtsstaatlichen Strafrechts bereits aus seiner durch parlamentarische Mehrheiten getragenen Entstehung ?

Diese Frage auf einer rein formal-juristischen Ebene zu beantworten, vermag der Bedeutung des Anliegens nicht gerecht zu werden. Eine Antwort könnte sich mit Hilfe der Rechtsphilosophie finden lassen, denn die Rechtsphilosophie soll eine Lehre vom richtigen Recht entwickeln und sich dabei vom positiven Recht abheben[15]. Dies führt zu dem zentralen Problem einer Strafrechtsphilosophie, der Legitimität von Strafrecht und Strafe[16].

A. Das Prinzip der Strafgesetzlichkeit als Ausgangspunkt der Legitimation rechtsstaatlichen Strafrechts bei Immanuel Kant

Ist positives Recht auch ein vernünftiges Recht, kann staatliches Strafen allein aufgrund seiner Gesetzlichkeit als Straf-"recht" legitimiert sein? Diese Frage würde der von 1724 bis 1804 in Königsberg lebende Professor für Logik und Metaphysik Immanuel Kant[17], der international als Begründer der besonders für die Rechtswissenschaft bedeutsamen wissenschaftskritischen Transzendental-philosophie angesehen wird[18], eindeutig verneinen[19].

I. Ablehnung der Empirie als Ausgangspunkt der Strafgesetzlichkeit

Die Legitimation der staatlich strafenden Machtausübung entwickelt Kant mittels einer von Empirie (*Das Sein rechtfertigt das Sollen*) und Rechtsrelativismus (*Rechtfertigung ergibt sich durch Bedürfnis*)[20] befreiten Wissenschaftlichkeit, mittels

[14] *Albrecht, P.-A.*, Kriminologie, S. 101.
[15] *Naucke, W.*, Rechtsphilosophische Grundbegriffe, Rn. 28.
[16] *Hassemer, W.*, Strafen im Rechtsstaat, S. 70.
[17] Eine detaillierte Beschreibung zu Kants Leben findet sich in *Naucke, W.*, Rechtsphilosophische Grundbegriffe, Rn. 144.
[18] *Harzer, R.*, in: *Stolleis*, Juristen, S. 334.
[19] *Schild, W.*, Die staatliche Strafmaßnahme als Symbol der Strafwürdigkeit, in: Festschrift für E.A. Wolff, S. 430.
[20] *Kant, I.*, Metaphysik der Sitten, S. 158ff., 195f.; *Naucke, W.*, Kants Kritik der empirischen Rechtslehre, S. 192.

der erkenntnistheoretisch gesicherten Wahrheit[21]. Er verweist darauf, daß dem Rechtsgelehrten (*Iurisconsultus*) verborgen bleibt, woran man überhaupt Recht erkennen könne, wenn er nicht eine Zeitlang jene empirischen Prinzipien verläßt und die Quellen jener Urteile in der bloßen Vernunft sucht, um zu einer möglichen positiven Gesetzgebung die Grundlage zu errichten[22]. Kant bestreitet die Möglichkeit, sittliche Normen aus anthropologischen, also empirischen, Erkenntnissen herzuleiten[23].

"Eine bloß empirische Rechtslehre ist (wie der hölzerne Kopf in Phaedrus' Fabel) ein Kopf, der schön sein mag, nur schade! Daß er kein Gehirn hat"[24].

Dieses Zitat Kants steht für dessen systematische Ablehnung einer durch Empirie beeinflußten Rechtslehre. Aus der empirischen Rechtslehre entsteht kein Recht[25]. Empirie verpflichtet zu nichts[26].

Die Betonung der "Metaphysik" im Zusammenhang mit der Erörterung der Rechtslehre und damit der Ablehnung der empirischen Rechtslehre ist bei Kant von beträchtlicher Bedeutung. Die metaphysische Rechtslehre ist der große Gegensatz zur empirischen, hirnlosen Rechtslehre[27]. Wichtigstes Kennzeichen dieser Metaphysik ist die Unabhängigkeit von der Empirie[28]. Kant unterscheidet das Gebiet, was rechtens ist, von dem Gebiet, was überhaupt Recht sein kann: das sind exakt die Gebiete des empirischen Rechts einerseits, des metaphysischen Rechts andererseits[29]. Eine deutliche Trennung des metaphysischen vom empirischen Recht läßt sich anhand der territorialen und temporären Unterscheidung erkennen. Empirisches Recht ist, "was die Gesetze an einem gewissen Ort und zu einer gewissen Zeit kennzeichnet"[30]. Empirisches Recht ist ein gewolltes Recht, bei dem es nur darauf ankommt, daß eine machtvolle Instanz dieses Recht will; auf den Inhalt kommt es nicht an[31]. In einem solch gewollten Recht sind aber nur Bedürfnisse und Wünsche einzelner Gruppen enthalten, die ohnehin nur Machtäußerungen sind[32].

---

[21] *Naucke, W.*, Rechtsphilosophische Grundbegriffe, Rn. 155.
[22] *Kant, I.*, Metaphysik der Sitten, S. 34.
[23] *Deimling, G.*, Cesare Beccaria: Die Anfänge moderner Strafrechtspflege in Europa, S. 32.
[24] *Kant, I.*, Metaphysik der Sitten, S. 34f.; *Naucke, W.*, Kants Kritik der empirischen Rechtslehre, S. 5; *Zaczyk, R.*, Über Begründung im Recht, in: Festschrift für E.A. Wolff, S. 510.
[25] *Naucke, W.*, Kants Kritik der empirischen Rechtslehre, S. 5.
[26] *Naucke, W.*, Rechtsphilosophische Grundbegriffe, Rn. 145.
[27] *Naucke, W.*, Kants Kritik der empirischen Rechtslehre, S. 6.
[28] *Naucke, W.*, Kants Kritik der empirischen Rechtslehre, S. 6.
[29] *Naucke, W.*, Kants Kritik der empirischen Rechtslehre, S. 6.
[30] *Kant, I.*, Metaphysik der Sitten, S. 33 ff.
[31] Vgl. hierzu *Köhler, M.*, Zur Begründung des Rechtszwanges, in: Fichtes Lehre vom Rechtsverhältnis, S. 93 ff; *Naucke, W.*, Kants Kritik der empirischen Rechtslehre, S. 7.
[32] *Naucke, W.*, Rechtsphilosophische Grundbegriffe, Rn. 147.

Aus diesen einzelnen Fragmenten Kant`scher Rechtsphilosophie läßt sich herauslesen, daß er mit empirischem Recht den aktuell zweckmäßigen positiven Gesetzesinhalt meint.

Aus der Sicht Kants ist der Rechtscharakter des empirischen Rechts zweifelhaft; wenn es überhaupt Recht ist, dann ist das empirische Recht ein Recht höchst minderer Qualität[33]. Die "Empirie" im Recht zeigt nur den unterschiedlichen, willkürlichen, widersprüchlichen Willen der Menschen, der zur Begründung des Rechts nicht taugt[34]. Das empirische Recht folgt aus dem "Zweck, den ein jeder mit dem Objekt, was er will, zur Absicht hat"[35]. Die "Empirie", der Zweckgedanke im Recht, kann nach Kant das Recht natürlich als Machtinstrument tragen; ein richtiges, gerechtes Recht kann durch die "Empirie" aber nicht getragen werden[36]. Durch die Empirie wird der Rechtsbegriff inhaltslos, d.h. er kann jeden Inhalt aufnehmen[37]. Die Verwerfung der Empirie zur Begründung von Gesetzen steht bei Kant exemplarisch für die Ablehnung der Verzahnung von Recht und gerade herrschender politischer Macht.

II. Metaphysik als Grundlage der Strafgesetzlichkeit

Der empirischen Rechtslehre steht die säkularisierte metaphysische, nicht-empirische, politikfreie Rechtslehre gegenüber[38], die eine reine Rechtsbegründung zum Inhalt hat[39]. Dieses reine, also metaphysische, Recht kann nur ein wissenschaftlich, erkenntnistheoretisch begründetes Recht sein[40]. Die spezifische Erkenntnisart der reinen Vernunft und Metaphysik erläutert Kant durch eine doppelte Unterscheidung:

(1) Anders als die Erfahrungserkenntnis a posteriori ist die metaphysische Erkenntnis von aller Erfahrung unabhängig.

(2) Als Bemühen, durch bloßes Nachdenken die Wirklichkeit zu erkennen, ist sie a priori gültig. Das Kriterium einer solchen Erkenntnis sind Allgemeinheit und Notwendigkeit[41].

Ohne Metaphysik kann es nur Regeln, jederzeit änderbare Vorschriften, aber keine Gesetze geben[42]. Demzufolge gründet sich ein rechtsstaatliches Strafrecht auf ein reines, metaphysisches Recht, das nicht nach den Regeln und Vorschriften der Geschicklichkeit und der wechselnden Nützlichkeit geformt

---

[33] *Naucke, W.*, Kants Kritik der empirischen Rechtslehre, S. 7.
[34] *Naucke, W.*, Kants Kritik der empirischen Rechtslehre, S. 18.
[35] *Naucke, W.*, Kants Kritik der empirischen Rechtslehre, S. 7.
[36] *Naucke, W.*, Kants Kritik der empirischen Rechtslehre, S. 18.
[37] *Naucke, W.*, Kants Kritik der empirischen Rechtslehre, S. 13.
[38] *Naucke, W.*, Kants Kritik der empirischen Rechtslehre, S. 6.
[39] *Naucke, W.*, Rechtsphilosophische Grundbegriffe, Rn. 145.
[40] *Naucke, W.*, Rechtsphilosophische Grundbegriffe, Rn. 149.
[41] *Höffe, O.*, Klassiker der Philosophie II, S. 14.
[42] *Naucke, W.*, Kants Kritik der empirischen Rechtslehre, S. 11.

werden kann[43]. Die Hirnlosigkeit empirischer Strafklugheit, mag sie noch so viele Regeln und Vorschriften hervorbringen, hat mit Straf"recht" wenig zu tun[44]. Recht bedarf entweder einer Absicherung als inhaltlich bestimmtes, aber reines, nicht-empirisches, politikfreies Recht, oder aber es ist gar kein Recht, sondern nur ein regelorientiertes Machtmittel[45]. Allein das nicht-empirische zweckfreie reine Gesetz könne Anspruch auf den Titel eines Rechts zum Strafen machen[46]. Hieraus ergibt sich, daß die Berechtigung der Strafe nicht verliehen werden darf, sondern die Strafe die Berechtigung selbst geben können muß.

Kant leitet das Sittengesetz aus der reinen Vernunft ab. Eine rein rationale Bedingung des Zusammenlebens ist zugleich seine Vernunftbedingung, die notwendig und allgemeingültig ist[47]. So begründet Kant in seiner politischen Philosophie einen strengen Vernunftbegriff und ein universal gültiges Kriterium menschlichen Zusammenlebens, mit deren Hilfe Rechts- und Staatsordnungen auf ihre grundsätzliche Legitimität zu beurteilen sind. Das Rechtsgesetz, verstanden als Bedingung, unter der sittliche Freiheit wirken kann[48], ist eine Forderung der praktischen Vernunft und bezeichnet den "Inbegriff der Bedingungen, unter denen die Willkür des einen mit der Willkür des anderen nach einem allgemeinen Gesetze der Freiheit zusammen vereinigt werden kann"[49]. Danach hat jeder Mensch ein Recht auf jenes Höchstmaß an Handlungsfreiheit, das zugleich mit der Handlungsfreiheit jedes anderen nach einem allgemeinen Gesetz vereinbar ist. Um ein solches Recht jedem Menschen tatsächlich zu sichern, muß es notfalls auch gegen den Willen anderer, das heißt mit Zwang, durchgesetzt werden[50]. Strafgesetze verpflichten, die äußere Freiheit anderer nicht zu beeinträchtigen[51]. Nur diejenige Handlung, die die gegenseitigen Freiheitssphären nicht anerkennt und stört, ist eine Straftat. Als Reaktion darauf kann sich das Strafrecht und die Strafe legitimieren. Als Konkretisierung des rechtlichen Zustands entspringen die Strafgesetze ebenfalls der praktischen Vernunft und bilden kategorische Imperative, die um ihrer selbst, nicht um eines weiteren Zweckes befolgt werden[52]. Die Gerechtigkeit der Strafe ergibt sich bei ihm allein aus der Existenz eines Verbrechens. Damit gründet sich Strafe allein auf das Wiedervergeltungsrecht, das *ius talionis*[53].

---

[43] *Kant, I.*, Metaphysik der Sitten, S. 158ff., 195f. .
[44] *Naucke, W.*, Kants Kritik der empirischen Rechtslehre, S. 13.
[45] *Naucke, W.*, Kants Kritik der empirischen Rechtslehre, S. 18.
[46] *Kant, I.*, Metaphysik der Sitten, S. 158.
[47] *Höffe, O.*, Klassiker der Philosophie II, S. 27.
[48] *Kühl, Kristian*, Zur Aktualität der Prinzipien der Kantschen Rechts- und Eigentumslehre, in: Festschrift für E.A. Wolff, S. 273.
[49] *Kant, I.*, Metaphysik der Sitten, S. 35; *Harzer, R.*, in: Stolleis, Juristen, S. 336.
[50] *Kant, I.*, Metaphysik der Sitten, S. 36; *Zaczyk, R.*, Über Begründung im Recht, in: Festschrift für E.A. Wolff, S. 514.
[51] Vgl. hierzu auch *Wolff, E.A.*, Die Abgrenzung von Kriminalunrecht zu anderen Unrechtsformen, in: *Hassemer*, W., Strafrechtspolitik, S. 140.
[52] *Köhler, M.*, Der Begriff der Strafe, S. 50; *Höffe, O.*, Klassiker der Philosophie II, S. 28.
[53] *Kant, I.*, Metaphysik der Sitten, S. 159.

III. Vergeltungstheorie

Seit der Aufklärung bemühen sich Philosophen, das überkommene, an Grausamkeiten überreiche Strafwesen menschlicher zu gestalten. Einer der Verdienste Kants liegt darin, gegen Beccaria, dem er teilnehmende Empfindelei und affektierte Humanität vorwarf, und anderen Philosophen der Aufklärung den Primat der Gerechtigkeit vor allen Nützlichkeitserwägungen verfochten zu haben[54]. Kant hat gegen die Aufklärung rigoros eine Vergeltungstheorie vertreten[55]. Er sieht nur dann ein gerechtes Strafrecht, wenn es als zweckfreies Vergeltungsstrafrecht auftritt. Die Kriminalstrafe ist in dem Sinne Vergeltung, daß nur der Verbrecher bestraft werden darf und allein deshalb, weil er verbrochen hat[56]. Diese Theorie ist ein Versuch nicht der ursächlichen Erklärung, sondern der Rechtfertigung der Strafe[57]. Mit seiner Vergeltungstheorie kritisiert Kant die im 18. Jahrhundert vorherrschende Straflehre, nach der sich die staatliche Kriminalstrafe nur von ihrem Nutzen für die Gesellschaft, der Abschreckung möglicher Straftäter, rechtfertigen lasse[58]. Der Mensch würde unter die Gegenstände des Sachenrechts gemengt, strafte man ihn aus einem anderen Grund, als weil er verbrochen hat[59]. Wenn man die Strafe aus dem der Gesellschaft nützlichen Zweck erkläre, dann mache man den Straftäter zur Sache, man benutze ihn als Mittel zum Zweck; das sei menschenunwürdig[60]. Mit diesem Argument gelingt es Kant, die Fronten umzukehren und wenigstens für einige Zeit die Abschreckungstheorie des Utilitarismus in den Rückzug zu drängen[61]. Nur dann kann der Verbrecher nicht klagen, daß ihm Unrecht geschehe, wenn er seine Übeltat sich selbst über den Hals zieht und ihm, wenngleich nicht mit dem Buchstaben, doch mit dem Geiste des Strafgesetzes gemäß das widerfährt, was er an anderen verbrochen hat[62]. Die Vergeltungstheorie geht von den Nachteilen, die das Opfer erlitten hat, aus und rechtfertigt von diesen Nachteilen her die Bestrafung[63]. Das *ius talionis* ist die Voraussetzung der Unterscheidung von Moralität und Legalität und damit das politische Interesse, im Bereich der öffentlichen Gerichtsbarkeit die äußere Freiheit eines rechtlich-bürgerlichen Zustands zu wahren[64].

---

[54] *Deimling, G.*, Cesare Beccaria: Die Anfänge moderner Strafrechtspflege in Europa, S. 54.
[55] *Naucke, W.*, Strafrecht - eine Einführung, Rn. 145.
[56] *Höffe, O.*, Immanuel Kant, S. 238.
[57] *Naucke, W.*, Strafrecht - eine Einführung, Rn. 139.
[58] *Höffe, Ö.*, Immanuel Kant, S. 235.
[59] *Naucke, W.*, Einfluß Kants auf das Strafrecht, in: Blühdorn, Philosophie und Rechtswissenschaft, S. 28; *Kant, I.*, Metaphysik der Sitten, S. 158.
[60] *Kant, I.*, Metaphysik der Sitten, S. 158 ff..
[61] *Höffe, O.*, Immanuel Kant, S. 236.
[62] *Kant, I.*, Metaphysik der Sitten, S. 196.
[63] *Naucke, W.*, Strafrecht - eine Einführung, Rn. 139.
[64] *Schmitz, H.-G.*, Legitimität der Kriminalstrafe, S. 101.

Auch heute ist die Straflehre Kants nicht einfach überholt – vorausgesetzt, daß man sich auf die strenge Prinzipienreflexion konzentriert und alle konkreten Hinweise (zu Kastration, Todesstrafe usw.) unter dem Prinzipienniveau inhaltlich betrachtet, aber als inhuman kritisiert[65].

Die Konzeption Kants von einem legitimen Strafrecht sieht demnach einen Verletzungserfolg vor, auf dessen Grundlage das Strafmaß für den Straftäter festgelegt wird. Überträgt man diese Konzeption des Strafrechts auf die Strafvorschriften mit Kapitalmarktbezug, so ist festzustellen, daß eine strafrechtliche Regulierung des Kapitalmarkts im Regelfall mit diesen Voraussetzungen unvereinbar sein dürfte, da hierbei kein messbarer Verletzungserfolg aufzuweisen ist. Die Verletzung von überpersonalen Rechtsgütern führt nach der Strafrechtskonzeption Kants nicht zu der Anwendung eines Strafrechts, das auf Freiheitssicherung angelegt ist.

IV. Legitimation des Strafrechts

Allgemeine Vorschriften, die sich auf empirische Gründe stützen, können nach Kant zwar praktische Regeln sein, niemals aber moralische Gesetze genannt werden, denn diese seien a priori lediglich in Begriffen der reinen Vernunft zu finden. Das Entscheidende an der von Empirie befreiten "Metaphysik der Sitten" besteht für die Legitimation des Strafrechts in der strikten Trennung von Moralität und Legalität. Legal ist die Übereinstimmung der Handlung mit den äußeren, positiven Gesetzen, während die Übereinstimmung der Handlung mit den inneren, den Vernunftgesetzen, ethischen Charakter hat. Ist für die Einhaltung der äußeren Gesetze das Motiv unerheblich, so liegt der Befolgung der Vernunftgesetze als Motor die innere Pflicht zugrunde. Kants sittliches Grundgesetz, der "kategorische Imperativ" lautet:

"Handle nur nach derjenigen Maxime, durch die du zugleich wollen kannst, daß sie ein allgemeines Gesetz werde"[66].

Die beständige und alleinige Aufgabe des Strafrechts ist es, die individuellen Freiheitssphären der Bürger miteinander zu vereinbaren. Hierin besteht bei Kant die Legitimation des Strafrechts. Der Maßstab, an welchem sich die Legitimität eines rechtsstaatlichen Strafrechts messen lassen muß, ist demnach die Eingriffsintensität in die Freiheitssphäre des Einzelnen. Begrenzt wird die Freiheit nur durch die Vernunft. Der Mensch ist in der Lage zu erkennen, daß er die Freiheit, die er sich anmaßt, auch jedem anderen zugestehen muß[67]. Hierin finden sich die Schlüsselbegriffe der Kant'schen Philosophie: Vernunft und Freiheit.

---

[65] *Höffe, O.*, Immanuel Kant, S. 236.
[66] *Zaczyk, R.*, Strafrechtliches Unrecht, S. 20.
[67] *Wolff, E.A.*, Die Abgrenzung von Kriminalunrecht zu anderen Unrechtsformen, in: Hassemer, W., Strafrechtspolitik, S. 178.

Die Legitimation des Strafrechts hängt nicht von wechselnden, empirischen Zwecken ab, sondern sie findet ihre Konstante in der Fähigkeit des Menschen, dem kategorischen Imperativ in ihm zu folgen. Der Rechtfertigungsgrund für die Kriminalstrafe liegt allein in Gerechtigkeitsüberlegungen[68]. Diese Auffassung von der Strafe findet ihre Begründung in der Überzeugung vom Menschen als vernunftbegabtes, deshalb selbständiges, willensfreies, selbstbestimmtes Wesen und ist von allen Nutzenerwägungen frei zu halten. Die Bestimmung der persönlichen Freiheit definiert demnach auch die Rechte der anderen Menschen. Der Mensch verliert durch den Staat nichts als die Freiheit, ungestraft in die Freiheitsrechte anderer einzugreifen. Das Strafrecht steht demnach nicht über den Bürgern, sondern steht zum Schutz der wechselseitigen Freiheit zwischen ihnen. Aufgrund der Schutzfunktion der menschlichen Handlungsfreiheit und der damit nach dem Vernunftbegriff zusammenhängenden Befugnis zu zwingen[69], ist die staatliche Kriminalstrafe eine grundsätzlich legitime Institution, deren gesetzliche Basis auf metaphysischem, reinem Recht gegründet ist. Der Einfluß der macht- und interessengesteuerten Kriminalpolitik in die Strafgesetzlichkeit wird hierdurch verhindert. Für die Legitimation des Börsenstrafrechts ergeben sich aus einer derartigen Perspektive keine Anhaltspunkte.

---

[68] *Höffe, O.*, Immanuel Kant, S. 235.

[69] *Kant, I.*, Metaphysik der Sitten, Ausgabe Meiner, S. 36; *Höffe, O.*, Klassiker der Philosophie II, S. 28.

B. Strafgesetzlichkeit und Kriminalpolitik

Um das Verhältnis von Kriminalpolitik und Gesetzlichkeit näher zu beleuchten, werden zunächst rechtshistorische Modelle des Gesetzlichkeitsprinzips untersucht. Dies geschieht anhand der Quellen von Cesare Beccaria, Paul Johann Anselm von Feuerbach und Franz von Liszt.

I. Rechtshistorische Modelle des strafrechtlichen Gesetzlichkeitsprinzips

1. Cesare Beccaria

"Dei delitti e delle penne" (Über Verbrechen und Strafen, Italien 1764) ist die bekannteste Schrift des italienischen Rechtswissenschaftlers Cesare Beccaria (1738 – 1794). Hierin argumentiert er vehement für die Abschaffung der Folter und der Todesstrafe, weshalb er als Begründer eines aufgeklärten, d.h. gesetzlichen, humanen, effektiven Strafrechts gilt[70]. Beccaria wird heute international als einer der Wegbereiter einer rechtsstaatlichen, rationalen und humanen Konzeption von Kriminalpolitik angesehen[71].

a) Straf- und gesellschaftshistorischer Bezug

Die Strafjustiz befand sich Mitte des 18. Jahrhunderts in einem trostlosen Zustand[72], der durch den Zerfall der mittelalterlichen Ordnungs- und Wertvorstellungen im 17. und 18. Jahrhundert herbeigeführt wurde[73]. In der Ablösung von Legitimationsmodellen staatlicher und speziell strafgesetzgeberischer Macht, die allesamt auf der Annahme basierten, daß die Strafgewalt des Souveräns sich von Gott ableite, konnte sich die Strafe im säkularisierten Staat des 18. Jahrhunderts nur aus dem Gemeinwesen selbst herleiten. Das Verhältnis von Staat und Bürger wurde durch die Philosophie der Aufklärung auf ein säkularisiertes, rein weltliches Gedankenkonstrukt gegründet. Aus der Natur des Menschen sollten sich - allein mittels der menschlichen Vernunft - die Regeln für die Beziehungen der Menschen in Familie, Staat und Wirtschaft deduzieren lassen[74]. Diese neuartige gesellschaftspolitische Grundkonzeption der Aufklärung wirkte sich auch auf das Strafrecht aus.

Drei Quellen gibt es, aus denen die moralischen und politischen Grundsätze fließen, von welchen Menschen gelenkt werden: die Offenbarung, das Gesetz

---

[70] *Naucke, W.*, Gesetzlichkeit und Kriminalpolitik, in: JuS 1989, 862 (863).
[71] *Deimling, G.*, Die Anfänge moderner Strafrechtspflege in Europa, S. 64.
[72] *Reuter, L.*, Verbrechen und Strafen im Werk Cesare Beccarias, in: NJ 1988, 171.
[73] *Bock, M.*, Prävention und Empirie, in: JuS 1994, 90.
[74] *Bock, M.*, Prävention und Empirie, in: JuS 1994, 90.

der Natur und die von Menschen getroffenen Übereinkünfte der Gesellschaft[75]. Die Quelle der von Menschen getroffenen Übereinkünfte diente Beccaria als Legitimationsmodell des staatlichen Strafens. Ausgehend von einem modifizierten Modell des Rousseau'schen Gesellschaftsvertrages, in welchem das Individuum nur geringe Teile seiner Freiheit aufgibt, um sich des Restes in Sicherheit und Ruhe zu erfreuen, definieren sich die Regeln gesellschaftlichen Zusammenlebens anhand von Gesetzen. Die Gesetze sind die Bedingungen, unter denen unabhängige und isolierte Menschen sich in Gesellschaft zusammenfanden; Menschen, die müde waren, in einem ständigen Zustand des Krieges zu leben. Sie opferten einen Teil der Freiheit, um sich des Restes in Sicherheit und Ruhe zu erfreuen[76].

b) Das Gesetz als Ausgangspunkt staatlichen Strafens

Die Ausgestaltung der Strafgesetze begrenzt einen Teil der individuellen Freiheit des Bürgers. Der Ausgangspunkt Beccarias für die Neuordnung des Strafrechts ist das Gesetz[77]. Beccaria füllt den Gesetzesbegriff mit Inhalt, baut das Gesetz zum materiellen Prinzip der Verkörperung von individueller Freiheit um. Für die formelle Ausrichtung des Gesetzes erhält der Grundsatz der zweckmäßig präventiven Gestaltung der Strafandrohung bei Beccaria besondere Bedeutung[78]. Gesetze müssen vernünftig sein[79]. Diese Forderung Beccarias ergibt sich aus der Wandlung der Strafe von einer Sünde, dem Frevel an Gott, zur Normverletzung, die der Gesellschaft Schaden zufügt[80]. Vernünftige Gesetze sind deshalb für die Gesellschaft nützliche Gesetze, vernünftige Strafen dementsprechend zweckrationale Nützlichkeitsmaßnahmen zur Wahrung des Gemeinwohls[81]. Er ist davon überzeugt, daß, je größer die Zahl derer sein wird, die das unantastbare Buch der Gesetze verstehen und es in den Händen halten, desto weniger häufig werden Verbrechen sein[82]. Der Gesetzgeber habe Sorge dafür zu tragen, daß die Gesetze klar und einfach sind[83]. Bei Beccaria ist das Strafrecht durch abschreckende Zweckmäßigkeit legitimiert. Der Zweck der Strafe besteht darin, den Schuldigen zu hindern, seinen Mitbürgern abermals Schaden zuzufügen, und die anderen davon abzuhalten, das gleiche zu tun[84]. Ein Strafgesetz ist schon dann bei Beccaria vernünftig, wenn es den Zweck erfüllt, Menschen davon abzuhalten eine Straftat zu begehen und somit nützlich ist. Neben der Gesetzesform ist es des weiteren das Strafmaß, dem Beccaria hinsichtlich der Verbrechensvorbeugung eine wesentliche Funktion einräumt.

[75] *Beccaria, C.*, Über Verbrechen und Strafen, S. 51.
[76] *Beccaria, C.* , Über Verbrechen und Strafen", S. 51.
[77] *Küpper, W.*, Cesare Beccaria, in: JuS 1968, 547.
[78] *Hohmann, R.*, Prävention als Instrument der Aufklärung, in: Jura 1991, 123.
[79] *Küpper, W.*, Cesare Beccaria, in: JuS 1968, 549.
[80] *Hohmann, R.*, Prävention als Instrument der Aufklärung, in: Jura 1991, 123.
[81] *Küpper, W.*, Cesare Beccaria, in: JuS 1968, 549.
[82] *Beccaria, C.*, Über Verbrechen und Strafen, S. 66.
[83] *Hohmann, R.*, Prävention als Instrument der Aufklärung, in: Jura 1991, 125.
[84] *Beccaria, C..*, Über Verbrechen und Strafen, S. 63.

Das Maß der Strafe soll sich im Maß des Schadens ausdrücken[85]. Der Schaden ergibt sich aus dem dem Gemeinwohl zugefügten Übel, wobei Staatsverbrechen schwerere Strafen nach sich ziehen als die Verletzung der Sicherheit von einzelnen Personen. Die Proportionalität von Strafe und Delikt läßt zwar die Sanktion berechenbar erscheinen, doch eine präzise Quelle zur Legitimation staatlichen Strafens bietet sie nicht.

Die Frage nach dem Maßstab, den der Gesetzgeber zur inhaltlichen Ausgestaltung eines legitimen Strafrechts heranzieht, wird bei Beccaria nicht eindeutig beantwortet. Hieran zeigt sich deutlich der Unterschied zwischen Beccaria und Kant. Während das Gesetz, wenn es auch Recht sein soll, durch metaphysischen, sittlich-reinen Inhalt gekennzeichnet ist, wird der Vernunftbegriff bei Beccaria durch Utilitarismus geprägt. Ein Argument, das auf metaphysischen Inhalt des Rechts, ein - wie es Kant nennt - reines Recht, hinweist, ist bei Beccaria nicht zu finden. Für Beccaria ist die Vernunft, also die Nützlichkeit im Sinne des Gemeinwohls ausschlaggebend; die eigentliche Legitimation des Strafens hinterfragt er nicht. Dementsprechend sieht er die Machtausübung des Gesetzgebers nicht aus einem kritischen Blickwinkel, solange sie nur dem Gemeinwohl nützt.

Zusammenfassend kann Beccarias Strafrechtsverständnis als ein dem Nutzen und den Zweckmäßigkeiten der Gesellschaft unterworfenes System von Sanktionen, deren Inhalt durch den Gesetzgeber vorgeschrieben ist, bezeichnet werden. Die durch das Strafrecht zu schützenden Rechtsgüter werden anhand des Gemeinwohls definiert und dadurch auch auf überindividuelle Rechtsgüter bezogen. Im Sinne des Gemeinwohls liegt es auch, eine starke Volkswirtschaft mit einem funktionsfähigen Kapitalmarkt zu etablieren; der Schutz des Kapitalmarkts mit den Mitteln des Strafrechts erweist sich nach dieser Strafrechtskonzeption als legitim.

c) Gesetzlichkeit und Kriminalpolitik

Beccaria ist der Protagonist eines kriminalpolitischen Modernisierungsprozesses, der gekennzeichnet ist durch das Bemühen um den Einsatz des Strafens als zweckrationales staatliches Steuerungsinstrument. Seine Forderung nach einer Kriminalpolitik, die durch bessere Aufklärung der Bürger, durch weltanschauliche Toleranz und durch Bildung und Erziehung dem Verbrechen vorzubeugen versucht[86], war in dieser Form ein absolutes Novum.

Das gesellschaftliche Verständnis Beccarias war säkularisiert, und das Strafrecht war streng an das Gesetz gebunden. Beccaria war ein Anhänger eines starken und handlungsfähigen Gesetzgebers[87]. Die Auffassung Beccarias, Strafen seien

---

[85] *Hohmann, R.*, Prävention als Instrument der Aufklärung, in: Jura 1991, 125.
[86] *Weis, E.*, Cesare Beccaria, S. 15.
[87] *Weis, E.*, Cesare Beccaria, S. 16.

durch zweckrationale Nützlichkeitserwägungen zur Wahrung des Gemeinwohls legitimiert und somit als Strafrecht zu bezeichnen, birgt ein enormes Gefahrenpotential in sich. Gesetzlichkeit orientiert sich am Gemeinwohl. Beccarias Bewertungsmaßstab für von der Gesetzlichkeit abweichendes Verhalten liegt in der Bedeutung des Verbrechens für das öffentliche Wohl[88]. Doch der Begriff des öffentlichen Wohls findet sich nicht in einer Verpflichtung zur Wahrung der Humanität wieder, sondern wird vom Gesetzgeber definiert. Somit ist der Begriff der Sozialschädlichkeit für alle Formen der Inhumanität offen, er macht das Strafrecht offen für unterschiedliche politische Strukturen[89]. Die Machtergreifung des Zweckgedankens im Strafrecht während des Aufklärungszeitalters hat eine Traditionslinie begründet, deren schlimmste Konsequenz im Nationalsozialismus sichtbar wurde. Kriminalpolitische Forderungen des Gesetzgebers, gleich welchen Inhalts, könnten nach dem Modell Beccarias sofort umgesetzt werden. Legitimiert sind die Gesetze allein schon durch die abschreckende, zweckmäßige Ausgestaltung, die Menschen davon abhält, dem Gemeinwohl zu schaden. Die gegenüber dem Gesetzgeber absolut unkritische Einstellung Beccarias läßt sich auch daran erkennen, daß er eine korrektive Instanz nach der Legislative für unangebracht erachtet. Die Tätigkeit des Richters sieht Beccaria darin, sich darauf zu beschränken, festzustellen, ob ein bestimmter Mensch gegen Gesetze verstoßen hat, oder nicht - eben weil er nicht Gesetzgeber ist[90]. Der Richter ist lediglich feststellende Instanz, er hat keine weiteren Befugnisse, als sich auf bloße Tatsachenfeststellung und strikte Subsumtion zu beschränken[91]. Das Mißtrauen Beccarias gegenüber dem Richterstand ist durch seine Abscheu gegen die zur Beweisführung regelmäßig vorgesehene, rechtlich durchorganisierte Folterpraxis begründet. Auch aufgrund dessen erhält die Legislative in der Vorstellung Beccarias den Charakter einer über jeden Zweifel erhabenen Instanz, die die Judikative zu einem exekutivischen Organ staatlicher Macht degradiert. Durch die strenge Gesetzesbindung und die Schwächung des Richters wollte Beccaria Willkür in jeder Art und Weise verhindern. Tatsächlich wären jedoch legislativer Willkür Türen und Tore geöffnet und das Ausmaß der mittels "Strafrecht" durchgesetzten politischen Forderungen ungleich größer, für alle radikalen Tendenzen anfälliger und somit für jedes rechtsstaatliche Rechtssystem gefährlicher.

[88] *Beccaria, C.*, Über Verbrechen und Strafen, S. 64.

[89] *Naucke, W.*, in: Deimling, Cesare Beccaria: die Anfänge moderner Strafrechtspflege in Europa, S. 46.

[90] *Beccaria, C.*, Über Verbrechen und Strafen, S. 63.

[91] *Hohmann, R.*, Prävention als Instrument der Aufklärung, in: Jura 1991, 125.

2. Paul Johann Anselm von Feuerbach

"Nullum crimen, nulla poena sine lege"[92], mit dieser lateinischen Formel des Gesetzlichkeitsprinzips und der darauf gegründeten Theorie des psychologischen Zwangs förderte Paul Johann Anselm von Feuerbach (1775 – 1833) als Rechtsphilosoph und Strafrechtswissenschaftler maßgeblich die Entwicklung zu einer modernen rechtsstaatlichen Strafrechtswissenschaft.

a) Staatszweck und Strafe

Feuerbachs bedeutende Stellung in der Zunft der Strafrechtler gründet sich auf eine Lehre, die als "psychologische Zwangstheorie" zusammengefaßt wird und 1799/1800 in der *"Revision der Grundsätze und Grundbegriffe des positiven peinlichen Rechts"* publiziert wurde[93]. Der Ausgangspunkt dieser Theorie besteht in der aus den Gedanken des Vertragsmodells entwickelten Überlegung Feuerbachs, daß die wichtigste Aufgabe des Staates die Garantie der Sicherheit der Bürger ist[94]. Feuerbach faßt den Staat ausschließlich als Freiheits- bzw. Rechtsschutzanstalt auf[95]. Der Zweck des Staates liegt allein in der Sicherung der wechselseitigen Freiheit aller Bürger bzw. der Sicherung des Zustands, in dem jeder seine Rechte ungestört ausüben kann[96]. Deshalb müssen Verbrechen im Staat verhindert werden[97]. Zum Schutz des Bürgers vor Freiheitsverletzungen ist dem Staat im Wege des Strafrechts ein Zwangsrecht zur Verfügung gestellt[98]. Aufgrund der Verbrechensneigung der Bürger ist die Sicherheit der Allgemeinheit gefährdet und muß geschützt werden. Um diesem Sicherheitsgedanken Rechnung zu tragen und Verbrechen von vornherein zu verhindern, könne man entweder den Bürger an die Ketten legen[99], oder sich das Strafrecht zum Sicherungsmittel vor möglichen Verbrechen[100] nutzbar machen. Das staatliche Strafrecht soll der Verbrechensneigung der Bürger entgegentreten[101]. Dies geschieht in der Vorstellung Feuerbachs dadurch, daß das Verbrechen dem Menschen psychologisch unmöglich gemacht wird. Hierbei geht er von zwei anthropologischen Annahmen aus: erstens resultieren die Handlungen des Menschen aus sinnlichen Antrieben und zweitens ist der

[92] *Feuerbach, , P.J.A.*, Lehrbuch des gemeinen in Deutschland geltenden peinlichen Rechts, § 24.
[93] *Naucke, W.*, Zerbrechlichkeit des rechtsstaatlichen Strafrechts, S. 186.
[94] *Naucke, W.*, Zerbrechlichkeit des rechtsstaatlichen Strafrechts, S. 186.
[95] *Feuerbach, P.J.A.*, Anti-Hobbes, S. 204
[96] *Feuerbach, P.J.A.*, Anti-Hobbes, S. 38, 46.
[97] *Naucke, W.*, Gesetzlichkeit und Kriminalpolitik, in: JuS 1989, 863.
[98] *Feuerbach, P.J.A.*, Revision der Grundsätze und Grundbegriffe des positiven peinlichen Rechts, S. 31.
[99] *Naucke, W.*, Strafrecht – eine Einführung, Rn. 146.
[100] *Feuerbach, P.J.A.*, Über die Strafe als Sicherungsmittel vor künftigen Beleidigungen des Verbrechers, S. 94.
[101] *Naucke, W.*, Zerbrechlichkeit des rechtsstaatlichen Strafrechts, S. 186.

Mensch ein *homo oeconomicus*, ein klug, d.h. zweckmäßig kalkulierendes Wesen[102]. Aus diesen Annahmen folgert Feuerbach, daß die zur Begehung eines Verbrechens ausgelösten Reize noch durch stärkere Anreize zur Unterlassung der Tat führen müssen[103]. Die Straftat kann demnach verhindert werden, indem die angedrohte Strafe den Täter so empfindlich trifft, daß ihm die Lust zur Tat vergeht. Feuerbach definiert Strafe als "ein durch ein Strafgesetz vorher angedrohtes sinnliches Übel"[104]. Die Strafe muß für den Bestraften ein Übel bedeuten, das diesem nur aufgrund seiner gesetzeswidrigen Handlung zugefügt wird (*malum passionis ad malum actionis*)[105]. Das Mittel, die Strafandrohung ganz klar zu machen und die Strafvollstreckung sicherzustellen, ist das Gesetz[106]. Zentrales Element der psychologischen Zwangstheorie ist folglich die durch den Grundsatz *nulla poena sine lege* garantierte gesetzliche Strafandrohung.

In diesem Zusammenhang stellt sich die Frage nach der Legitimation staatlicher Strafandrohung. Der strafende Staat erhält bei Feuerbach seine Legitimation durch die Garantie der Freiheit, welche sich strafrechtlich in der Garantie der Gesetzlichkeit niederschlägt[107]. Gesetzlich ist das Strafrecht, dessen Tatbestände klar formuliert sind und auf den unbestimmten Rechtsbegriff verzichten. Der strafende Staat legitimiert sich durch die peinliche Einhaltung der Gesetzlichkeit[108]. Bei Feuerbach ist das genaue Gesetz ein gewichtiger Teil staatlicher kriminalpolitischer Techniken, das die zweckmäßige Strafe verstärkt[109]. Das Gesetz zwingt zu strafen, hierin besteht seine eigentliche Aufgabe[110]. Der Staat hat den Zweck, Rechte zu schützen; wenn das so ist, dann hat er auch ein Recht zu allen Mitteln, die diesem Zweck dienen; Recht ist ein Mittel zu empirischen Zwecken[111]. Bei Feuerbach beginnt das Transportieren der Kant'schen Rechtsmetaphysik in die empirische Lehre vom positiven Recht[112].

---

[102] *Pott, C.*, Rechtsgutgedanke versus Freiheitsverletzung, in: KritV 1999, 93.

[103] Vgl. hierzu *Feuerbach, P.J.A.*, Lehrbuch des gemeinen in Deutschland geltenden peinlichen Rechts, § 13, S. 38.

[104] *Feuerbach, P.J.A.*, Revision der Grundsätze und Grundbegriffe des positiven peinlichen Rechts, S.56.

[105] *Feuerbach, P.J.A.*, Revision der Grundsätze und Grundbegriffe des positiven peinlichen Rechts, S. 5.

[106] *Naucke, W.*, Gesetzlichkeit und Kriminalpolitik, in: JuS 1989, 864.

[107] *Braum, St.*, Geschichte der Revision, S. 35.

[108] *Braum, St.*, Geschichte der Revision, S. 35.

[109] *Naucke, W.*, Gesetzlichkeit und Kriminalpolitik, in: Jus 1989, 864.

[110] *Feuerbach, P.J.A*,. Revision der Grundsätze und Grundbegriffe des positiven peinlichen Rechts, S. 1 ff.

[111] *Feuerbach, P.J.A.*, Anti-Hobbes, S. 23f., 210 f..

[112] *Naucke, W.*, Kants Kritik der empirischen Rechtslehre, S. 15.

b) Rechtsstaatliche Liberalität bei Feuerbach ?

Feuerbach gilt für Europa als der eigentliche Begründer der Gesetzlichkeit des Strafrechts[113]. Deshalb wird er vor allem im 20. Jahrhundert als der unbeirrbare liberale Rechtsstaatler angesehen. Die rechtspolitischen Motive, die Feuerbach geleitet haben könnten, werden oft in seiner politischen Liberalität gesehen[114]. In der näheren Beschreibung des Inhalts Feuerbach'scher Liberalität wird auf seine Humanität hingewiesen oder seine Rationalität und Rechtsstaatlichkeit angeführt[115]. Der *nulla poena sine lege*–Grundsatz wird als ein auf Feuerbach zu gründendes Bollwerk gegen illiberale Bestrebungen im Strafrecht gesehen[116]. So hat Gustav Radbruch in seiner Feuerbach–Gedenkrede aus dem Jahre 1933 den Liberalismus Feuerbachs, gemeint als Freiheit des Individuums gegenüber staatlichem Zwang, besonders hervorgehoben[117].

Die rechtsstaatliche Liberalität Feuerbachs fußt vor allem auf der von ihm stets betonten gesetzlichen Strafandrohung und der darauf beruhenden Theorie vom psychologischen Zwang. Die zur Kriminalprävention erforderliche psychologische Zwangswirkung vermag jedoch nur ein geschriebenes, bestimmtes, nicht rückwirkendes, den Richter unbedingt bindendes Gesetz zu entfalten, denn nur ein Gesetz, das vor der Tatbegehung konkret die Tat, die unterlassen werden soll, festlegt, kann im Hinblick auf diese Tat abschreckende Wirkung entfalten und Willkür entgegenwirken[118]. Das Gesetz selbst ist präzise, bestimmt, informiert über die Strafbarkeit äußerer Handlungen und wird in dieser Form zur logischen Konsequenz der Freiheit[119]. Es muß für alle Menschen die gleichen formellen Voraussetzungen verständlich normieren. Das Strafgesetz, das dem Täter die Strafandrohung vermittelt, muß bestimmt sein. Ein unbestimmtes Gesetz verbirgt zu viel Ungewißheit, als daß genügend Angst hervorgerufen würde, um den Unterlassungszwang zu begründen[120]. Deshalb wäre die psychologische Zwangstheorie Feuerbachs nicht denkbar ohne das Gesetzlichkeitsprinzip[121]. An diesem Beispiel wird der überragende Zweckgedanke, wie bereits bei Beccaria gesehen, auch bei Feuerbach deutlich. Der Bestimmtheitsgrundsatz als Ausprägung des Gesetzlichkeitsprinzips ist

[113] *Naucke, W.*, Gesetzlichkeit und Kriminalpolitik, in: Jus 1989, 863.
[114] *Naucke, W.*, Feuerbach, in: ZStW 87, 874.
[115] Vgl. hierzu, *Naucke, W.*, Feuerbach, in: ZStW 87, 875.
[116] *Naucke, W.*, Zerbrechlichkeit des rechtsstaatlichen Strafrechts, S. 187.
[117] *Radbruch, G.*, Feuerbach-Gedenkrede, in: Recht und Staat, S. 9, 10.
[118] *Ehret, S.*, Strafrechtsbegrenzung durch das Gesetzlichkeitsprinzip bei F. v. Liszt?, in: KritV 1996, 342.
[119] *Naucke, W.*, Kant und die psychologische Zwangstheorie Feuerbachs, S. 54 f.; *Braum, St.*, Geschichte der Revision, S. 33.
[120] *Feuerbach, P.J.A.*, Revision der Grundsätze und Grundbegriffe des positiven peinlichen Rechts, S. 136, 137.
[121] *Ehret, S.*, Strafrechtsbegrenzung durch das Gesetzlichkeitsprinzip bei F. v. Liszt?, in: KritV 1996, 342.

nicht an der Liberalität oder Humanität orientiert, sondern erhält seine Funktion aufgrund von Zweckmäßigkeitserwägungen. Die strafbegrenzende und damit freiheitsschaffende und freiheitssichernde Funktion des Gesetzlichkeitsprinzips basiert demnach nicht auf liberalen Motiven, sondern entsteht als Nebenprodukt der Effizienz präventiver Verbrechensbekämpfung[122]. Das Strafrecht ist nur sekundär als repressives Zwangsrecht und primär als präventives Steuerungsinstrument durch psychologischen Zwang anzusehen. Die bei Feuerbach oft betonte liberale, d.h. freiheitsschützende Aufgabe des Strafgesetzes tritt neben der eigentlichen Aufgabe, dem gesetzmäßigen Zwang zu strafen, zurück. Dabei zeigt sich, daß die Einhaltung der Gesetzlichkeit unter Berufung auf Feuerbach nicht zu einer Begrenzung des harten, inhumanen Strafrechts führt, sondern daß sich unter dem Deckmantel der Generalprävention jeglicher, dem Formerfordernis des Gesetzlichkeitsprinzips entsprechender Inhalt, in Gesetzesform gießen lassen kann. Die inhaltliche Ausgestaltung der Strafgesetze ist bei Feuerbach, im Gegensatz zu Kant, nicht genau angesprochen. In seiner Konzeption eines rechtsstaatlichen Strafrechts finden sich viele formelle Eckpfeiler unseres heutigen Strafrechts, aber den Maßstab, an welchem Straf-"recht" gemessen wird, formuliert er nicht. Vielmehr folgt bei Feuerbach das Gesetz, solange es den formellen Anforderungen gerecht wird, demjenigen, der Zugriff auf die Gesetzgebungsmechanismen hat[123].

Eine inhaltliche Einschränkung für den Bereich der aktuellen Strafgesetzgebung ergibt sich aus der Strafrechtskonzeption Feuerbachs nicht. Der Schutz des Kapitalmarkts kann auch über das Strafrecht gewährleistet werden, solange die Strafgesetze nur bestimmt genug sind. Dies ist im Fall des Börsenstrafrechts bei der Mehrzahl der Vorschriften aktuell nicht gegeben, so daß diese im Widerspruch zu Feuerbachs Gesetzeskonzeption stehen würden.

c) Gesetzlichkeit und Kriminalpolitik

Die Bedeutung des *nullum crimen, nulla poena sine lege*-Grundsatzes ist für das Individuum deutlich; die Bindung an das Gesetz schränkt die Durchsetzbarkeit des eigenen rechtspolitischen Wollens ein. Doch welche Einschränkung entsteht aus dem Gesetzlichkeitsprinzip für staatliches kriminalpolitisches Handeln ?

Das Gesetzlichkeitsprinzip ist für das Strafrecht von Feuerbach staats- und straftheoretisch begründet worden[124].

---

[122] *Ehret, S.*, Strafrechtsbegrenzung durch das Gesetzlichkeitsprinzip bei F.v. Liszt?, in: KritV 1996, 342.

[123] *Naucke, W.*, Zerbrechlichkeit des rechtsstaatlichen Strafrechts, S. 187.

[124] *Feuerbach, P.J.A.*, Lehrbuch des gemeinen in Deutschland geltenden peinlichen Rechts, §§ 19, 20.

In seiner Vorstellung ist das Gesetzlichkeitsprinzip eine ambivalente Begrenzung; sowohl Rechtsanwender als auch Gesetzgeber finden darin eine "unübersteigbare Schranke"[125]. Durch das Gesetzlichkeitsprinzip sollte der Schutz des Bürgers vor repressiver Staatsgewalt gesichert werden. Doch wie verhält es sich in Bezug auf den Schutz vor kriminalpolitisch legitimierter Gewalt.

Auf der Suche nach einer die Kriminalpolitik einschränkenden Gesetzlichkeit sind die theoretischen Ansätze Feuerbachs zwar vorübergehend als freiheitsfördernde, liberal rechtsstaatliche Forderungen zu betrachten, die jedoch einer dauerhaften Einschränkung der Kriminalpolitik nicht dienlich sind. Vielmehr öffnet sich durch die Forderung nach einem absoluten Gesetzlichkeitsprinzip das Tor der Legalität für jeglichen Inhalt von Kriminalpolitik, solange sie den Anforderungen des Gesetzlichkeitsprinzips entspricht. Das Strafrecht ist hierdurch an die Subjektivität der Politik ausgeliefert[126]. Wer Gesetzgeber ist, kann den Mechanismus gesetzmäßiger Generalprävention auslösen[127] und somit das Strafrecht zur Machtdurchsetzung der aktuell faktisch herrschenden Regierung instrumentalisieren.

Die Bedeutung der abschreckenden Kraft des Gesetzes ist bei Feuerbach kriminalpolitisches Konzept. Ähnlich wie bei Beccaria die Humanität zur Zweckmäßigkeit des Strafens benutzt wurde, und nicht aufgrund der Menschlichkeit als Selbstzweck, wird bei Feuerbach das Gesetzlichkeitsprinzip als Präventionswaffe zur Abschreckung genutzt. Die Freiheitssicherung ist nur Nebenprodukt der politisch wichtigen Gesetzlichkeit. Die inhaltliche Flexibilität, die das Gesetzlichkeitsprinzip erzeugt, läßt sich am heutigen Strafrecht ablesen. Seit der Entwicklung und Publikation von Feuerbachs Theorie des psychologischen Zwangs hat der Grundsatz *nullum crimen, nulla poena sine lege* für viele formelle Ausgestaltungen von Strafgesetzen herhalten müssen. Sowohl das Strafgesetzbuch als auch die Nebenstrafgesetze haben sich dem fast inflationären Normenzuwachs nicht verschließen können, zu einfach und gefällig ist das Gesetzgebungsverfahren. Die Gesetzlichkeit des Strafrechts ist isoliert, ohne inhaltliche Fülle betrachtet, selbst nur ein strafrechtliches Mittel zur Intensivierung der Abschreckung und keine Mittelbegrenzung politisch opportuner Mehrheitsentscheidungen. Nur eine nichtempirische, "metaphysische", vernunftorientierte Begründung der Freiheit sichert eine dauerhafte unpolitische Freiheit, sichert auch die liberale Freiheitlichkeit eines rechtsstaatlichen Strafrechts[128].

---

[125] In der Konzeption Feuerbachs besteht tatsächlich der Gedanke einer "unübersteigbaren Schranke" für die Kriminalpolitik, da er das Strafrecht nur auf den Bereich des Kernstrafrechts bezieht.

[126] *Naucke, W.*, Feuerbach, in: ZStW 87, 868.

[127] *Naucke, W.*, Zerbrechlichkeit des rechtsstaatlichen Strafrechts, S. 187.

[128] *Naucke, W.*, Zerbrechlichkeit des rechtsstaatlichen Strafrechts, S. 189.

Bei aller Kritik in Bezug auf die Auswirkungen der heutigen Kriminalpolitik darf nicht vergessen werden, daß Feuerbach mit *crimen* nur das schwere Unrecht gegen die Person und den Staat, mit *poena* die souveräne (nicht brutale) Verurteilung des schweren Unrechts[129] meinte. Die psychologische Zwangstheorie ist nicht auf den kleinen Diebstahl oder den kleinen Betrug zugeschnitten, sondern auf den Totschlag, die Vergewaltigung und den Hochverrat[130]. Gesetzlichkeit und Gesetzwürdigkeit sind bei ihm komplementäre strafrechtliche Begriffe einer Strafrechtsorganisation, die notwendig straft, weil ein die Gerechtigkeit abbildendes Gesetz besteht[131]. Feuerbach hat demnach durch seine strafrechtliche Konzeption das von ihm begründete Gesetzlichkeitsprinzip als eine formelle Form des Kernstrafrechts geschaffen. Leider konnte dies durch den *nullum crimen*-Grundsatz nicht in die Gegenwart transportiert werden.

---

[129] *Naucke, W.*, Die Aushöhlung der strafrechtlichen Gesetzlichkeit durch den relativistischen, politisch aufgeladenen strafrechtlichen Positivismus, in: Gesetzlichkeit und Kriminalpolitik, S. 260.

[130] *Naucke, W.*, Die Aushöhlung der strafrechtlichen Gesetzlichkeit durch den relativistischen, politisch aufgeladenen strafrechtlichen Positivismus, in: Gesetzlichkeit und Kriminalpolitik, S. 260.

[131] *Naucke, W.*, Die Aushöhlung der strafrechtlichen Gesetzlichkeit durch den relativistischen, politisch aufgeladenen strafrechtlichen Positivismus, in: Gesetzlichkeit und Kriminalpolitik, S. 260.

3. Franz von Liszt

"Das Strafgesetzbuch ist die magna charta des Verbrechers. Das Strafrecht ist die unübersteigbare Schranke der Kriminalpolitik"[132].

Diese wohlbekannten und vielzitierten Sätze des Rechtswissenschaftlers Franz von Liszt (1851 – 1919) werden oftmals mit dem *nullum crimen*-Grundsatz Feuerbachs zusammen angeführt und als Beleg für die Begründung eines freiheitlich-rechtsstaatlichen Strafrechts herangezogen. Die im Strafrecht der Aufklärung als Errungenschaft hervorgehobenen Attribute der Humanisierung und Liberalisierung treten jedoch bei von Liszt noch offensichtlicher als bei Beccaria und Feuerbach hinter dem Gedanken der Zweckmäßigkeit zurück.

a) Das Marburger Programm von 1882

Franz von Liszt hat Ende des 19. Jahrhunderts die sogenannte "moderne Schule" des Strafrechts begründet, die eine klare spezialpräventive Ausrichtung des Strafrechts forderte[133].
"Strafe ist Prävention durch Repression"[134]. Seine Konzeption von Strafe und Strafrecht richtet sich gegen metaphysische Begründungen der Vergeltungsstrafe[135]. Diese seien unwissenschaftlich[136]. Er versucht, die Straftat durch Erforschung der Ursachen des Verhaltens des Straftäters zu erklären. Seiner Ansicht nach ist das Verbrechen sowohl unzweckmäßiges, also sozialschädliches, als auch sozial-bedingtes Verhalten. Die Strafe ist dementsprechend nur zweckmäßige, d.h. sozial-nützliche, Reaktion, um auf den Täter und dessen soziale Bedingtheit einzuwirken. Die Zweckorientierung in von Liszts strafgesetzlicher Konzeption ist offensichtlich und ergibt sich bereits aus dem üblichen Titel des "Marburger Universitätsprogramms 1882", das als der "Zweckgedanke im Strafrecht" überschrieben ist. Die Begründung des Zweckgedankens im Strafrecht wird bei von Liszt in Form einer strafrechtlichen Evolutionstheorie aus der Entwicklung der Strafe abgeleitet. Diese Entwicklung läßt sich in zwei Stufen darstellen.

Auf der ersten Stufe der geschichtlichen Entwicklung des Wesens der Strafe bezieht sich von Liszt auf die Urform der Strafe[137]. Ursprünglich ist die Strafe eine "blinde, instinktmäßige Triebhandlung"[138], die von rationalen Zweckerwägungen unbeeinflußt ist. Die Strafe ist auf dieser Ebene als Ausfluß

---

[132] *Liszt, F. v.*, Strafrechtliche Aufsätze und Vorträge, Bd. 2, S. 80.
[133] *Naucke, W.*, Strafrecht – eine Einführung, Rdn. 149.
[134] *Liszt, F.v.*, Strafrechtliche Aufsätze und Vorträge, Bd. 1, S. 126.
[135] *Harzer, R.*, in: Stolleis, Juristen, S. 382.
[136] *Liszt, F.v.*, Strafrechtliche Aufsätze und Vorträge, Bd. 2, S. 297.
[137] *Ehret, S.*, F.v.Liszt und das Gesetzlichkeitsprinzip, S. 105.
[138] *Liszt, F.v.*, Strafrechtliche Aufsätze und Vorträge, Bd. 1, S. 133.

des Strebens nach Selbstbehauptung des Individuums anzusehen[139], wobei die Vernichtung des Verbrechers auch der notwendigen Arterhaltung dient[140]. Mit dem Abstellen auf den Selbst- bzw. Arterhaltungstrieb konkretisiert von Liszt den entwicklungstheoretischen Ansatz hin zu einer Selektionstheorie darwinistischer Prägung, die sich in der Auslese durch den Kampf um das Dasein beschreiben läßt[141].

Auf der zweiten Stufe wird der Straftrieb durch die "Verstaatlichung", d.h. die Strafbefugnis steht nur dem Staat zu, objektiviert, und die ausschließliche Strafverfolgung tritt von Amts wegen ein[142]. Hierdurch wird aus der trieb- die zweckorientierte Willenshandlung[143] und durch die Objektivierung wird der Strafe Maß und Ziel verliehen[144]. Indem die Lebensbedingungen zu Rechtsgütern erklärt werden, wird eine erste Selbstbeschränkung der staatlichen Strafgewalt erreicht[145]. Die Erkenntnis über den Zusammenhang von Strafe und Rechtsgüterschutz führt zwar der Strafe ein sinngebendes Element zu, jedoch ist die Strafe hierdurch zur reinen Zweckstrafe geworden. Durch die Katalogisierung von Rechtsgütern und das Herausarbeiten von Verbrechensmerkmalen wird dem Zweck im Strafrecht Ausdruck verliehen. Das Strafrecht wird dem Zweckgedanken gerecht, wenn diejenige Strafe nach Inhalt und Umfang verhängt wird, die notwendig ist, um Rechtsgüterschutz zu erreichen. Strafe wird somit zu einer maßvoll, aber zielbewußt gehandhabten Waffe im Kampf gegen das Verbrechen[146].

Die von v. Liszt postulierten kriminalpolitischen Forderungen zielten auf die Verbesserung der bestehenden gesellschaftlichen Verhältnisse und einen auf konkrete Resozialisierung des Täters ausgestalteten Strafvollzug ab[147]. Der zentrale Begriff seiner Strafrechtsauffassung ist die Kriminalpolitik als Verbrechensbekämpfung[148]. Die Abweichung vom gerade politisch üblichen beschreibt den Verbrechensbegriff. Die verbrechensbekämpfende Strafe muß so zweckmäßig, d.h. so machtvoll sein, daß sie dem Umfang und der Stärke des Verbrechens überlegen ist[149]. Die Gesetzlichkeit nimmt im Rahmen des staatlichen Strafens nur eine untergeordnete Rolle ein.

---

[139] *Liszt, F.v.*, Strafrechtliche Aufsätze und Vorträge, Bd. 1, S. 135.
[140] *Liszt, F.v.*, Strafrechtliche Aufsätze und Vorträge, Bd. 1, S. 138, 148.
[141] *Ehret. S.*, F.v.Liszt und das Gesetzlichkeitsprinzip, Bd. 1, S. 105.
[142] *Liszt, F.v.*, Strafrechtliche Aufsätze und Vorträge, Bd. 1, S. 146.
[143] *Liszt, F.v.*, Strafrechtliche Aufsätze und Vorträge, Bd. 1, S. 145, Bd. 2, S. 293.
[144] *Ehret, S.*, F.v.Liszt und das Gesetzlichkeitsprinzip, S. 107.
[145] *Liszt, F.v.*, Strafrechtliche Aufsätze und Vorträge, Bd. 1, S. 147.
[146] *Liszt, F.v.*, Aufsätze und Vorträge, Bd. 2, S. 293.
[147] *Harzer, R.*, in: Stolleis, Juristen, S. 382.
[148] *Naucke, W.*, Die Aushöhlung der strafrechtlichen Gesetzlichkeit durch den relativistischen, politisch aufgeladenen strafrechtlichen Positivismus, in: Gesetzlichkeit und Kriminalpolitik, S. 262.
[149] *Liszt, F.v.*, Der Zweckgedanke im Strafrecht, in: ZStW 3 (1883), 1ff.

b) Interventionsstrafrecht als rechtsstaatliche Schranke der Kriminalpolitik ?

Die Legitimation staatlichen Strafens begründet sich bei von Liszt in der empirischen Notwendigkeit und läßt für eine meta-juristische Begründung des Strafrechts keinen Raum. Für ihn ist das Strafrecht gesellschaftssichernd, d.h. staatssichernd[150] und dient nicht, entsprechend einer rechtsstaatlich-liberalen Auffassung, der individuellen Freiheitssicherung, wie dies seine wohlbekannten Formulierungen vermuten lassen. Franz von Liszt sieht das Strafrecht als ein rationales Mittel der Gesellschaftssteuerung durch Erziehung von Straffälligen und der Sicherung der Gesellschaft vor möglichen Straftätern[151].

Die damit verbundene innenpolitische Affinität des Strafrechts sieht er keineswegs als nachteilig an, sondern betrachtet eine Politik durch Strafen als einen Teil der Sozialpolitik, d.h. der Politik der Aufrechterhaltung von Ruhe, Sicherheit und Ordnung[152]. Der Staat, der bei Kant nur als ein die äußeren Lebensbedingungen garantierendes Institut fungierte, stellt bei von Liszt ein eigenes, machtvolles Gebilde dar, in dem die Freiheit des Einzelnen an den Belangen des Gemeinwohls ausgerichtet wird[153]. Die Voraussetzungen des staatlichen Strafanspruches werden dementsprechend nicht an der Sicherung der individuellen Freiheit ausgerichtet, sondern an der zweckmäßigen Bekämpfung der Verletzung der staatlichen Rechtsordnung gemessen. Eine inhaltliche Begrenzung der Zweckmäßigkeit des Strafrechts besteht nicht, vielmehr ändern sich die Voraussetzungen des Strafanspruches, sobald sich die Interessen der staatsführenden Kräfte ändern. Der Verbrechensbegriff ist in dieser Auffassung offen, er bezeichnet die Abweichung vom gerade politisch Üblichen[154].

Der Schutz des Kapitalmarkts mit den Mitteln des Strafrechts wäre in der Konzeption von Liszts ohne Einschränkung möglich. Die Kriminalpolitik legt fest, welches Rechtsgut zu schützen ist und kann die gesetzlichen Vorschriften ohne weitere Bedingungen selbst festlegen. Die Strafrechtskonzeption von Liszts entspricht dem aktuellen Zustand der Strafgesetzgebung. Das Strafrecht ist keine unübersteigbare Schranke der Kriminalpolitik, sondern die Kriminalpolitik füllt den inhaltslosen Bereich des Strafrechts mit beliebigem Inhalt.

---

[150] *Naucke, W.*, Gesetzlichkeit und Kriminalpolitik, S. 539.

[151] *Liszt, F.v.*, Vorträge und Aufsätze 1.Bd., S. 145 ff.

[152] *Liszt, F.v.*, Vorträge und Aufsätze 2.Bd., S. 246.

[153] *Ehret*, S., F. v. Liszt und das Gesetzlichkeitsprinzip, S. 130.

[154] *Naucke, W.*, Die Aushöhlung der strafrechtlichen Gesetzlichkeit durch den relativistischen, politisch aufgeladenen strafrechtlichen Positivismus, in Gesetzlichkeit und Kriminalpolitik, S. 262.

c) Gesetzlichkeit und Kriminalpolitik

Der Vorrang der Kriminalpolitik vor der Gesetzlichkeit ist bei Franz von Liszt fest etabliert[155]. Mit seiner Konzeption eines ausschließlich am Zweckgedanken orientierten Strafrechts verschafft er der Politik eine nahezu unbegrenzte Strafmacht, die zum Überschreiten der Schranke der Strafgesetzlichkeit keinerlei Hindernisse überwinden muß. Im Zweckgedanken öffnet sich die Straftheorie den politischen Anforderungen der Zeit, um als politikunterstützendes Medium zu fungieren[156]. Der Sanktionierung politisch unbeliebter Verhaltenweisen werden Tür und Tor geöffnet. Sämtliche Einflüsse gesellschaftlichen Zusammenlebens können die Gesetzgebung bestimmen. Religiöse Ideologien, zeitgemäße Sicherungsmechanismen selbsterkorener Rechtsgüter, die wirtschaftliche Potenz von Interessenverbänden - die Vielfalt möglicher Aspekte, die im Rahmen der kriminalpolitischen Gesetzgebung berücksichtigt werden können, ist undefinierbar und allumfassend. Auch Kritik an der Regierungsarbeit könnte durch Strafgesetzgebung unterbunden werden und somit, zumindest für eine Legislaturperiode, eine demokratisch legitimierte, gesetzmäßige Form der Unterdrückung politisch nicht-konformer Personen annehmen. Das dies auch in demokratisch legitimierten Regierungen keine Fiktion ist zeigt der Stadtstaat Singapur, in dem regierungskritische (herabwürdigende) Äußerungen selbst innerhalb des Parlaments unter Strafe gestellt sind.

Bei Franz von Liszt ist die Gesetzlichkeit ein vorgefundenes juristisches Dogma, das man willkürlich in die Kriminalpolitik einbauen muß[157]. Eine absolute Grenze der Kriminalpolitik besteht bei ihm nicht, vielmehr ist das Strafgesetz eine inhaltlich nicht festgelegte, positivierte Regel, an der man den Umfang und die Intensität der staatlichen Strafmacht ablesen kann[158].

Das Festhalten von Liszts an dem Gesetzlichkeitsprinzip erfolgt nicht aus rechtsstaatlich-liberalen Gründen, sondern ist das Festhalten an einer flexiblen Hülle, die sich mit jeglichem Inhalt der Kriminalpolitik füllen läßt[159]. Die Mutation des Strafrechts von einer freiheitssichernden Schutzinstitution des Bürgers zu einem strafverfolgenden staatlichen Machtinstrument mit politisch kontrollierten Inhalten ist bei von Liszt endgültig vollzogen. Die Kriminalpolitik hat die Gesetzlichkeit überwunden.

---

155 *Naucke, W.*, Gesetzlichkeit und Kriminalpolitik in: JuS 1989, 864.
156 *Braum, St.*, Geschichte der Revision, S. 89.
157 *Naucke, W.*, Gesetzlichkeit und Kriminalpolitik, in: Jus 1989, 864; a.A. *Freund, G.*, Der Zweckgedanke im Strafrecht, in: GA 1995, 4ff, der den Zweckgedanken als Inhalts- und Maßprinzip der Strafe ansieht.
158 *Naucke, W.*, Die Aushöhlung der strafrechtlichen Gesetzlichkeit durch den relativistischen, politisch aufgeladenen strafrechtlichen Positivismus, in: Gesetzlichkeit und Kriminalpolitik, S. 264.
159 *Ehret, S.*, Franz von Liszt und das Gesetzlichkeitsprinzip, S. 76.

II. Aktuelles Verhältnis von Gesetzlichkeit und Kriminalpolitik

Die unterschiedlichen Konzeptionen der Bedingungen von Strafgesetzlichkeit aus strafrechtsphilosophischer Sicht zeigen eine Entwicklung auf, in der die Kriminalpolitik die Gesetzlichkeit überwunden hat. Einmal diesen Zustand erreicht, kann man sagen, daß die weitere Entwicklung proportional verläuft. Je größeren Einfluß die Kriminalpolitik gewinnt, desto weiter tritt die Gesetzlichkeit in den Hintergrund. Das Resultat dieser Entwicklungen ist vorprogrammiert. Die Gesetzlichkeit nimmt nur noch einen deskriptiven, informierenden Charakter ein, und Recht ist die formelle Form kriminalpolitischer Opportunitäts- und Zweckmäßigkeitserwägungen. Fast alles kann Gesetz werden, solange sich dafür nur eine parlamentarische Mehrheit findet.

Belege für diese These finden sich in bereits etablierten Rechtsnormen, wie z.B. dem Bereich des sogenannten Börsenstrafrechts, die als Vorschriften in der juristischen Praxis allgemeine Anwendung finden. Die Durchsetzung wirtschaftspolitischer Interessen mit den Mitteln des Strafrechts ist kein Einzelfall. Kritische Stimmen sind im Bereich der Gesetzgebung leider nicht zu vernehmen.

1. Legale Opportunität im Strafrecht

Der aktuelle Zustand der Strafgesetzlichkeit ist beklagenswert[160]. Zweckmäßigkeit und Praktikabilität sind zum Maßstab geworden. Gesetzlichkeit wird an ihrer staatsdienlichen Durchführbarkeit ausgerichtet und entsprechend flexibel gehalten. Dieser Zustand der Gesetzlichkeit zwingt auch zu einer flexiblen Handhabung des Legalitätsprinzips, das die strafprozessuale Umsetzung der Gesetzlichkeit absichert. Diese gewünschte Flexibilität wird durch das Opportunitätsprinzip erzeugt, das auch großteils bei der Einstellung von börsenstrafrechtlichen Verfahren über §§ 153f. StPO Anwendung findet.

a) Das Legalitätsprinzip

Das Legalitätsprinzip im Strafverfahren, die Entscheidung über Ermittlung und Anklage nur auf den Verdacht einer strafbaren Handlung zu stützen, entspricht den Ideen der Aufklärung[161]. Die Grundsätze der Gewaltenteilung, der

---

[160] *Naucke, W.*, Die Aushöhlung der strafrechtlichen Gesetzlichkeit durch den relativistischen, politisch aufgeladenen strafrechtlichen Positivismus, in Gesetzlichkeit und Kriminalpolitik, S. 256.

[161] *Hassemer, W.*, Legalität und Opportunität im Strafverfahren, in: Ostendorf, Strafverfolgung und Strafverzicht, S. 529; *Naucke, W.*, Notizen zur relativen Verbindlichkeit des Strafrechts, in: Festschrift für E.A. Wolff, S. 360.

gesetzlichen Bestimmtheit, der Gleichheit und des Rechtsstaates spiegeln sich in ihm wider. Die Bindung zwischen Strafverfahrensrecht und materiellem Strafrecht wird durch das Legalitätsprinzip abgesichert. Die grundsätzliche Anwendung des Legalitätsprinzips und dessen gesetzliche Verankerung in § 152 Abs. 2 StPO sollten die Basis für ein sogenanntes Regel-Ausnahme-Verhältnis[162] von Legalitäts- und Opportunitätsprinzip beschreiben. Die praktische Anwendung läßt sich jedoch eher als Ausnahme-Regel-Verhältnis bezeichnen. Das Legalitätsprinzip weicht zurück, und das Opportunitätsprinzip drängt sich mit großer Anwendungsvielfalt als Regel auf. Traditionelle Selbstverständlichkeit kennzeichnet die Anwendung des Opportunitätsprinzips für das Polizeirecht und für das Ordnungswidrigkeitenrecht, deren Eingriffsbefugnisse sich in ihrer Intensität immer mehr dem Strafprozeß annähern[163]. Eine zwingende Anwendung des Legalitätsprinzips besteht aber auch nicht im Strafprozeß. Das Opportunitätsprinzip hat mit den §§ 153 ff., 376 StPO und den §§ 45, 47 JGG eine riesige Fläche des materiellen Rechts eingenommen[164], die es der Staatsanwaltschaft ermöglicht, von der Anklageerhebung abzusehen und eine Ankläger-Richter-Position in Personenidentität, ähnlich dem Inquisitionsprozeß, einzunehmen. Diese Regelungen als Ausnahmen des Legalitätsprinzips zu bezeichnen, würde ihrer praktischen Bedeutung nicht gerecht, vielmehr sind sie als selbständige Alternativen zu klassifizieren[165].

b) Strafrechtliche Erledigungspraxis

In den Bereichen bagatellhafter Eigentums- und Vermögenskriminalität werden bis zu 75 % der Verfahren auf der Ebene der Staatsanwaltschaften eingestellt[166]. Die Einstellungsmöglichkeit bezieht sich mittlerweile aber nicht nur auf Fälle der Geringfügigkeit, sondern erstreckt sich über die Fälle mittlerer Kriminalität[167] bis hin zur sogenannten Kronzeugenregelung bei schweren Straftaten[168]. Die zwölf Einstellungsvorschriften der §§ 153ff. bis § 154 StPO, die sich am Opportunitätsprinzip orientieren, stellen eine Durchbrechung des Legalitätsprinzips dar. Dennoch kann die Bedeutung des Opportunitätsprinzips

---

162 *Pott, C.*, Die Außerkraftsetzung der Legalität durch das Opportunitätsdenken, S. 41; *Naucke, W.*, Der Zustand der Legalität, in: Lüderssen, Modernes Strafrecht und ultima-ratio-Prinzip, S. 155.

163 Vgl. hierzu *Albrecht, P.-A.*, Die neu verfasste Polizei: Grenzverwischung und Geheimverfahren, in: KritV 2000, 17.

164 *Albrecht, P.-A.*, Entkriminalisierung als Gebot des Rechtsstaats, in: KritV 1996; 333, *ders.*, Informalisierung des Rechts, S. 12; *Naucke, W.*, Schwerpunktverlagerungen im Strafrecht, in: KritV 1993, 150; ders., Zustand des Legalitätsprinzips, in: Lüderssen (Hrsg.) Modernes Strafrecht und ultima-ratio-Prinzip, S. 153.

165 *Naucke, W.*, Gesetzlichkeit und Kriminalpolitik, in: JuS 1989, 866.

166 *Albrecht, P-A.*, Entkriminalisierung als Gebot des Rechtsstaats, in: KritV 1996, 331.

167 *Fischer* , StPO-Kommentar, § 152 Rdnr. 4.

168 *Weigend, T.*, Das Opportunitätsprinzip zwischen Einzelfallgerechtigkeit und Systemeffizienz, in: ZStW 109 (1997), 111.

gegenüber dem Legalitätsprinzip nur subsidiär gewollt gewesen sein, was sich bereits aus der Gesetzessystematik ergibt. Was verleiht dem Opportunitätsgedanken also seine praktische Bedeutung? Zynisch betrachtet könnte man sagen, es ist die Unsicherheit der Rechtsanwender und die zur Effizienzsteigerung verfügbare Flexibilität, die das Opportunitätsprinzip beschert. In einer von Vorteilsüberlegungen geprägten Präventionspolitik ist für das Legalitätsprinzip wenig Raum. Ein gutes Beispiel für den Einfluß von Opportunitätsvorschriften auf die Tätigkeit der Staatsanwaltschaften liefern die Verfahren, die sogenannte Insider-Handelsverbote betreffen. Aus den Mitteilungen der Staatsanwaltschaften zu abgeschlossenen Insider-Verfahren aus den Jahren 1995 – 2002 ergibt sich folgendes Bild: In 43 Fällen wurde das Verfahren gegen Geldzahlung eingestellt, in 161 Fällen wurde aus anderen Gründen eingestellt, und in 14 Fällen wurde ein Strafbefehl ausgesprochen[169]. Innerhalb dieser acht Jahre gab es im Rahmen der gerichtlichen Entscheidungen lediglich zwei rechtskräftige Verurteilungen[170]. Der Anteil der informellen Erledigungen gegenüber den Fällen, die zur Anklage gebracht wurden, zeigt den mit der Informalisierung verbundenen Kontrollverlust der Judikative auf. Die Strafgerichtsbarkeit wird bei den Verfahrenserledigungen weitgehend durch die Staatsanwaltschaft verdrängt[171]. Abgesehen von der geringen Anzahl der Verfahren dokumentiert die Statistik, daß entsprechende Unsicherheit im Umgang mit den Vorschriften und mangelnde Beweislage einen großen Anteil der Verfahren zu Einstellungen gegen Auflagen führt. Dies hat für die Staatsanwaltschaft den "Vorteil", daß sie nicht weiter ermitteln muß und somit effizienter und kostengünstiger arbeiten kann. Für den Beschuldigten bedeutet die Einstellung gegen Auflagen den Wegfall des strafrechtlichen Vorwurfs, der auch für ihn aufgrund von beruflichen Interessen und der belastenden, stigmatisierenden Wirkung eines Ermittlungsverfahrens "opportun" erscheint. Das Ermittlungsverfahren wird damit in der Praxis oftmals zum zustimmungsbedingten vorgerichtlichen *Deal* degradiert. Die Bedeutung eines rechtsstaatlichen Strafverfahrens mit der Unschuldsvermutung als eine der zentralen Aussagen der Rechtsstaatlichkeit erlischt zugunsten von staatlich vorteilhaften Effizienzerwägungen.

c) Informalisierung und administrative Rationalisierung des Strafverfahrens

Das Strafverfahren sieht sich infolge der teilweisen Durchbrechung des Legalitätsprinzips einer zunehmenden Flexibilisierung sozialer Kontrolle durch die Staatsanwaltschaft ausgesetzt. Der zunehmende Einfluß der Staatsanwaltschaft auf das Strafverfahren kann nur durch eine grundlegende Entscheidung für das Legalitätsprinzip als Rechtsgrundsatz staatsanwaltschaftlicher Tätigkeit begrenzt werden. Die Entscheidung für oder gegen das Legalitätsprinzip ist eine grundsätzliche strafrechtspolitische Aussage

[169] Jahresbericht 2002 des Bundesaufsichtsamtes für den Wertpapierhandel, S. 49.
[170] Jahresbericht 2002 des Bundesaufsichtsamtes für den Wertpapierhandel, S. 49.
[171] *Albrecht, P.-A.*, Kriminologie, S. 184.

über das System der Verbrechensbekämpfung. Das Legalitätsprinzip gehört zu einem fest an der Freiheit orientierten Strafrecht[172]. Das Opportunitätsprinzip ermöglicht eine flexible Handhabung bei der präventiven Verbrechensbekämpfung, ist in diesem Sinne eine schnell verfügbare Freiheitsbegrenzung. Prävention und Legalität passen weder theoretisch noch praktisch zusammen. Die immer weiter zunehmende Opportunität im Strafrecht geht mit einem immer stärkeren Verlust von Freiheitsgarantien einher. Je flexibler die Rechtsanwendung, desto gefälliger ist die rechtlich legitimierte Beugsamkeit von Freiheitsgarantien. Die extensive Anwendung des Opportunitätsprinzips paßt zu einem flexiblen Rechtsystem, dessen Leitstern eine umfassend verstandene, unter möglichst effizientem Einsatz von knappen

Ressourcen angestrebte Prävention von Straftaten ist[173]. Kapazitäts- und Effizienzüberlegungen drängen die Gerechtigkeit ins kriminalpolitische Abseits. Die Formulierung, der Zweck heiligt die Mittel, wird zum strafrechtspolitischen Programm.

Auch in verfassungsrechtlicher Hinsicht ist die am Opportunitätsgedanken orientierte Einstellungspraxis nicht unproblematisch[174]. Umfassende empirische Verfahrensforschung zeigt, daß nicht nur von Staatsanwaltschaft zu Staatsanwaltschaft, sondern selbst innerhalb der Staatsanwaltschaften inhaltlich gleiche Fälle unterschiedlich erledigt werden[175]. Auch ist bei der Anwendung des Opportunitätsprinzips nicht sicher auszuschließen, daß soziale, politische, finanzielle und personale Macht die Anwendung der Strafrechtsnormen beeinflußt und damit das Gebot der Gleichbehandlung verletzt[176]. Nur das Legalitätsprinzip sichert die für die Gerechtigkeit der Strafrechtspflege fundamentale Gleichbehandlung der Bürger, indem es zur gleichmäßigen Anwendung der Strafnormen verpflichtet[177] und einer Informalisierung des Rechts vorbeugt[178].

Der Einzug des Opportunitätsprinzips ist auch ein Indikator für das Verhältnis von Gesetzlichkeit und Kriminalpolitik. Die Umsetzung kriminalpolitischer Zweckmäßigkeitserwägungen in Form von Opportunitätsvorschriften spricht für die Dominanz der Kriminalpolitik und für eine unkritische, lediglich deskriptive Gesetzlichkeit. Opportun ist dies nicht nur im Sinne einer flexiblen Gesetzesanwendung, sondern auch bei kriminalpolitischem Kurswechsel durch

---

[172] *Naucke, W.*, Schwerpunktverlagerungen im Strafrecht, in: KritV 1993, 150.
[173] *Weigend, T.* Das Opportunitätsprinzip zwischen Einzelfallgerechtigkeit und Systemeffizienz, in: ZStW 109 (1997), 116.
[174] *Albrecht, P.-A.*, Kriminologie, S. 187.
[175] *Albrecht, P.-A.*, Kriminologie, S. 209.
[176] *Hassemer, W.*, Legalität und Opportunität im Strafverfahren, in Ostendorf, Strafverfolgung und Strafverzicht, S. 530.
[177] *Hassemer, W.*, Legalität und Opportunität im Strafverfahren, in Ostendorf, Strafverfolgung und Strafverzicht, S. 530.
[178] *Albrecht, P.-A.*, Kriminologie, S. 184.

die Änderung von Regierungsmehrheiten. Die streng weisungsgebundene, hierarchisch aufgebaute Staatsanwaltschaft wird mit zunehmender Ermessensausübung zum Spielball der Kriminalpolitik. Die Befürchtung, daß eine Regierung das Strafrecht einseitig gegen Anhänger der politischen Opposition anwendet und Straftaten der eigenen Parteianhänger ignoriert, steht begründeterweise im Raum[179]. Absolute Grenzen durch strikte, unpolitische Gesetzlichkeit verschwimmen. Das Legalitätsprinzip ist zu einer funktionslosen Hülle degeneriert.

Kritisch betrachtet, führt dieser Zustand zur Zerstörung der Gesetzlichkeit durch die stets wachsende Kriminalpolitik[180] und damit auch zum Verlust der Gerechtigkeit der Strafrechtspflege.

2. Bestimmtheitsgrundsatz und Strafverfolgung

Rechtsstaatliches Strafrecht orientiert sich am Prinzip der Gesetzlichkeit[181]. Der Bestimmtheitsgrundsatz ist eines der wichtigsten Einzelprinzipien des Gesetzlichkeitsprinzips[182] und findet in Art. 103 Abs. 2 GG, § 1 StGB sowie Art. 7 MRK seine gesetzliche Verankerung. Die Grundgedanken des Bestimmtheitsgrundsatzes sind die Gewährung von Rechtssicherheit durch Voraussehbarkeit und Berechenbarkeit des staatlichen Strafens, die Gleichmäßigkeit der Rechtsanwendung, der Schutz vor willkürlichen Entscheidungen und vor uneingeschränkten Zugriffsmöglichkeiten des Staates auf den Bürger[183]. Gegenüber Art. 20 Abs. 3 GG, wonach die vollziehende Gewalt und die Rechtsprechung an Gesetz und Recht gebunden sind, formuliert der Bestimmtheitsgrundsatz die Gesetzesgebundenheit allen staatlichen Strafens[184].

Für die Anwendung des Bestimmtheitsgrundsatzes lassen sich zwei sehr unterschiedliche Betrachtungsweisen der Norm herausfiltern. Zum einen ist dies, der Tradition der Aufklärung entsprechend, die rechtsstaatlich-liberale Interpretation, die sich am Freiheitsgedanken des Bürgers vor staatlichen Eingriffen orientiert. Zum anderen ist die in der aktuellen Rechtspraxis sehr stark verbreitete weite und dehnbare, kriminalpolitisch opportune Interpretationsweise des Rechtsgrundsatzes zu verzeichnen.

---

[179] *Weigend, T.*, Das Opportunitätsprinzip zwischen Einzelfallgerechtigkeit und Systemeffizienz, in: ZStW 109 (1997), 110.

[180] *Calliess, R.-P.*, Strafzwecke und Strafrecht, in: NJW 1989, 1342, *Naucke, W.*, Gesetzlichkeit und Kriminalpolitik, in: Gesetzlichkeit und Kriminalpolitik, S. 239.

[181] *Albrecht,P.-A./Braum St.*, Defizite europäischer Strafrechtsentwicklung, in: KritV 1998, 460; *Naucke, W.*, Eine leblose Vorschrift: Art. 103 II GG, in: KritV 2000, 132.

[182] *Pott, C.*, Die Außerkraftsetzung der Legalität durch das Opportunitätsdenken, S. 3.

[183] BVerfGE 80 244, 256f.; *Krahl, M.*, Die Rechtsprechung des BVerfG und des BGH zum Bestimmtheitsgrundsatz im Strafrecht, S. 71.

[184] BVerfGE 14 174, 185; LK-*Gribbohm*, § 1, Rn. 1.

Die Anforderungen, die sich für den Gesetzgeber und die Strafjustiz hieraus für die Praxis ergeben, könnten unterschiedlicherer Natur nicht sein. Die rechtsstaatlich-liberale Interpretation verlangt vom Gesetzgeber, genaue und verständliche Gesetze zu erlassen und von der Strafjustiz, nur solche Gesetze anzuwenden[185]. Die theoretische Basis des Prinzips der Gesetzlichkeit des Strafrechts ist der Freiheitsgedanke. In diesem Sinne muß es dem juristisch nicht gebildeten Bürger möglich sein, die aus dem Strafgesetz erwachsenden

Eingriffsbefugnisse des Staates in seine Freiheitssphäre zu erkennen[186]. Diese Voraussetzung gilt nicht nur für das Strafrecht, sondern auch für das Strafprozeßrecht, wenn dessen Regelungen den Strafanspruch unmittelbar gestaltend konkretisieren, wie z.B. bei den §§ 153 ff. StPO[187]. Der Bestimmtheitsgrundsatz begrenzt also auch den Normzweck durch ein inhaltlich eindeutig definiertes Gesetz vor wandelbaren kriminalpolitischen Erwägungen[188] und erzeugt hierdurch Gleichheit vor dem Gesetz zum Schutz vor willkürlichen Entscheidungen.

Die kriminalpolitisch aktuelle Interpretation weicht dieses Prinzip auf und erreicht dadurch eine flexiblere Handlungsmöglichkeit, um neu entdeckten Kriminalisierungspotentialen unkompliziert begegnen zu können. Der Anspruch, daß dem strafbegründenden Gesetz selbst die Grenzen der Strafbarkeit entnommen werden können, besteht nicht. Es wird als ausreichend erachtet, wenn sich der Inhalt des Strafgesetzes durch die Interpretation der Rechtsprechung erkennen läßt[189]. Es handelt sich streng genommen demnach um eine "interpretatorische Bestimmtheit"[190] oder gar "Bestimmbarkeit"[191] der Gesetze in der praktischen Anwendung. Die Funktionsvoraussetzung für eine derartige Interpretation des Bestimmtheitsgrundsatzes ist eine entsprechende Handhabung der Strafgesetze durch die Strafgerichte. Das Gebot, nur bestimmte Strafgesetze anzuwenden, und falls notwendig, diese im Wege der Normenkontrollklage nach Art. 100 GG überprüfen zu lassen, ist nur von theoretischer Bedeutung.

---

[185] *Süß, F.*, Vom Umgang mit dem Bestimmtheitsgebot, in: *Albrecht, P.-A.* u.a., Vom unmöglichen Zustand des Strafrechts, S. 209.
[186] Vgl. zum Anwendungsbereich des Bestimmtheitsgrundsatzes, *Krahl, M.,* Die Rechtsprechung des BVerfG und des BGH zum Bestimmtheitsgrundsatz.
[187] *Krahl, M.*, Die Rechtsprechung des BVerfG und des BGH zum Bestimmtheitsgrundsatz im Strafrecht, S. 68 ff..
[188] *Krahl, M.*, Die Rechtsprechung des BVerfG und des BGH zum Bestimmtheitsgrundsatz im Strafrecht, S. 44.
[189] BVerfGE 75, 329, 340f.; 81 298, 309.
[190] *Jakobs*, AT, 2. Aufl. 1991, Rdn. 14
[191] *Krahl, M.*, Die Rechtsprechung des BVerfG und des BGH zum Bestimmtheitsgrundsatz im Strafrecht, S. 269, 407.

Die praktische Anwendung dieser Möglichkeit ist verschwindend gering[192]. Zurückzuführen ist dies auf die Entscheidungen der Obergerichte. Das Bundesverfassungsgericht und der Bundesgerichtshof legen bei der Überprüfung der Vereinbarkeit von Strafvorschriften mit Art. 103 Abs. 2 GG ihren Entscheidungen einen weiten Bestimmtheitsbegriff zugrunde[193]. Eine solche Interpretation des Bestimmtheitsgrundsatzes ist weniger an der rechtsstaatlich-liberalen Einstellung, als vielmehr an der Praktikabilität und hierdurch erzeugten gesetzlichen Flexibilität orientiert[194]. Die Geltung des an sich in Art. 103 Abs. 2 GG verbürgten Freiheitsschutzes ist von sehr geringem Interesse für die oberste Instanz der Judikative. Das Rechtsprinzip der Bestimmtheit beansprucht nur noch normative Geltung, eine faktische Geltung weist es nicht mehr auf[195]. Die Vorschrift des Art. 103 Abs. 2 GG - aufgefaßt als Teil der aktuellen Lage des Strafrechts - ist obsolet[196]. Wenn die freiheitssichernde Wirkung des Bestimmtheitsgrundsatzes für die Judikative und Legislative nicht von großem Interesse ist, so läßt sich leicht abschätzen, welche Auswirkungen dies für die Strafverfolgungsbehörden hat. Über Generalklauseln und unbestimmte Rechtsbegriffe, wie z.B. die „erheblichen Umstände“ in § 88 BörsG und § 264a StGB, werden der Polizei und den Staatsanwaltschaften Einfallstore zur Strafverfolgung eröffnet, deren Pforten der Bürger nicht überwachen kann und deren Eindringen durch die Rechtsprechung gebilligt wird. Der sogenannte Anfangsverdacht, der zur Einleitung eines Ermittlungsverfahrens notwendig ist, kann durch einen weiten Bestimmtheitsgrundsatz wesentlich einfacher erreicht werden, da die Bandbreite unbestimmter, interpretationsbedürftiger Rechtsbegriffe einen großen Handlungsspielraum eröffnet. Je unbestimmter der Gesetzeswortlaut, desto größer sind die Eingriffsbefugnisse des Staates in die Freiheitsrechte der Bürger und um so unkontrollierbarer wird staatliches Handeln. Die Kompetenzen staatlicher Strafverfolgung werden immer weiter vorverlagert, und die Gewaltenteilung ist unsichtbar geworden. Jedenfalls für denjenigen, der aus einer kritischen, freiheitssichernden Perspektive diese Verlagerungen betrachtet. Die Gegentendenzen zu einer Entwicklung des Strafrechts aus der Aufklärung heraus sind unverkennbar.

Die Korrelation zwischen strenger Gesetzlichkeit des Bestimmtheitsgrundsatzes und staatlich garantierter Freiheit des Bürgers ist offensichtlich. Ihr direkter Gegenpol ist ein weiter Bestimmtheitsgrundsatz, der durch die von ihm erzeugte gesetzliche Flexibilität für willkürliche, ungleiche, subjektive, politisch-opportune Handlungen empfänglich wird. Die gesetzlich garantierte Freiheit des

---

192 *Süß, F.*, Vom Umgang mit dem Bestimmtheitsgebot, in: Albrecht, P.-A. u.a., Vom unmöglichen Zustand des Strafrechts, S. 212.

193 *Krahl, M.*, Die Rechtsprechung des BVerfG und des BGH zum Bestimmtheitsgrundsatz im Strafrecht, S. 277.

194 *Köhler, M.*, Strafrecht AT, S. 87.

195 *Süß, F.*, Vom Umgang mit dem Bestimmtheitsgebot, in Albrecht, P.-A. u.a., Vom unmöglichen Zustand des Strafrechts, S 208.

196 *Naucke, W.*, Eine leblose Vorschrift: Art. 103 II GG, in: KritV 2000, 137.

Bürgers ist nicht die Zielsetzung des weiten Bestimmtheitsgrundsatzes, sondern vielmehr deren bedarfsbedingte Einschränkungsmöglichkeit. Mit dem freiheitssichernden Gedanken hat die heutige Anwendung des Bestimmtheitsgrundsatzes nur noch wenig gemein. Die Einwirkung der kriminalpolitischen Bedürftigkeiten ist zu offensichtlich geworden.

3. „Problemlösung" ? : Kriminalisierung

Die zunehmende Inkriminierung von Verhaltensweisen, die nicht die Verletzung von personalen Rechtsgütern, wie Leben, körperlicher Unversehrtheit und Eigentum betreffen, ist gängige Praxis in der deutschen Strafgesetzgebung. Als Beispiel hierfür dient das sogenannte Börsenstrafrecht. Ein Schaden muß nicht mehr entstehen - die Strafbarkeit knüpft bereits an eine bestimmte Handlung an[197]. Der Einzug von Strafnormen in die Nebengesetze nimmt unüberschaubare Ausmaße an. Fast alle Lebensbereiche sind von der gesetzlichen Einflußnahme des Strafrechts umfaßt. Angefangen von Strafvorschriften im Lebensmittelrecht, im Arzneimittelrecht, über Strafvorschriften im Straßenverkehr, deren Bedeutung als so entscheidend angesehen wurde, daß sie sogar in das Strafgesetzbuch implementiert wurden, bis hin zur Steuerung von wirtschaftspolitischen Interessen. Die staatliche Kontrolle wirtschaftlicher Zusammenhänge erfreut sich zunehmender Beliebtheit in der Legislative. Beispiele hierfür liefern die Außenwirtschaftsgesetze, die Zollgesetze, das Sozialrecht, das Steuerrecht, und das GmbH-Gesetz. Auch die kapitalmarktrechtlichen Gesetze wie das Börsengesetz und das Wertpapierhandelsgesetz enthalten Strafnormen, wobei mit § 264a StGB die besondere Bedeutung des Kapitalanlagebetrugs direkt ins Strafgesetzbuch aufgenommen wurde. Die Vielfalt von Normen zeigt die staatliche Einflußnahme auf das Wirtschaftsleben und dessen Kontrolle mit den Mitteln des Strafrechts.

Bei genauer Untersuchung der Frage, warum die den Vorschriften zugrundeliegenden Intentionen nicht in zivil-, verwaltungs-, oder wirtschaftsgesetzliche Form gegossen wurden, läßt sich eine gewisse Systematik erkennen: Der Gesetzgeber unterstellt dem Strafrecht wirtschaftspolitische Lenkungsfunktionen[198] und greift deshalb zur "Präventivwaffe" Strafrecht[199]. Prävention ist zum geflügelten Wort in der Kriminalpolitik geworden[200]. Unter dem Deckmantel der Prävention läßt sich jeglicher kriminalpolitisch opportune

---

[197] *Hassemer, W.*, Perspektiven einer neuen Kriminalpolitik, in: StV 1995, 484.

[198] *Albrecht, P.-A.*, Erosionen des rechtsstaatlichen Strafrechts, in: KritV 1993, 166, *ders.*, Entwicklungstendenzen des materiellen Strafrechts, in: KritV 1988, 194.

[199] Vgl. *E.A. Wolff*, Die Abgrenzung von Kriminalunrecht zu anderen Unrechtsformen, in: Hassemer, W., Strafrechtspolitik, S. 214.

[200] Vgl. *Grimm, D.*, Verfassungsrechtliche Anmerkungen zum Thema Prävention, in: KritV 1986, 38; *Albrecht, P.-A.*, Prävention als problematische Zielbestimmung im Kriminaljustizsystem, in: KritV 1986, 55.

Inhalt in strafgesetzliche Normen fassen. Prävention ist das herrschende Paradigma unserer Zeit und unserer Kriminalpolitik[201]. Das Strafrecht nimmt in dieser durch den Gesetzgeber bestimmten Funktion eine abwertende, sozial stigmatisierende, eine symbolische Rolle ein, die durch politische Zweckerwägungen begründet ist. Die Implementierung der börsenstrafrechtlichen Vorschriften wie die §§ 88, 89 BörsG, 264 a StGB, 38 i.V.m. 14 WpHG wurde aufgrund eines strafpräventiven Gedankens vorgenommen, der als Rechtsgut definiert wurde: der Schutz des Vertrauens der Anleger in die Funktionsfähigkeit des Finanzmarktes. An eine außerstrafrechtliche Regelung wird seitens des Gesetzgebers nicht gedacht. Die neu geschaffenen Normen erfahren ihre Rechtfertigung später in Statistiken, die erst durch diese Normen geschaffene Kriminalität beziffern[202]. Die Folgerung hieraus ist, daß Kriminalpolitik, je nach Bedarf, Kriminalität erzeugen kann. Aus diesen Überlegungen läßt sich erahnen, daß die Lösung gesellschaftlicher oder wirtschaftlicher Probleme mit dem Mittel des Strafrechts eine verbreitete Neigung aller politischen Parteien[203] ist. In der kriminalpolitischen Diskussion werden regelmäßig neue Kriminalisierungsbedürfnisse entdeckt, um durch legislative Maßnahmen soziale Probleme zu lösen und wirtschaftliche Interessen zu befriedigen. Der Staat verwendet das Mittel des Strafrechts zum Zwecke der Ordnungsstabilität nach eigener, opportuner Intention[204]. Hierbei wird allerdings nur allzu gerne vergessen, daß das Strafrecht die Funktion einer *ultima ratio* der Sozialkontrolle ausübt und kein Allheilmittel zur Bewältigung gesellschaftlicher und wirtschaftlicher Konflikte oder zur Einwirkung auf verbreitete Einstellungen in der Bevölkerung ist[205]. Das Strafrecht ist aufgrund seiner rechtsstaatlichen Bindungen sowie seiner stigmatisierenden Folgen nur dazu berufen, auf wesentliche Beeinträchtigungen des sozialen Zusammenlebens zu reagieren. Durch die Überfrachtung des Strafrechts mit politisch aufgeladenen Steuerungsansprüchen gesellschaftlicher Art werden die Geltungsgrundlagen eines rechtsstaatlichen Strafrechts zerstört[206]. Deshalb ist der Anwendungsbereich des Strafrechts stets daraufhin zu überprüfen, ob andere gesellschaftliche Regelungssysteme als Steuerungselemente zur Verfügung stehen[207].

Eine Begrenzung des Strafrechts auf relevante sozialschädliche Verhaltensweisen, die strafwürdig und strafbedürftig sind, würde dem Kernstrafrecht eine höhere Bedeutung als Instrument der Sozialkontrolle

---

[201] *Hassemer, W.*, Perspektiven einer neuen Kriminalpolitik, in: StV 1995, 486.

[202] *Hassemer, W.*, Perspektiven einer neuen Kriminalpolitik, in: StV 1995, 483.

[203] *Albrecht, P.-A.*, Erosionen des rechtsstaatlichen Strafrechts, in: KritV 1993, 163; *ders.*, Strafrecht ultima ratio, S. 10.

[204] *Braum St.*, Geschichte der Revision, S. 237.

[205] *Albrecht, P.-A., u.a.*, Rechtsgüterschutz durch Entkriminalisierung. Vorschläge der Hessischen Kommission "Kriminalpolitik" zur Reform des Strafrechts, S. 53.

[206] *Albrecht, P.-A.*, Entkriminalisierung als Gebot des Rechtsstaates, in: KritV 1996, 339.

[207] *Albrecht, P.-A.*, u.A., Strafrecht – ultima ratio, S. 13.

verschaffen[208]. Sich der freiheitsbedrohenden Kriminalität anzunehmen und die Grundrechte dabei zu schonen, ist das Prinzip einer freiheitsorientierten Kriminalpolitik[209], die eine zunehmende Kriminalisierung als Problemlösung ablehnt und hierzu die Sozial- und Wirtschaftspolitik heranzieht. Eine Suche nach einer derartigen Kriminalpolitik fällt allerdings enttäuschend aus, zu disponibel ist die Gesetzlichkeit.

---

208 *Albrecht, P.-A.*, Entkriminalisierung als Gebot des Rechtsstaats, in: KritV 1996, 330.
209 *Hassemer, W.*, Perspektiven einer neuen Kriminalpolitik, in: StV 1995, 488.

2. Kapitel: Formen des Kapitalmarktes und seine gesetzlichen Bedingungen

Im zweiten Kapitel werden nun die Formen des Kapitalmarktes und seine gesetzlichen Bedingungen dargestellt, um die faktischen und normativen Grundlagen für das weitere Verständnis der Untersuchung bereitzustellen. Neben den legislativen Grundlagen des Kapitalmarktes werden auch dessen Funktionsbedingungen dargestellt, um im dritten Kapitel im Rahmen der Auslegung der unbestimmten Tatbestandsmerkmale und der gesetzgeberischen Intention, das Vertrauen des Anleger in den Kapitalmarkt zu schützen, darauf Bezug zu nehmen. Der Bezug auf die U.S.-amerikanische strafrechtliche Kapitalmarktregulierung ist zum einen begründet durch die weltweit führende Rolle des Kapitalmarktes in den Vereinigten Staaten und dessen Regulierung, die sich seit der Weltwirtschaftskrise 1929 entwickelt hat. Zum anderen werden die U.S.-amerikanischen Mechanismen der Kapitalmarktregulierung aber deshalb breiter eingebracht, um ihre problematische Vorbildfunktion für die deutsche Rechtsentwicklung in diesem Sektor deutlich zu machen[210].

Das wirtschaftspolitische Interesse des Gesetzgebers an einem funktionsfähigen Kapitalmarkt ist durch die enorme volkswirtschaftliche Bedeutung und seit Ende des 20. Jahrhunderts auch durch ein breiteres Interesse der Bevölkerung begründet. Der Einsatz des Strafrechts in die Regulierung des Kapitalmarkts ist eine Folge von wirtschaftspolitischen Problemen, die der Gesetzgeber nur mit den Mitteln des Strafrechts lösen zu können glaubt. Von besonders hohem Interesse sind dabei die Handelssegmente, die als organisierter Markt im Sinne von § 2 Abs. 5 WpHG bezeichnet werden und in denen Börsengänge und Aktienhandel stattfinden und. Die gesetzlichen Voraussetzungen und Formen des Primär- und Sekundärmarkts, insbesondere der sogenannten Wachstumssegmente in Deutschland und in den Vereinigten Staaten, sollen deshalb in einem Überblick dargestellt werden.

A. Legislative Grundlagen in Europa und Deutschland

Die Angleichung und Vereinheitlichung der Gesetzgebung innerhalb der Europäischen Union wirkt sich seit Mitte der achtziger Jahre auch auf die den Kapitalmarkt betreffende Gesetzgebung aus. Die wichtigsten Richtlinien sind : EG-Investment-Richtlinie (Richtlinie des Rates vom 20.12.1985 zur Koordinierung der Rechts- und Verwaltungsvorschriften betreffend bestimmte Organismen für gemeinsame Aufgaben in Wertpapieren EG Nr. L 375); EG-Insider-Richtlinie (Richtlinie des Rates vom 13.11.1989 zur Koordinierung der Vorschriften betreffend Insidergeschäfte 89/592/EWG, EG-Abl. Nr. L 334/30);

[210] Die Untersuchungen zum U.S- amerikanischen Rechtssystem sind das Ergebnis eines Forschungsaufenthaltes an der Columbia University, School of Law, in New York.

EG-Transparenz-Richtlinie (Richtlinie des Rates vom 12.12.1988 über die bei Erwerb und Veräußerung einer bedeutenden Beteiligung an einer börsennotierten Gesellschaft zu veröffentlichenden Informationen 88/627/EWG, EG-Abl. Nr. L 384/62) und EG-Wertpapierdienstleistungsrichtlinie (Richtlinie des Rates vom 10.05.1993 über Wertpapierdienstleistungen 93/22/EWG, EG-Abl. Nr. L 141/27).

Die nationalen legislativen Maßnahmen zur Förderung und Verbesserung des Finanzmarktes sind teilweise durch die Umsetzung Europäischer Richtlinien bedingt und spiegeln die große volkswirtschaftliche und politische Bedeutung wider, die der Gesetzgeber dem Kapitalmarkt zuschreibt. Der moderne Wertpapierhandel wurde in Deutschland durch die sogenannten Finanzmarktförderungsgesetze seit Beginn der '90er Jahre nachhaltig geprägt. Zunächst durch das Gesetz zur Verbesserung der Rahmenbedingungen der Finanzmärkte vom 22.02.1990, das sogenannte Erste Finanzmarktförderungsgesetz. Darauf folgten das Gesetz über den Wertpapierhandel und zur Änderung börsenrechtlicher und wertpapierrechtlicher Vorschriften vom 26.07.1994, sogenanntes Zweites Finanzmarktförderungsgesetz[211] und das Gesetz zur Umsetzung von EG-Richtlinien zur Harmonisierung bank- und wertpapieraufsichtsrechtlicher Vorschriften vom 22.10.1997[212], das sogenannte Dritte Finanzmarktförderungsgesetz. Die vorerst letzte legislative Änderung wurde durch das Gesetz zur weiteren Fortentwicklung des Finanzplatzes Deutschland, das sogenannte Vierte Finanzmarktförderungsgesetz vorgenommen. Das Vierte Finanzmarktförderungsgesetz ist am 01.07.2002 in Kraft getreten.

B. Funktionsbedingungen des Kapitalmarktes

In marktwirtschaftlichen Wirtschaftssystemen werden die Güterströme durch Gütermärkte von den Anbietern zu den Nachfragern gelenkt, die Geldströme durch den Geld- und Kapitalmarkt[213]. Das Regulativ, durch das Angebot und Nachfrage auf einem Markt in Übereinstimmung gebracht werden, ist der Preis. Nach diesem Muster entsteht auch der Preis von Wertpapieren am Kapitalmarkt.

Der Kapitalmarkt ist ein zeitlich definierter, auf eine Mindestlaufzeit von einem Jahr bezogener Markt für Beteiligungskapital und langfristige Kredite[214]. Die Funktion des Kapitalmarkts läßt sich als Koordinations- und Allokationsfunktion beschreiben. Die Koordinationsfunktion besteht darin, daß

[211] BGBl I, S. 1749.
[212] BGBl I, S. 2518.
[213] *Franke, G.*, Finanzwirtschaft, Kapitalmarktorientierte Finanzierungstheorie, S. 1.
[214] *Fugger, H.*, Lexikon der Kapitalanlage, S. 80. Eine verbindliche Definition für die Unterscheidung Kapitalmarkt – Geldmarkt besteht nicht. In der praktischen, handelsbezogenen Sprache wird der Kapitalmarkt auch teilweise erst ab zwei Jahren Laufzeit angenommen.

Kapitalgeber und Kapitalnehmer einen Markt finden, an dem sich Anbieter und Nachfrager treffen können, um Handel zu treiben[215]. Die Allokationsfunktion besteht in der Hilfe, Angebot und Nachfrage von Finanzwerten auszugleichen. Die Marktpreise liefern dabei Informationen über die Knappheit des Kapitals und bilden eine effiziente Allokation des Kapitals. Die bedeutendste Form des Kapitalmarkts spiegelt sich in den Effektenbörsen wider, deren historische Entwicklung im 16. Jahrhundert begann[216]. Dort werden Wertpapiere in Form von Aktien, Anleihen, Genußscheinen sowie Bezugsrechten unter einheitlichen Bedingungen gehandelt[217].

Man unterscheidet im Rahmen der Organisation der Kapitalmärkte den sogenannten „Primärmarkt", als Erstplatzierungsmarkt von Aktien und Schuldverschreibungen und den sogenannten „Sekundärmarkt", der in dem Handel bereits emittierter Wertpapiere besteht[218].

C. Kapitalbeschaffung durch IPO

Der Primärmarkt ist der Bereich der Kapitalaufnahme; das emittierende Unternehmen sucht Kapital und bietet den Verkauf des Unternehmens in Anteilen auf dem Kapitalmarkt an. In der Regel geschieht dies durch den Börsengang, das Initial Public Offering (IPO). Die Beschaffung von Eigenkapital gerade relativ junger Unternehmen durch Börsengänge ist in den vergangenen Jahren sprunghaft angestiegen. Im Jahr 1999 erreichte die Frankfurter Wertpapierbörse mit 168 IPOs und einem Emissionsvolumen von 13 Milliarden Euro eine bis dahin ungeahnte Bedeutung für den Kapitalmarkt[219]. Mit 132 Emissionen für das Jahr 2000 betrug die Zahl der Börsengänge rund ein Viertel des Volumens der Technologiebörse Nasdaq in New York, die als Vorbild aller Wachstumsbörsen weltweit angesehen wird. Für das Jahr 2001 wurden aus den Emissionsabteilungen der Banken nochmals mehr als 100 Börsengänge gemeldet[220]. Im Jahr 2002 hingegen betrug die Anzahl der Börsengänge lediglich sechs, was durch die negative Wertentwicklung an den Börsen und das mangelnde Investorenvertrauen zu erklären ist. Zum Vergleich für den überproportionalen Anstieg der vergangenen Jahre dient der Zeitraum von 1983 bis Ende 1990, in dem insgesamt 139 Unternehmen an der Börse emittierten und ein Platzierungsvolumen von rund acht Milliarden DM abgewickelt wurde[221]. Von maßgeblicher Bedeutung für die zunehmende Attraktivität der Aktie bis ins Jahr 2000 war der Erfolg des Neuen Marktes.

---

215 *Hartmann-Wendels/Pfingsten/Weber*, Bankbetriebslehre, S. 5.
216 *Adrian / Heidorn*, Der Bankbetrieb, S. 260.
217 *Becker / Peppmeier*, Bankbetriebslehre, S. 225.
218 *Kümpel, S.*, Bank- und Kapitalmarktrecht, S. 1157; *Hartmann-Wendels/Pfingsten/Weber*, Bankbetriebslehre, S. 279.
219 *Deutsche Börse AG*, Vision and Money, April 2000, S. 3.
220 *Deutsche Bank Research*, abrufbar nur im Internet unter www.db.com.
221 *Schröder, Ch.*, Aktienhandel und Strafrecht, S. 3.

Dieser Erfolg wirkte sich auch auf andere Segmente aus und ging damit in seinem Einfluß deutlich über das hinaus, was rein zahlenmäßig vermittelt werden kann. Mit dem Neuen Markt wurde die Möglichkeit, Unternehmen über die Platzierung von Aktien zu finanzieren, deutlich ausgeweitet. Der in volks- wie in betriebswirtschaftlicher Hinsicht wesentliche Faktor war, daß nunmehr die Börse nicht nur für etablierte Unternehmen offen stand. Vielmehr konnten sich auch sehr junge Unternehmen Kapital über die Börse beschaffen.

Bei aller Euphorie, die verbreitet wurde, ist jedoch nicht zu verkennen, daß die Entwicklungen am Neuen Markt großteils irrationale Züge angenommen haben und die Börsenbewertungen von Unternehmen anhand von Fakten teilweise absurd waren. In dem Zeitraum von September 1999 bis März 2000 sind die Kurse am Neuen Markt geradezu explodiert. Betrachtet man dagegen die betriebswirtschaftlichen Kennziffern wie Umsatzerlöse und Umsatzrenditen, so war die Bewertung der Aktie anhand fundamentaler Daten in den meisten Fällen ungerechtfertigt. Demzufolge verwundert es wenig, daß nach dem Platzen der sogenannten Technologieblase die meisten Unternehmen nur noch ein Zehntel bis ein Hundertstel ihres Aktienkurses zu verzeichnen haben. Einige sind sogar aufgrund eines Insolvenzverfahrens vom Kurszettel verschwunden. Das erste Unternehmen, das am Neuen Markt gelistet war und einen Insolvenzantrag stellen musste war die Gigabell AG.

I. Börseneinführung

Bevor es zu einem Handel von Aktien an der Börse kommen kann, müssen die Wertpapiere zuerst emittiert werden. Hierbei unterscheidet man zwischen Selbstemission und Fremdemission[222]. Im Rahmen der Selbstemission platziert der Emittent die Wertpapiere bei den Anlegern selbst. Dies stellt jedoch die Ausnahme bei der Platzierung von Wertpapieren an der Börse dar. Die überwiegende Zahl der Wertpapiere wird im Wege der Fremdemission begeben[223], so auch beim IPO. Hierbei beauftragen die Emittenten fremde Institute, vor allem Banken und Bankenkonsortien, die die Abwicklung der Emission übernehmen. Am häufigsten ist das Auftreten von kombinierten Übernahme- und Begebungskonsortien[224]. Hierbei übernehmen die Banken die Wertpapiere in ihren eigenen Bestand und sorgen für deren Distribution.

Die Konsortialführer sind unter anderem dafür verantwortlich, daß die Wertpapiere einem breiten Anlegerpublikum angeboten werden, um sie öffentlich zu platzieren. Zur öffentlichen Platzierung zählen die öffentliche Zeichnung, der freihändige Verkauf und die Platzierung über die Börse. Die wichtigste Art der Platzierung ist die Auflegung zur öffentlichen Zeichnung. Der

---

[222] *Becker / Peppmeier*, Bankbetriebslehre, S. 202.
[223] *Adrian / Heidorn*, Der Bankbetrieb, S. 249.
[224] *Hartmann-Wendels/Pfingsten/Weber*, Bankbetriebslehre, S. 283; vgl. zu den verschieden Formen eines Konsortialvertrages *Adrian/ Heidorn*, Der Bankbetrieb, S. 251.

Emittent veröffentlicht Zeichnungsprospekte, mit denen die Anleger zur Zeichnung innerhalb einer festgelegten Frist aufgefordert werden[225]. Mit der Zeichnung verpflichten sich die Interessenten, die Wertpapiere bei Zuteilung zu einem bestimmten Betrag zu erwerben. Das erstmalige Zeichnungsangebot wird als IPO bezeichnet. Der Zulassungsantrag zum Handel der Wertpapiere an der Börse kann nur von einem Kreditinstitut gestellt werden, das an der betreffenden Börse vertreten ist[226]. Zentrales Informationsmittel der Anlageberater und Investmentfonds ist der Verkaufsprospekt, dessen Richtigkeit und Vollständigkeit nach der Intention des Gesetzgebers strafrechtlich über § 264a StGB abgesichert werden soll.

II. Erstellung des Verkaufsprospektes

Mit dem Zulassungsantrag zum Börsenhandel muß ein Prospekt eingereicht werden, der alle notwendigen Angaben für die Beurteilung des einzuführenden Papiers und der emittierenden Gesellschaft enthalten soll. Dieser Prospekt wird vom Emittenten und sämtlichen Mitgliedern des Emissionskonsortiums unterschrieben und veröffentlicht, wobei meist in einem Nachsatz, der sogenannten Zulassungsklausel, auf die erfolgte Börsenzulassung hingewiesen wird[227]. Für die Richtigkeit und Vollständigkeit der Angaben im vorgeschriebenen Verkaufsprospekt haften im organisierten Markt (§ 2 Abs. 5 WpHG) gemäß §§ 44 ff., 55 BörsG, 13 VerkProspG alle diejenigen, die Verantwortung für den Prospekt übernommen haben[228]. Für die Platzierung von Wertpapieren, die nicht im amtlichen Markt oder im geregelten Markt notiert werden sollen, besteht eine Prospektpflicht nach Maßgabe des Wertpapierverkaufsprospektgesetzes (VerkProspG)[229]. Nach § 1 VerkProspG muß jeder Anbieter von Wertpapieren, die erstmals im Inland öffentlich angeboten werden, einen Verkaufsprospekt hinterlegen. Das Zulassungsverfahren wird durch das Börsengesetz, die Börsenzulassungsverordnung und die Börsenordnungen der einzelnen Börsen geregelt.

D. Handel von Aktien und Optionen in Deutschland

Der Sekundärmarkt bietet dem Investor die Möglichkeit, nach der Investition in eine Beteiligung an einem Unternehmen das Kapital nicht dauerhaft zu binden, sondern bei Bedarf die erworbenen Wertpapiere wieder zu verkaufen und somit in Bargeld umzuwandeln. Der geregelte Börsenhandel findet weltweit ausschließlich an dafür bestimmten Wertpapierbörsen statt. Diese sind von staatlich anerkannten Stellen geregelte und überwachte Märkte zum Handel von

---

[225] *Becker / Peppmeier*, Bankbetriebslehre, S. 202.
[226] *Adrian / Heidorn*, Der Bankbetrieb, S. 257.
[227] *Adrian / Heidorn*, Der Bankbetrieb, S. 258.
[228] *Hartmann-Wendels/Pfingsten/Weber*, Bankbetriebslehre, S. 281.
[229] *Kümpel, S.*, Bank- und Kapitalmarktrecht, S. 1316.

fungiblen Wertpapieren. Vertretbar im Sinne des § 91 BGB sind die Wertpapiere dann, wenn sie beliebig gegen andere Wertpapiere derselben Art und desselben Ausstellers ausgetauscht werden können. Man bezeichnet solche am Kapitalmarkt handelbaren Wertpapiere auch als „Effekten“[230]. Die Vertretbarkeit der Wertpapiere ermöglicht einen einfachen und standardisierten Handel, bei dem das Angebot und die Nachfrage vieler Marktteilnehmer die Preisbildung bestimmt.

Die Wertpapierbörsen als Träger öffentlicher Verwaltung haben entsprechend ihrem öffentlichen Auftrag die notwendigen technischen und personellen Vorkehrungen für den an ihnen stattfindenden Wertpapierhandel zu treffen[231].

I. Gesetzlicher Rahmen des börsenmäßigen Wertpapierhandels

Das Börsengesetz (BörsG) bildet den gesetzlichen Rahmen des Börsenhandels. Das BörsG von 1896 gilt in der Fassung von 1908 und ist durch mehrere Novellierungen, zuletzt im Jahre 2002, geändert worden[232]. Die Novellierung 1998 wurde durch das Dritte Finanzmarktförderungsgesetz bewirkt[233], am 01.07.2002 ist das Vierte Finanzmarktförderungsgesetz in Kraft getreten. Bereits 1992 hatte der Bundesminister für Finanzen in einem Entwurf ein umfassendes „Konzept Finanzplatz Deutschland“ vorgestellt, das die grundlegenden Veränderungen und Weiterentwicklungen im Börsenwesen gesetzlich berücksichtigen sollte. Diese Überlegungen fanden ihren greifbaren Niederschlag im Zweiten Finanzmarktförderungsgesetz.

Dem Börsengesetz steht das Gesetz über den Wertpapierhandel - WpHG - zur Seite. Das WpHG will „die Attraktivität des Finanzplatzes Deutschland und seine internationale Wettbewerbsfähigkeit erhöhen“ durch Verbesserung des Anlegerschutzes, der Markttransparenz, einer Neuordnung des Börsenaufsichtsrechts, durch Verbot des Insiderhandels und durch verstärkte Meldepflichten[234].

Weiterhin ist als europäische Gesetzgebung ab dem 01.01.1996 die Wertpapierdienstleistungsrichtlinie vom 10.05.1993 zu berücksichtigen, mit der allerdings keine detaillierte Rechtsangleichung des Börsen- und Wertpapierrechts der Mitgliedsstaaten beabsichtigt ist[235]. Die Richtlinie regelt in erster Linie das Recht auf Zugang von Personen und Wertpapieren zum Handel an den Börsen der Mitgliedsstaaten.

---

230 *Assmann/Schütze*, Handbuch des Kapitalanlagerechts, S. 301
231 *Kümpel, S.*, Kapitalmarktrecht, S. 65.
232 *Adrian / Heidorn*, Der Bankbetrieb, S. 260.
233 *Clausen, C.P.*, Bank- und Börsenrecht, S. 439.
234 *Clausen, C.P.*, Bank- und Börsenrecht, 441.
235 *Adrian / Heidorn*, Der Bankbetrieb, S. 262.

Auf nationaler Ebene wird aktuell ein Maßnahmenkatalog zur Stärkung der Unternehmensintegrität und des Anlegerschutzes, das sogenannte 10-Punkte-Programm der Bundesregierung, diskutiert. Aus dem Bundesministerium der Finanzen ist zu vernehmen, daß die Verabschiedung eines diesbezüglichen Gesetzes für das Jahr 2005 geplant ist.

II. Rechtliche Einstufung der Börsen

Die Börse wird überwiegend als eine rechtlich unselbständige Anstalt des öffentlichen Rechts eingeordnet und ist somit nicht rechtsfähig[236]. Der Staat hat ihr jedoch eine weitgehende Selbstverwaltung eingeräumt, die der Börsenrat bei der Ausgestaltung der jeweiligen Börsenordnung wahrnimmt. Da eine Börse nicht rechtsfähig ist, bedarf sie eines Rechtsträgers, der im Rechtsverkehr für sie handelt. An der Frankfurter Wertpapierbörse ist der privatrechtliche Träger die Deutsche Börse AG.

Im Unterschied zu dem außerbörslichen Wertpapierhandel stellen die Börsen in Deutschland marktmäßige Veranstaltungen im verwaltungsrechtlichen Sinne dar. Als Abgrenzungsmerkmale für solche Marktveranstaltungen, wie sie auch in den §§ 66 ff. Gewerbeordnung (GewO) geregelt sind, werden der gleiche Ort der Veranstaltung, ihre Regelmäßigkeit, die Beschränkung des Teilnahmerechts auf Kaufleute, Vertretbarkeit der Handelsobjekte und der überwiegende Abschluß von Geschäften mit großen Volumina herangezogen[237]. Die traditionelle Börse war dadurch gekennzeichnet, daß die zugelassenen Handelsteilnehmer als Marktakteure durch ihre Börsenhändler beim Wertpapierhandel im Börsensaal physisch präsent waren. Dieser börsenmäßige Markt wird deshalb auch als Präsenzbörse oder als Parketthandel bezeichnet, der der rechtlichen Urform des Börsenhandels seit dem im Jahre 1896 in Kraft getretenen Börsengesetz entspricht. Die Ortsgebundenheit, wie sie für den verwaltungsrechtlichen Begriff der Marktveranstaltung wesentlich und bislang auch für die Wertpapierbörse typisch gewesen ist, verliert im Zuge der Computerisierung des Börsenhandels zunehmend an Bedeutung. Unter dem Stichwort „Remote Membership“ können die zugelassenen Handelsteilnehmer ihre Aufträge aus ihren Handelräumen über dort aufgestellte Terminals auch zur Preisfeststellung an die sogenannte Präsenzbörse schicken ohne persönlich anwesend zu sein.
Die Absicht, die hinter der Einführung von computergesteuerten Handelsplattformen steht, ist die Verbesserung der Handelsgeschwindigkeit und die Verringerung der Kosten. Für den Handel selbst ergeben sich keine wesentlichen Unterschiede, denn für die Funktion der Börse als organisierte Konzentration von größtmöglichen Wertpapierumsätzen ist es unwesentlich, ob die hierfür erforderlichen Willenserklärungen durch Händler auf dem

---

236 *Adrian / Heidorn*, Der Bankbetrieb, S. 264
237 *Kümpel, S.*, Bank- und Kapitalmarktrecht, S. 1160.

Börsenparkett oder online über die EDV in den Markt gegeben werden[238]. Eine rechtliche Verankerung der modernen Handelsmöglichkeiten wurde durch die Börsengesetznovelle im Jahr 1989 formuliert. Nach § 7 BörsG a.F. gehören zum Börsenhandel auch „Geschäfte über zugelassene Gegenstände, die durch Übermittlung von Willenserklärungen durch elektronische Datenübertragung börsenmäßig zustande gekommen sind".

III. Marktsegmente an deutschen Börsen

Ohne die formelle Zulassung kann ein Wertpapier nicht an der Börse im amtlichen Markt gehandelt werden, § 30 BörsG. Die an der Börse zugelassenen Wertpapiere sind deshalb immer einem gesetzlich näher beschriebenen Marktsegment zugeordnet. An deutschen Börsen unterscheidet man zwischen drei Segmenten, die im Bereich der Zulassung eine unterschiedliche Regelungsdichte aufweisen. Die stärkste Regulierung des Handels haben die börsenmäßig organisierten Marktsegmente erfahren, auf die das Börsengesetz anwendbar ist[239]. Hierzu gehören der Börsenhandel mit amtlicher Notierung – der amtliche Markt (§ 30 f. BörsG) - und der nichtamtliche Handel, zu welchem der geregelte Markt[240] (§ 49 f. BörsG) und der Freiverkehr[241] (§ 58 BörsG) gehören.

1. Amtlicher Markt

Der amtliche Markt ist ein organisierter Markt im Sinne von § 2 Abs. 5 WpHG und bildet das Kernstück des deutschen Wertpapiermarktes. Er ist das oberste Börsensegment mit den umfangreichsten Bedingungen für die Zulassung und die Zulassungsfolgepflichten. Vor der Aufnahme des Handels muß der Emittent ein öffentlich-rechtliches Zulassungsverfahren durchlaufen[242]. Hinsichtlich der Publizitätspflichten ist der amtliche Markt das am stärksten reglementierte Basissegment. Für den IPO muß das Unternehmen u.a. die letzten drei testierten Jahresabschlüsse vorlegen und auch nach dem Börsengang laufend Auskunft über Erfolg und Mißerfolg der wirtschaftlichen Tätigkeit geben[243]. Für den Handel mit Wertpapieren war die Mitwirkung von Kursmaklern bei der Preisfindung und die amtliche Feststellung der Börsenpreise vorgeschrieben. An der Frankfurter Wertpapierbörse z.B. waren Anfang des Jahres 2002 über 650 Aktientitel und rund 5500 Anleihen in diesem Marktsegment notiert[244]. Im amtlichen Handel befinden sich z.B. die DAX-Werte, die allein rund 80 Prozent

---

238 *Kümpel, S.*, Die Preisfeststellung im Geregelten Markt, in: WM 1988, 1621.
239 *Kümpel, S.*, Kapitalmarktrecht, S. 40.
240 Vgl. dazu unten, 2. Kapitel, B III 2, S. 49 f.
241 Vgl. dazu unten, 2. Kapitel, B III 3, S. 51 f.
242 *Informationsdienst Deutsche Börse AG*, nur im Internet abrufbar unter www.Exchange.de.
243 *Deutsche Informationsbörse AG*, DIB-Ratgeber Freiverkehr, S. 8.
244 *Informationsdienst Deutsche Börse AG*, nur im Internet abrufbar unter www.Exchange.de.

des gesamten Börsenumsatzes ausmachen[245]. Die rechtlichen Grundlagen für die Zulassung zum amtlichen Markt sind im Einzelnen im Börsengesetz und in der Börsenzulassungsverordnung geregelt.

a) Öffentlich-rechtliche Organisationsstruktur

Die Wertpapierbörsen als organisatorische Veranstalter des börsenmäßigen Wertpapierhandels haben eine öffentlich-rechtliche Struktur. Die Gesetzesmaterialien zum Zweiten Finanzmarktförderungsgesetz formulieren klar, daß ein starkes Interesse an effizienten Kapitalmärkten besteht, deren wesentliche Ausprägung die Börsenmärkte sind. Die Einrichtung und die organisatorische Ausgestaltung ist deshalb eine Angelegenheit des staatlichen Gemeinwesens und damit eine öffentliche Verwaltungsaufgabe[246]. Dies hat jedoch nicht zwingend die Erledigung öffentlicher Aufgaben durch die staatliche Verwaltungsorganisation zur Folge. Der Staat hat zur Wahrnehmung von Verwaltungsaufgaben die Möglichkeit, auch verselbständigte Träger öffentlicher Verwaltung in Form der mittelbaren Staatsverwaltung als Körperschaften, Anstalten und Stiftungen des öffentlichen Rechts zu errichten. Zu diesen Anstalten des öffentlichen Rechts gehören auch die Wertpapierbörsen[247]. Die Wertpapierbörse als derivativer Verwaltungsträger leitet nicht nur ihre Existenz und ihre Aufgabe vom Staat ab, sondern sie unterliegt auch der staatlichen Börsenaufsicht und die Mitglieder der Börsengeschäftsführung sind Beamte im haftungsrechtlichen Sinn[248].

b) Wertpapierzulassung

Der börsenmäßige Wertpapierhandel erfordert eine Zulassung der gehandelten Wertpapiere durch die Zulassungsstelle als selbständiges Börsenorgan gemäß § 30 BörsG. Der Sinn und Zweck des Zulassungsverfahrens besteht darin, der Öffentlichkeit ein möglichst klares Bild über die realen Grundlagen der angebotenen Wertpapiere zu vermitteln, damit sie die wirtschaftliche Entwicklungsfähigkeit des Emittenten und damit die Qualität der Wertpapiere beurteilen kann[249]. Mit der Zulassung wird zwischen der Börse und dem Emittenten ein Rechte und Pflichten begründendes Benutzungsverhältnis geschaffen[250]. Für die Emittenten leitet sich hieraus das Recht ab, von der Börse bzw. der Börsenaufsicht gemäß den gesetzlichen Vorgaben die Herbeiführung der amtlichen Notierung zu verlangen und diesen Anspruch, wenn erforderlich, mit einer verwaltungsrechtlichen Verpflichtungsklage geltend zu machen.

---

[245] *Deutsche Informationsbörse AG*, DIB-Ratgeber Freiverkehr, S. 8.
[246] *Kümpel, S.*, Bank- und Kapitalmarktrecht, S. 1162.
[247] *Schwark,E.*, Börsengesetz, 2. Aufl., § 1 Rn. 19.
[248] OLG Frankfurt, Az.: 1 U 209/99.
[249] *Schwark,E.*, Börsengesetz, 2. Aufl., § 36, Rn. 3.
[250] *Schwark,E.*, Börsengesetz, 2. Aufl., § 43 Rn. 11.

Das Benutzungsverhältnis begründet jedoch auch gemäß §§ 39 – 43 BörsG bestimmte Publizitäts- und Verhaltenspflichten des Emittenten zum Schutz des Anlegerpublikums, ohne einen individuellen Anspruch zu gewähren.

Entsprechend der Zulassung der Wertpapiere erfordert die Teilnahme am Börsenhandel eine Zulassung gemäß § 16 BörsG. Im Gegensatz zur Zulassung der Wertpapiere ist die Zulassung der Handelsteilnehmer nicht auf ein Marktsegment beschränkt, sondern erfolgt für amtlichen Markt, geregelten Markt und den Freiverkehr gleichzeitig.

c) Deutscher Aktienindex (DAX)

Der Deutsche Aktien-Index, DAX, ist ein fortlaufend berechneter Index, in dem die u.a. nach der Marktkapitalisierung gewichteten 30 bedeutendsten Aktienwerte repräsentiert sind. Die Dax-Werte sind die umsatzstärksten Werte an der Börse und werden als „Blue Chips" bezeichnet[251]. Sie werden nach den Kriterien wie Börsenumsatz und Börsenkapitalisierung ausgewählt und sollen ein Spiegelbild der deutschen Wirtschaft darstellen.

2. Geregelter Markt

Der geregelte Markt wurde mit der Novellierung des Börsengesetzes im Jahre 1986 eingeführt und war in den §§ 71 ff. BörsG a.F. geregelt[252]. Dieses Marktsegment soll vor allem kleineren und mittleren Aktiengesellschaften einen erleichterten Zugang zu einem börsenmäßigen Markt für die von ihnen emittierten Aktien eröffnen[253]. Der Geregelte Markt ist ein organisierter Markt im Sinne von § 2 Abs. 5 WpHG. An der Frankfurter Wertpapierbörse werden derzeit rund 160 Aktien und 1400 Anleihen in diesem Marktsegment gehandelt[254]. Der geregelte Markt bietet einen leichteren Zugang zur Börse als der amtliche Markt. Das Mindestemissionsvolumen sowie der Aktienanteil, der im Streubesitz bleiben muß, sind geringer[255] und das Unternehmen hat weniger Publizitätspflichten als im amtlichen Markt zu beachten. Die rechtliche Basis für den Geregelten Markt sind das Börsengesetz (§ 49 ff. BörsG) und die Börsenordnung (§§ 56 ff. BörsO).

a) Zulassungsvoraussetzungen

Für den Emittenten bedeutet der Zugang zu dem geregelten Markt erleichterte Zugangsvoraussetzungen. Diese ergeben sich vor allem aus dem verkürzten Inhalt des Einführungsprospekts, den geringeren Anforderungen an die Streuung

---

[251] *Becker / Peppmeier*, Bankbetriebslehre, S. 234.
[252] BGBl. Teil I 1986, S. 2478.
[253] *Kümpel, S.*, Bank- und Kapitalmarktrecht, S. 1165.
[254] *Informationsdienst Deutsche Börse AG*, nur im Internet abrufbar unter www.Exchange.de.
[255] *Deutsche Informationsbörse AG*, DIB-Ratgeber Freiverkehr, S. 8.

der Aktienrechte und dem Wegfall der obligatorischen Zwischenberichterstattung, wie sie für die Emittenten des amtlichen Marktes gemäß § 40 Abs. 1 S. 1 BörsG vorgeschrieben ist.

b) Öffentlich-rechtlich organisiertes Marktsegment

Der geregelte Markt ist als Marktsegment wie der amtliche Markt in die Wertpapierbörse als Anstalt des öffentlichen Rechts integriert, weshalb er teilweise auch als „halbamtlicher Markt" bezeichnet wird[256]. Durch seine öffentlich-rechtliche Organisationsstruktur soll eine breite Akzeptanz beim Anlegerpublikum gefördert werden. Für den Wertpapierhandel im geregelten Markt gelten die gleichen Regeln der Preisfeststellung wie im amtlichen Markt[257]. Die Marktakteure im geregelten Markt haben wie im amtlichen Markt einen Anspruch auf weitest mögliche Ausführung der erteilten Aufträge, da auch dieses öffentlich-rechtliche Marktsegment einen vergleichbaren Anlegerschutz wie der amtliche Markt bieten soll. Insgesamt sind am amtlichen und geregelten Markt 904 Unternehmen gelistet.

c) Smallcaps Aktien Index (SMAX)

Der Smallcaps Aktien-Index SMAX ist ein Beispiel für einen Aktienindex, dessen Wertpapiere im Geregelten Markt notiert sein können. Das von der Deutsche Börse AG entwickelte Qualitätssegment SMAX ist für etablierte Unternehmen aus mittelständischen Branchen gedacht und zeichnet Unternehmen aus, die sich freiwillig durch eine privatrechtliche Vereinbarung mit der Deutschen Börse zur Einhaltung besonders hoher Transparenz- und Liquiditätsstandards verpflichten.

3. Freiverkehr

Im Freiverkehr werden neben einigen deutschen Aktien überwiegend ausländische Aktien und Optionsscheine gehandelt. Mit fast 24.000 gelisteten Wertpapieren ist dieses Marktsegment das größte an der Frankfurter Wertpapierbörse[258]. Der Freiverkehr gehört in seiner regelmäßigen Organisationsform nicht zum Kreis der organisierten Märkte, sondern vollzieht sich nur faktisch an der Börse[259]. Nach dem Willen des Gesetzgebers soll der Freiverkehr „der Obhut der ihn tragenden Kräfte der Wirtschaft überlassen bleiben"[260]. Er stellt keine formalen Bedingungen für die Börsenzulassung, da gesetzliche Anforderungen grundsätzlich nicht bestehen und der Zugang

[256] *Kümpel, S.*, Bank- und Kapitalmarktrecht, S. 1166.
[257] § 24 f. BörsG.
[258] *Informationsdienst der Deutschen Börse AG*, unter www.exchange.de.
[259] *Assmann/Schneider*, Wertpapierhandelsgesetz, 2. Auflage, § 2 Rn. 96.
[260] Begründung des Gesetzesentwurfs der Bundesregierung, BT-Drucksache 10/4296, S. 11.

privatrechtlich geregelt ist[261]. Im Freiverkehr werden die Preise, wie im amtlichen und geregelten Markt, durch Skontroführer ermittelt. Die besondere Eigenschaft dieses Segments liegt in seiner Offenheit gegenüber der Nachfrage, da prinzipiell jede Aktie dort angeboten und gekauft werden kann, solange sie notiert ist[262]. Dementsprechend werden viele ausländische Titel dort gehandelt; vor allem Titel der NASDAQ, sind dort in einer ungewöhnlichen Vielzahl erhältlich. Rechtsgrundlage der Einbeziehung dieser Wertpapiere in den Börsenhandel sind die an den einzelnen Börsen erlassenen Freiverkehrsrichtlinien im Sinne von § 57 BörsG. Auch im Freiverkehr werden unter staatlicher Überwachung und Aufsicht Börsenpreise wie in den übrigen Marktsegmenten festgestellt.

a) Kontrolle des Freiverkehrs durch Börsenüberwachung

Die Möglichkeit, daß es durch Mißstände im Freiverkehr zu einer negativen Auswirkung auf die gesamte Börse kommen könnte und damit auch der amtliche Markt und der geregelte Markt betroffen sind sowie das Vertrauen in die Preisfeststellung erscüttert wird, veranlaßte den Gesetzgeber zu einer staatlichen Überwachung des Freiverkehrs trotz seiner privatrechtlichen Organisationsform. Die Börsengeschäftsführung ist dazu verpflichtet, den Freiverkehr an der Börse nur dann zuzulassen, wenn gemäß § 57 Abs. 1 BörsG durch Handelsrichtlinien eine ordnungsgemäße Durchführung des Handels und der Geschäftsabwicklung gewährleistet erscheint. Hierdurch wird der Freiverkehr jedoch nicht zu einem organisierten Markt im Sinne der Marktdefinition des Wertpapierhandelsgesetzes (§ 2 Abs. 5 WpHG) und verpflichtet somit auch nicht zur Einhaltung der Ad-hoc-Publizitätsvorschriften.

b) Insiderregelung im Rahmen des Freiverkehrs

Der deutsche Gesetzgeber hat auch die im Freiverkehr gehandelten Wertpapiere gemäß § 12 Abs. 1 WpHG zu Insiderpapieren erklärt, obwohl hierfür keine Notwendigkeit durch die EG-Insiderrichtlinie bestand. Als Begründung wurde auf das Ansehen der Börse abgestellt. Der Anleger könne nicht zwischen amtlichem Markt und geregeltem Markt als den öffentlich-rechtlich strukturierten Marktsegmenten und dem privatrechtlich organisierten Freiverkehr unterscheiden. Der Insiderhandel im Freiverkehr könne deshalb den gesamten Börsenhandel in Mißkredit bringen und damit auch die Funktionsfähigkeit der beiden öffentlich-rechtlich strukturierten Marktsegmente beeinträchtigen[263].

---

[261] *Deutsche Informationsbörse AG*, DIB-Ratgeber Freiverkehr, S. 8.
[262] *Deutsche Informationsbörse AG*, DIB-Ratgeber Freiverkehr, S. 4.
[263] Begründung des Regierungsentwurfs des 2. Finanzmarktförderungsgesetzes, BT-Drucksache 12/6679, S. 45.

4. Neuer Markt

Zum Freiverkehr der Frankfurter Wertpapierbörse (FWB) gehörte auch der „Neue Markt". Am 10. März 1997 wurde mit dem Neuen Markt an der Frankfurter Wertpapierbörse ein neues Teilsegment mit dem Ziel eröffnet, schnell wachsenden und innovativen Unternehmen zu Eigenkapital zu verhelfen. Ergänzend zu den sonstigen Wertpapieren im Freiverkehr durchliefen die im Neuen Markt gehandelten Papiere das Zulassungsverfahren für den geregelten Markt und mußten damit weitere Voraussetzungen - wie weitreichende Publizität und Berichterstattung - erfüllen, die teilweise über die des Handels mit amtlicher Notierung hinausgingen (Quartalsberichterstattung). Vertreten waren hier vor allem Aktien von kleinen und mittleren Wachstumsunternehmen in zukunftsweisenden, aber auch traditionellen Branchen, die neue Absatzmärkte erschließen, neue Verfahren etwa in der Beschaffung, Produktion oder beim Absatz verwenden, bzw. neue Produkte und Dienstleistungen anbieten wollten und ein überdurchschnittliches Umsatz- und Gewinnwachstum prognostizierten[264].

Vorbild für die Errichtung des Neuen Marktes war die amerikanische Computerbörse Nasdaq.

a) Unternehmen am Neuen Markt

Mit dem Neuen Markt ist ein Marktsegment geschaffen worden, das innovativen, wachstumsorientierten Unternehmen den Zugang zur Börse und damit zur Beschaffung von Eigenkapital eröffnen sollte. Neben Unternehmen, die im Technologiebereich und ähnlich wachstums- und innovationsstarken Branchen tätig sind, kamen auch Unternehmen aus traditionellen Tätigkeitsfeldern für eine Notierung am Neuen Markt in Frage, wenn sie erfolgversprechende Produkt- oder Prozeßinnovationen hervorgebracht haben[265]. Von Beginn der Aufnahme des Handels an erfreute sich dieses Segment zunehmender Beachtung, sowohl bei Emittenten, als auch bei Anlegern. Neuer-Markt-Werte waren wegen des ausgeprägten Risiko-Rendite-Profils für spekulative Anleger besonders interessant. Etwa zur gleichen Zeit wurden auch in Frankreich und den Niederlanden vergleichbare neue Marktsegmente geschaffen. Die bis März 2000 verbreitete Euphorie bezüglich dieses Marktsegments wandelte sich in Skepsis und Pessimismus um, da sich viele Unternehmen als Kapitalvernichter entpuppt hatten, deren Risiken nicht richtig kalkuliert wurden. Trotz der strengen Zulassungsbedingungen, der Betreuung durch erfahrene Banken und der engen Beziehungen zwischen Banken und Unternehmen kamen Pleiten am Neuen Markt bereits mehrfach vor. Zu Beginn

---

[264] Regelwerk Neuer Markt 2001, Allgemeiner Teil, Nr. 1.

[265] *Knips, S.*, Risikokapital und Neuer Markt, S. 338.

der Baisse wurden sie als Teil eines gesunden Konsolidierungsprozesses betrachtet[266]. Bis September 2002 ist die Zahl der Insolvenzen am Neuen Markt auf über 30 angestiegen[267] und der Neue Markt in seiner ursprünglichen Form geschlossen worden.

b) Rechtsvorschriften und Regelwerk für das Segment Neuer Markt

Das Regelwerk für die Einführung der Wertpapiere in den Neuen Markt und für die Durchführung des Handels erließ die Deutsche Börse AG als Veranstalter des Freiverkehrs gemäß § 66a Börsenordnung FWB. Die Zielsetzung der Deutschen Börse AG bestand darin, ein Regelwerk zu formulieren, das ein hohes Qualitätsniveau für dieses Handelssegment gewährleistet. Die Attraktivität des Neuen Marktes für Investoren sollte sich aus dem hohen Maß an Funktions- und Anlegerschutz ergeben[268]. Für die am Neuen Markt notierten Unternehmen galten vor allem erweiterte Publizitätsvorschriften, durch die Umfang und Qualität der den Investoren zur Verfügung stehenden Informationen verbessert werden sollten. Die Zulassungsvoraussetzungen für den Neuen Markt waren zum Teil noch strenger angelegt als für den Amtlichen Handel. Vorgeschrieben waren eine Rechnungslegung nach US-GAAP oder IAS. Daneben waren Quartalsberichte vorzulegen, und mindestens einmal jährlich mußte eine Veranstaltung mit Aktienanalysten abgehalten werden[269]. Die Aktien des Neuen Marktes wurden zum geregelten Markt zugelassen, die Handelsaufnahme fand im Neuen Markt statt[270]. Die Preisfeststellung erfolgte wie im Geregelten Markt und Freiverkehr durch von der Börsengeschäftsführung beauftragten Makler. Die Besonderheit des Neuen Marktes bestand darin, daß er dem Anforderungsprofil des organisierten Marktes im Sinne des § 2 Abs. 5 WpHG entspricht[271]. Aus der privatrechtlichen Verpflichtung des Regelwerks, die der Emittent mit der Aufnahme in das Handelssegment Neuer Markt anerkennt, folgt, daß die Deutsche Börse AG den Emittenten bei Nichterfüllung seiner sich aus der Zulassung ergebenden Pflichten eine Geldbuße von bis zu € 100.000 auferlegen konnte[272]. Als weitere Zulassungsvoraussetzung sollte das Unternehmen, dessen Aktien emittiert wurden, mindestens drei Jahre bestanden haben[273]. Zur Sicherstellung der Liquidität sah das Regelwerk ein Mindestemissionsvolumen von 100.000 Aktien und eine Streuung von mindestens 25 % der Aktien an das Publikum vor[274]. Der für den Straftatbestand des § 264a StGB entscheidende Emissionsprospekt umfaßte den im Sinne von § 73 Abs. 1 Nr. 2 BörsG a.F. vorgeschriebenen

[266] *Beike/Köttner/Schlütz*, Neuer Markt und Nasdaq, S. 10.
[267] Quelle: F.A.Z. vom 27.09.2002, S. 21.
[268] *Knips, S.*, Risikokapital und Neuer Markt, S. 337.
[269] Regelwerk Neuer Markt 2001, Abschnitt II, Tz. 7.2.2.
[270] Regelwerk Neuer Markt 2001, Abschnitt II, Tz. 2.3.
[271] *Assmann/Schneider*, Wertpapierhandelsgesetz, 2. Aufl., § 2 Rn. 2.
[272] Regelwerk Neuer Markt 2001, Abschnitt II, Tz. 2.1.4. (4).
[273] Regelwerk Neuer Markt 2001, Abschnitt II, 3.2.
[274] Regelwerk Neuer Markt 2001, Abschnitt II, Tz. 3.7 und 3.10.

Unternehmensbericht für den geregelten Markt. Ebenso unterlag der Emissionsprospekt der Börsenprospekthaftung gemäß §§ 77, 45 ff. BörsG a. F.[275]. Die zivilrechtlichen Anforderungen an den Emissionsprospekt, die sich aus dem Regelwerk des Neuen Marktes ergaben, waren wesentlich bestimmter und detaillierter als die strafrechtlichen Voraussetzungen, die § 264a StGB normiert[276].

Da der Handel privatrechtlich organisiert war, bestand kein rechtlicher Anspruch auf Aufnahme der Aktien zum Handel im Neuen Markt. Die Deutsche Börse konnte daher, selbst wenn der potentielle Emittent alle Voraussetzungen erfüllte, die Zulassung ablehnen, wenn das Unternehmen z.B. nicht der gewünschten Zielgruppe entsprach. Eine im Neuen Markt notierte Gesellschaft in der Rechtsform der Aktiengesellschaft oder Kapitalgesellschaft auf Aktien galt als börsennotiert im Sinne von § 3 Abs. 2 AktG. Demzufolge unterlag das Unternehmen den durch das Gesetz zur Kontrolle und Transparenz im Unternehmensbereich (KonTraG) eingeführten strengen Bestimmungen hinsichtlich der Kontrolle des Aufsichtsrates und der Hauptversammlung sowie der erweiterten Prüfungspflichten des Abschlussprüfers. Ferner war der Emittent an die Bestimmungen des § 15 WpHG zur Veröffentlichung und Mitteilung kursbeeinflussender Tatsachen, die sogenannte Ad-hoc-Publizität, gebunden.

E. Amerikanischer Aktienmarkt und seine Regulierung

Der amerikanische Aktienmarkt ist als bedeutendster Wertpapiermarkt weltweit anerkannt. Die Unterschiede zu einer Notierung an einer deutschen Börse sind deutlich sichtbar. Sie bestehen unter anderem in verschiedenen Aufnahmebedingungen, verschiedenen Berichtsvorschriften, unterschiedlichem Regelwerk und anderer Rechnungslegung[277], vor allem aber auch in einer unterschiedlichen Handhabung der Regulierung des Aktienmarktes. Für deutsche Unternehmen gibt es zwei interessante Börsen im US-amerikanischen Markt: die Technologiebörse Nasdaq und für sehr große, langjährig etablierte Unternehmen die New York Stock Exchange (NYSE)[278].

---

[275] Regelwerk Neuer Markt 2001, Abschnitt II, Tz. 4.
[276] Regelwerk Neuer Markt 2001, Abschnitt II, Tz. 4.
[277] *Bocker/Haertrich*, Der Börsengang in den USA, S. 15.
[278] *Löhr, A.*, Börsengang, S. 71.

I. Nasdaq und Nyse

1. National Association of Securities Dealer Automated Quotation System (NASDAQ)

Der Begriff Nasdaq steht als Abkürzung für das weltweit größte computergesteuerte Handelssystem für Aktien, in dem speziell Aktien junger High-Tech-Unternehmen gehandelt werden. Entstanden ist die National Association of Securities Dealers Automated Quotation (NASDAQ) 1971 als Tochter der National Association of Securities Dealers (NASD), der nationalen Vereinigung der Wertpapierhändler[279]. In der Nasdaq werden mehr als 5000 Aktientitel gelistet[280], die insgesamt eine Marktkapitalisierung von über 5,2 Billionen US-Dollar aufweisen[281]. An der Nasdaq besteht ein Handelsvolumen von mehr als einer Milliarde Aktien am Tag. In den Jahren 1999 und 2000 wurden durchschnittlich monatlich mehr als 50 Neuemissionen an der Nasdaq registriert[282]. Ein Parketthandel besteht an der Nasdaq nicht, es ist ein vollelektronisches Handelssystem. Die Nasdaq ist *quotation driven* und arbeitet per Bildschirm, Terminal und *mainframe*[283]. Innerhalb der Nasdaq unterteilt sich die Börse in den Nasdaq National Market und den Nasdaq Smallcap Market[284]. Für den Handel der Aktien ist jedoch nur der Nasdaq National Market von Bedeutung, das Handelsvolumen am Nasdaq Smallcap Market ist verschwindend gering, was unter anderem durch die weniger strengen Zulassungsvoraussetzungen zu erklären ist.

Formal betracht erfordert ein erstmaliges Listing in beiden Segmenten an der Nasdaq die Zulassung durch die Securities and Exchange Commission (SEC) nach dem Securities Act (SEA) von 1933. Die SEC entscheidet in Kooperation mit der Börse über die Zulassung der Aktien. Aus der Zulassung der Aktien zum Nasdaq National Market ergibt sich für die Unternehmen die Verpflichtung, sich den Corporate Governance Standards zu unterwerfen. Dieses Regelwerk schreibt die Abhaltung jährlicher Hauptversammlungen, die Existenz mindestens zweier unabhängiger Aufsichtratmitglieder, eines Kontrollausschusses, sowie die Vorlage von Jahresabschlüssen und Zwischenberichten nach amerikanischer Rechnungslegung (US-GAAP) obligatorisch vor[285].

---

279 *Bocker / Haertrich*, Der Börsengang in den USA, S. 18.
280 *Beike/Köttner/Schlütz*, Neuer Markt und Nasdaq, S. 11; *Deutsche Informationsbörse AG*, Nasdaq, S. 3.
281 *Beike/Köttner/Schlütz*, Neuer Markt und Nasdaq, S. 11.
282 Information im Internet abrufbar unter www.nasdaq.com.
283 *Bocker / Haertrich*, Der Börsengang in den USA, S. 18
284 *Beike/Köttner/Schlütz*, Neuer Markt und Nasdaq, S. 13.
285 *Löhr, A.*, Börsengang, S. 76.

Die Vorteile, die sich aus einer Börsenzulassung der Aktien an der Nasdaq ergeben, liegen für das Unternehmen in einem Imagegewinn und einer breiteren Investorenbasis. Die an der Nasdaq gehandelten Börsenwerte sind vielfach in irgendeiner Form mit Computertechnologie und Wachstumsbereichen in Verbindung zu bringen. Internetbasierte Geschäftsmodelle wurden oftmals allein durch einen Börsengang an der Nasdaq entwicklungsfähig gemacht, da er die enorme Aufnahme von Eigenkapital ermöglichte. Das rasante Wachstum der Nasdaq lag vielfach auch an der „Story" die von den Unternehmen verkauft wurde, ohne daß diese bereits in irgendeiner Weise diesbezüglich Beweis angetreten hatten. Oftmals war im Rahmen der Bewertung von Aktienkursen von „Phantasie" die Rede, anhand derer die Irrationalität der Aktienkurse zu erkennen war.

Die Überwachung gegen Mißbrauch und ungesetzliche Handlungen ist in einem elektronischen System relativ einfach und effizient. Regelverstöße und Übertretungen werden durch das elektronische Überwachungssystem „RADAR" (Research and Data Analysis Repository) mit hoher Sicherheitsquote aufgespürt[286].

2. New York Stock Exchange (NYSE)

Die 1972 gegründete New York Stock Exchange (NYSE) ist die bedeutendste Wertpapierhandelsbörse der Welt[287]. Die NYSE ist Amerikas älteste klassische Börse, sie funktioniert „orderdriven" und pflegt den Parketthandel[288]. Die NYSE repräsentiert mit einer Marktkapitalisierung von über 15 Billionen US-Dollar rund 80 % des Wertes aller öffentlich gehandelten Gesellschaften in den USA. Im Oktober 1999 betrug das durchschnittliche tägliche Handelsaufkommen ca. 11,8 Billionen US-Dollar[289]. Dies dürfte sich mittlerweile jedoch stark verringert haben. Die NYSE stellt die strengsten Anforderungen an die Emittenten, die ihre Wertpapiere dort zum Handel zulassen möchten. Durch diese hohen Anforderungen soll dauerhaft ein kontinuierlicher Sekundärmarkt gewährleistet werden. In der Regel ist mit der Zulassung zur NYSE ein hoher Imagegewinn für das Unternehmen verbunden, da hierdurch auch die Solvenz der Gesellschaft bestätigt wird[290].

---

[286] *Bocker / Haertrich*, Der Börsengang in den USA, S. 25.
[287] *Eilenberger, G.*, Lexikon der Finanzinnovationen, S. 289.
[288] *Bocker / Haertrich*, Der Börsengang in den USA, S. 18.
[289] *Löhr, A.*, Börsengang, S. 72.
[290] *Tiedeken, R.*, Wertpapierregulierung in den USA, S. 42.

II. Securities Regulation in den Vereinigten Staaten

Die Regulierung des Wertpapierhandels ist in den Vereinigten Staaten aufgrund historisch gewachsener Strukturen ein traditionelles und in seiner Funktion sehr flexibles Mittel des Staates, um auf unliebsames Verhalten am Wertpapiermarkt zu reagieren. Die hierbei verwendeten legislativen Mittel sind sowohl strafrechtlicher, zivilrechtlicher als auch verwaltungsrechtlicher Natur. Terminologisch wird dieser Bereich in den Vereinigten Staaten unter dem Begriff *Securities Regulation* gefaßt. Aus dogmatischer Sicht ist interessant, daß, obwohl die Strafnormen mit Freiheitsentzug und sehr hohen Geldstrafen abweichendes Verhalten sanktionieren, diese eher dem Kapitalmarktrecht als dem Strafrecht zugeordnet sind, was sich jedoch aus der Struktur des amerikanischen Strafrechts ergibt.

1. Grundstruktur des amerikanischen Strafrechts

Die Grundstruktur des US-amerikanischen Strafrechts ist bezüglich des Aufbaus des Tatbestands teilweise dem deutschen Recht sehr ähnlich, unterscheidet sich jedoch im Bereich der Rechtsetzungskompetenzen der Legislative erheblich. Demzufolge verdient der verfassungsrechtliche Hintergrund des amerikanischen Strafrechts, insbesondere im Hinblick auf bundes- und einzelstaatliche Kompetenzen im Bereich der materiellen Strafgesetzgebung, besondere Beachtung.

a) Gesetzgebungskompetenzen

Die Verfassung der Vereinigten Staaten hat sich seit ihrer Ausarbeitung im Jahre 1787 in ihrer Grundform nicht wesentlich verändert, sondern ist zunächst im Jahre 1791 durch die sogenannte *Bill of Rights* und in der Folgezeit durch Änderungen (*Amendments*) bis heute ergänzt und erweitert worden[291]. Die für die Strafgesetzgebung entscheidenden Passagen der Verfassung wurden ab 1865, nach dem amerikanischen Bürgerkrieg, in die Verfassung implementiert[292]. Aus strafrechtlicher Sicht ist Art. I , Section 8 (*...to regulate commerce with foreign Nation, and among the several States...*) und Art. IV, Section 3 (*...The United States shall guarantee to every State in this Union a Republican Form of Government...*) der Verfassung von 1787 bedeutend. Diese schreiben dem Bund weitreichende Gesetzgebungskompetenzen z.B. in den Bereichen des Postwesens (*postal services*), des geistigen Eigentums (*intellectual property*) und des Handels mit dem Ausland und unter den Staaten (*interstate commerce*)

[291] *Levasseur, A./ Baker, J.*, Introduction to US-Law, S. 4, 6 ff.; *Schmid, N.*, Strafverfahren und Strafrecht in den Vereinigten Staaten, S. 17.

[292] *Levasseur, A. / Baker, J.*, Introduction to US-Law, S. 160.

zu. Hieraus wird wiederum abgeleitet, daß der Bund ermächtigt ist, in diesen Bereichen ein entsprechendes Bundesstrafrecht zu erlassen[293]. In den Bereichen, in welchen die Gesetzgebung nicht dem Bund per Verfassung zugeschrieben ist[294], verbleibt sie bei den Einzelstaaten[295], woraus eine teilweise unterschiedliche strafrechtliche Verfolgung von identischen Delikten resultieren kann[296]. Um eine weitgehende Angleichung des einzelstaatlichen Strafrechts zu erzielen, wurde im Jahre 1962 unter dem Einfluß des American Law Institute ein sogenannter *Model Penal Code*[297] geschaffen, der direkt nach seiner Fertigstellung 34 Bundesstaaten dazu veranlaßte, ihre Strafgesetzgebung entsprechend zu recodifizieren[298]. Einzelne Bundeskompetenzen - wie z.B. Steuerhoheit oder handelsrechtliche Kompetenzen (*commerce clause*)[299]- erlauben dem Bund allerdings in diesen Bereichen auch den Erlaß eines eigenen Bundesstrafrechts innerhalb der jeweiligen Kodifikationen. Beispielhaft hierfür stehen z.B. der *Securities Act of 1933* oder der *Securities Exchange Act of 1934*. Aus rechtsvergleichender Sicht ist die Struktur des US-amerikanischen Strafrechts demnach dem deutschen Nebenstrafrecht sehr ähnlich, in dem die Strafvorschriften in den einzelnen Gesetzen (Börsengesetz oder Wertpapierhandelsgesetz) integriert sind.

b) Verfassungsrechtliche Bestimmtheitsprinzipien

Aus verfassungsrechtlicher Sicht sind neben den Gesetzgebungskompetenzen aber auch die entsprechenden formellen Bestimmungen bezüglich der Strafgesetze besonders hervorzuheben. Aus der sogenannten *due process* Klausel des *Fourteenth Amendment* der Verfassung der Vereinigten Staaten haben sich zwei Grundsätze entwickelt, die eine restriktive Strafgesetzgebung bedingen sollen. Eine Art Bestimmtheitsgrundsatz, der sich aus der *vagueness doctrine* und der *overbreath doctrine* ergibt, soll verhindern, daß in der einzelstaatlichen Gesetzgebung zu vage und zu weitreichende Gesetze kodifiziert und diese angewandt werden[300]. Die durch diese Verfassungsgrundsätze geschaffenen Voraussetzungen sind jedoch nicht mit dem deutschen Bestimmtheitsgrundsatz aus Art. 103 Abs. 2 GG vergleichbar, da die US-amerikanische Judikative in ihrer Rechtsprechung sich gerade durch eine

---

[293] *Schmid, N.*, Strafverfahren und Strafrecht in den Vereinigten Staaten, S. 20.

[294] Die Abgrenzung zwischen einzelstaatlichem und bundesstaatlichem Recht, sowie zwischen einzelstaatlicher und bundesstaatlicher Gerichtsbarkeit wurde bereits in der Verfassung von 1787 vorgesehen. Da der Kompetenzbereich jedoch nicht einheitlich ist und in einigen Bereichen auch dem Bund die Strafgesetzgebung zusteht, ergab sich bereits zu diesem Zeitpunkt ein gewisser Dualismus in der Rechtsetzung und –anwendung.

[295] *Hay, P.*, US-amerikanisches Recht, S. 259.

[296] *Levasseur, A. / Baker, J.*, Introduction to US-Law, S. 159.

[297] *Fletcher, G.*, Basic Concepts of Criminal Law, S. 51; *Jacobs, J.*, in Morrison, American Law, S. 296.

[298] *Levasseur, A., / Baker, J.*, Introduction to US-Law, S. 161.

[299] *Levasseur, A., / Baker, J.*, Introduction to US-Law, S. 160.

[300] *Garner, B.*, Black`s Law Dictionary, S. 1129.

sehr flexible Anwendung der Gesetzesvorschriften und Rechtsfortbildung durch den Richter kennzeichnet.

Dementsprechend sind diese Verfassungsgrundsätze vor dem Hintergrund der allgemeinen amerikanischen Rechtsanwendung und –interpretation zu relativieren.

c) Einfluß des common law

Der Einfluß des *common law* im US-amerikanischen Strafrecht kann Anfang des 21. Jahrhunderts als rudimentär bezeichnet werden, wenngleich dessen Einfluß immer noch spürbar ist. Der englischen Jurisprudenz entlehnt, war das US-amerikanische Strafrecht traditionell vom Fallrecht des *common law* geprägt. Bereits Anfang des 19. Jahrhunderts entstanden hiervon jedoch zwei Ausnahmen. Im Jahre 1803 wurde der Bundesstaat Louisiana von Frankreich gekauft und hatte somit kodifiziertes Recht. Im Jahre 1812 entschied der US *Supreme Court* im Fall US vs. Hudson and Goodwin, daß die Anwendung von *common law* nicht unter seine Jurisdiction fällt[301]. Diese Entscheidung beeinflusste die Gesetzgeber der Einzelstaaten in der Folgezeit. Während des 19. Jahrhunderts erließen einige Bundesstaaten Strafgesetze wobei bis Mitte des 20. Jahrhunderts die Anwendung von *common law* und US-amerikanischem Fallrecht verbreitet war. Erst 1947 wurde die Anwendung von *common law* von 18 Einzelstaaten rechtlich ausgeschlossen. Bis 1983 wurden von 13 Einzelstaaten Straftaten auch noch nach *common law* judiziert[302].

d) Straftatbestand

Ähnlich dem deutschen Strafrecht werden Straftaten in Vergehen (*misdemeanors*) und Verbrechen (*felonies*) unterteilt[303]. Die Klassifizierung als Verbrechen ergibt sich entweder aus der gesetzlichen Bestimmung selbst, dem vorgesehenen Strafmaß (mindestens ein Jahr) oder der Art der Haftanstalt[304]. Vergleichbar mit der Tatbestandsmäßigkeit im deutschen Strafrecht bestehen im US-amerikanischen Strafrechtssystem ähnliche Voraussetzungen. Es erfordert zunächst eine willensgesteuerte Handlung (*actus reus*), diesbezüglich einen entsprechenden Willen (*mens rea*), der alle Formen des Vorsatzes (*intent*) einschließlich Fahrlässigkeit (*recklessness* und *negligence*)[305] umfaßt und Kausalität (*causation*)[306]. Die Terminologie im *Model Penal Code* weicht

301 *Levasseur, A., / Baker, J.*, Introduction to US - Law, S. 161.

302 *Jacobs, J.*, in: Morrison, Fundamentals of American Law, S. 296; *Levasseur, A. /Baker, L.*, Introduction to US - Law, S. 161.

303 Vgl. *LaFave, W. R.*, Criminal Law, S. 30.

304 *Weinstein, M.*, American Law, S. 157; *Hay, P.*, US-amerikanisches Recht, S. 259.

305 Vgl. *LaFave, W. R.*, Criminal Law, S. 246 ff..

306 *Levasseur, A., / Baker, L.*, Introduction to US – Law, S. 168 ff.; *Jacobs, J.*, Fundamentals of American Law, S. 296.

bezüglich der Klassifizierung des Vorsatzes von den Formen des *specific intent* und des *general intent*[307]ab, findet jedoch in der Rechtsprechung mit der Unterscheidung in *purposeful, knowing, reckless* und *negligent* keine einheitliche Anwendung[308]. Einige Delikte im Wirtschaftsstrafrecht erfordern keinen entsprechenden Willen (*mens rea*), sondern setzen in Form der *strict liability*[309] eine der Gefährdungshaftung vergleichbare strafrechtliche Form voraus.

e) „Plea bargaining" – Der Deal als Instrument der Prozessökonomie

Im deutschen Strafrecht noch nicht kodifiziert und als sogenannter *Deal* bezeichnet, spielt das Aushandeln der Strafe in den Vereinigten Staaten eine traditionelle Rolle im Strafverfahren und wird terminologisch im US-amerikanischen Recht unter dem Begriff des *plea bargaining* gefaßt. Im US-amerikanischen Strafprozeß plädieren ca. neunzig Prozent der Angeklagten auf schuldig[310]. Die Antwort auf die Frage nach der Motivation dieser reuewilligen Täter ist allerdings nicht in dem wirklichen Willen, sich zu ihrer Tat zu bekennen, zu sehen, sondern unter dem Aspekt der Vermeidung einer höheren Strafe zu verbuchen. Dies mag auf Seiten der Justizverwaltung unter prozeßökonomischen und finanziellen Gesichtspunkten befürwortet werden, ist im Hinblick auf ein rechtsstaatliches Strafrecht jedoch nicht tragbar. In der Rechtspraxis des Bereichs des Bundesstrafrechts trägt der Staatsanwalt die aus seiner Sicht höchstmögliche Strafe vor, der Angeklagte bekennt sich schuldig, plädiert aber auf ein niedrigeres Strafmaß, das in der Regel dann auch ausgesprochen wird. Ein bestimmtes Strafmaß darf der Staatsanwalt jedoch nicht versprechen, da dies nur vom Richter festgelegt werden kann[311]. In Strafverfahren der einzelnen Bundesstaaten ist das Aushandeln des Strafmaßes jedoch nicht immer mit dem Staatsanwalt verbunden. In New York City besteht beispielsweise rechtlich die Möglichkeit, daß der Richter zu Beginn der Verhandlung dem Angeklagten ein Angebot unterbreitet. Dies sieht in der Regel vor, daß der geständige Angeklagte zu einer wesentlich geringeren Freiheitsstrafe verurteilt wird als der im Rahmen der Hauptverhandlung überführte Täter.[312] Anhand dieses Verfahrensablaufs wird deutlich, daß die Justiz in den Vereinigten Staaten von sehr starken Effizienzüberlegungen geprägt ist: Die Zweckmäßigkeit ist eine Maxime des Kriminaljustizsystems.

---

307 Vgl. hierzu *Fletcher, G.*, Rethinking Criminal Law, S. 453.

308 *Fletcher, G.*, Rethinking Criminal Law, S. 442; *Jacobs, J.*, in: Morrisson, Fundamentals of American Law, S. 296.

309 *LaFave, W. R.*, Criminal Law, S. 258.

310 *Jacobs, J.*, in: Morrisson, Fundamentals of American Law, S. 314.

311 Vgl. Rule 11, Federal Rules of Criminal Procedure. In dieser Vorschrift sind die Voraussetzungen gesetzlich normiert, unter denen das *plea bargaining* im bundesstaatlichen Strafverfahren stattfinden kann.

312 *Jacobs, J.*, in Morrisson , Fundamentals of American Law, S. 314.

Die allgemeine Definition strafrechtlichen Verhaltens in Bezug auf den Wertpapierhandel und die Wertpapieremission wird unter dem Begriff *Criminal Securities Fraud and Manipulation* zusammengefaßt.

2. Kapitalmarktregulierung in den Vereinigten Staaten

Der erste gerichtlich verfolgte Fall von Manipulationen am Wertpapiermarkt - Rex vs. de Berenger- wurde in England verhandelt und reicht bis in das Jahr 1814 zurück[313]. In dieser Gerichtsentscheidung wurde erstmals nicht darauf abgestellt, daß ein tatsächlicher Schaden entstanden ist, sondern es wurde als ausreichend beurteilt, daß das Vertrauen der Marktteilnehmer in die Funktionsfähigkeit des Kapitalmarktes verletzt sein könnte[314].

In den Vereinigten Staaten wurde die Manipulation von Wertpapiergeschäften erstmalig 1933 gerichtlich verhandelt - U.S. vs. Brown - und zwar im Bundesstaat New York. Die gesetzliche Grundlage des Falles wurde im *mail fraud statute*[315] gesehen, wobei sich der Vorsitzende Richter Woolsey in der Urteilsbegründung auch auf den de Berenger–Fall stützte[316]. Von diesem Zeitpunkt an entwickelte sich die strafrechtliche Regulierung des Wertpapierhandels in speziellen Vorschriften des bundesstaatlichen Rechts.

Für die Ausgabe und den Handel von aktienrechtlichen Wertpapieren bestehen in den Vereinigten Staaten sehr weitgehende und detaillierte Regelungen, sowohl in der Form von Bundesgesetzen als auch aufgrund einzelstaatlicher gesetzlicher Regelungen und der auf der Grundlage dieser Gesetze erlassenen Rechtsverordnungen und Verwaltungsvorschriften (*securities laws*)[317].

a) Historische Entwicklung

Die Popularität und Verbreitung von Wertpapierbesitz zum Vermögensaufbau oder zur Altersvorsorge hat in den Vereinigten Staaten ihren Ursprung wesentlich früher als in Deutschland. Durch die Industrialisierung zu Beginn des 20. Jahrhunderts und die damit einhergehende gesellschaftsrechtliche Neustrukturierung von Unternehmen, deren Wertpapiere begeben und gehandelt wurden, gab es schon bald einen relativ großen Anteil von Kapitalmarktteilnehmern. Da auch in diesem Wirtschaftsbereich Betrugsfälle auftraten, wurde zu deren strafrechtlicher Verfolgung zunächst der allgemeine Betrugstatbestand (*fraud doctrine*) des *common law* angewandt. Weitere

---

313 *Loss/Seligman*, Securities Regulation, S. 1047.
314 *Loss/Seligman*, Securities Regulation, S. 1048.
315 18 U.S.C. § 1341.
316 *Loss/Seligman*, Securities Regulation, S. 1049.
317 *Elsing, S.*, US-amerikanisches Handels- und Wirtschaftsrecht, S. 167.

rechtliche Instrumente zur Erfassung von Betrugsfällen und Manipulationen wurden und werden zum Teil auch heute noch angewandt, die sog. *Mail and Wire Fraud Statutes*. In dem Glauben, durch eine spezielle Gesetzgebung abweichendes Verhalten am Wertpapiermarkt besser erfassen zu können, erließen die meisten Einzelstaaten *blue sky laws*[318]". Dies hatte zur Folge, daß die Regulierung der Kapitalmärkte in den einzelnen Bundesstaaten sehr unterschiedlich ausgeprägt war.

Nach dem Zusammenbruch der US-amerikanischen Wertpapiermärkte im Jahre 1929 und der hierdurch ausgelösten Weltwirtschaftskrise sah sich der amerikanische Bundesgesetzgeber dazu veranlaßt, von der lediglich einzelstaatlichen Regulierung der Wertpapiermärkte Abstand zu nehmen und in dem darauffolgenden Zeitraum zwischen 1933 und 1940 eine bundesgesetzliche Regulierung der Aktienemission und des Wertpapierhandels hinzuzufügen.

b) Securities Act of 1933

Die Gesetzesinitiative zum Securities Act of 1933 (SA) resultiert aus der Weltwirtschaftskrise und dem Zusammenbruch der Wertpapiermärkte im Herbst 1929[319]. Dem SA liegt die gesetzgeberische Vorstellung zugrunde, daß sich Mißstände am ehesten vermeiden lassen und der Schutz von privaten Anlegern am besten dadurch zu gewährleisten ist, daß die Emittenten von Wertpapieren gezwungen sind, alle investitionsrelevanten Informationen gegenüber dem Anleger offenzulegen (*full discolsure*)[320]. Hierbei bezieht sich das Gesetz maßgeblich auf das erste öffentliche Angebot der Wertpapiere (*initial public offering*) und schreibt demzufolge im Hinblick auf den Börsengang entsprechende Publizitätspflichten vor. Durch die wahrheitsgemäßen Angaben soll dem potentiellen Investor die Möglichkeit gegeben werden, sich ein richtiges Urteil über die Wertpapiere des Unternehmens zu bilden. Entstehen dem Anleger Verluste, und kann er beweisen, daß die Offenlegungspflichten bezüglich wichtiger Informationen nicht eingehalten wurden, stehen ihm weitreichende Schadensersatzansprüche gegenüber dem Unternehmen zu.

Ergänzend hierzu enthält der SA bestimmte Vorschriften (*antifraud provisions*), durch die Betrug und Manipulation am Kapitalmarkt verhindert werden sollen. Diese Vorschriften enthalten im Zusammenhang mit irreführenden, unvollständigen oder falschen Angaben bei dem Angebot und Verkauf von Wertpapieren sowohl zivilrechtliche[321] als auch strafrechtliche[322] Sanktionen.

---

[318] Der Begriff *blue sky law* ist dadurch entstanden, daß windige Anlageberater der Bevölkerung teilweise das Blaue vom Himmel herunterlogen, um ihre nicht existenten Finanzprodukte zu verkaufen. Dies sollte durch die Gesetzgebung verhindert werden.

[319] *Elsing, S.*, US-amerikanisches Handels- und Wirtschaftsrecht, S. 167.

[320] *Loss/Seligmann*, Securities Regulation, S. 138.

[321] Securities Act of 1933, Section 11, 15 U.S.C., § 77 k; Section 12, 15 U.S.C., § 77 l.

[322] Securities Act of 1933, Section 17, 15 U.S.C., § 77 q.

Der Securities Act findet allerdings nur dann Anwendung, wenn bundesstaatenübergreifend Wertpapiere ausgegeben werden (*interstate commerce*). Ist dies nicht der Fall, werden also Wertpapiere nur an Einwohner des Staates ausgegeben, in dem die ausgebende Gesellschaft gegründet und ausschließlich tätig ist, so ist auf die einzelstaatlichen Publizitätspflichten abzustellen. Da die sogenannte *interstate commerce clause* jedoch sehr weit gefaßt ist, findet der Securities Act im Großteil der Fälle Anwendung.

c) Securities Exchange Act of 1934

Der 1934 erlassene Securities Exchange Act (SEA) umfaßt als Regelungsbereich nicht die Emission von Wertpapieren, sondern ist als Fortsetzung und Erweiterung des Securities Act of 1933 auf den Handel mit Wertpapieren an den Wertpapierbörsen bezogen[323]. Das Prinzip einer umfassenden Publizität und Offenlegung soll hierdurch auch nach der Emission der Wertpapiere erhalten bleiben, um das Vertrauen und die Investitionsbereitschaft der Anleger in den Wertpapierhandel zu stärken. Der SEA stellt ebenso die rechtliche Grundlage für eine Vielzahl von Befugnissen und Aufgaben der *Securities and Exchange Commission* dar. Hierzu zählen unter anderem Registrierungs- und Regulierungspflichten, Kontrolle von Banken und anderen Wertpapierhandelshäusern sowie der nationalen Wertpapier-Selbstregulierungsorganisationen (*Securities Self Regulatory Organisations* - SRO). Zu den SROs zählen unter anderem die New York Stock Exchange, die American Stock Exchange und die Nasdaq.

3. Allgemeine Schutzbestimmungen im bundesstaatlichen Recht

Die US-amerikanische Regulierung des Kapitalmarkts und der damit verbundene Anlegerschutz werden nicht nur durch strafrechtliche, sondern auch durch zivilrechtliche Vorschriften erreicht. Im Rahmen der zivilrechtlichen Vorschriften sind insbesondere diejenigen hervorzuheben, die sich auf die Registrierung der Wertpapiere beziehen.

a) Registrierung der Wertpapiere und Publizitätspflichten nach dem Securities Act

Nach dem Securities Act von 1933 besteht für jeden Veräußerer von Wertpapieren grundsätzlich die Pflicht zur Registrierung der Wertpapiere bei der Securities and Exchange Commission (SEC)[324].

---

[323] *Tiedeken, R.*, Wertpapierregulierung in den USA, S. 71.

[324] *Schönenberger, A.*, Ökonomische Analyse der Notwendigkeit und Effizienz des börsengesetzlichen Haftungsregimes, S. 24.

Publizität wird dadurch erreicht, daß Anbieter von Wertpapieren und die von den Anbietern für den Börsengang eingeschalteten Investmentbanken vor dem Verkauf der betreffenden Wertpapiere zur Registrierung bestimmte Informationen in schriftlicher Form bei der SEC hinterlegen müssen. Hierdurch wird gewährleistet, daß die Informationen der interessierten Öffentlichkeit in jedem Fall zur Verfügung gestellt werden können. Vorausgesetzt ist allerdings, daß die relevanten Informationen in einem Prospekt (*prospectus*) publiziert wurden, der ebenfalls die Informationen enthalten muß, die bereits in schriftlicher Form als *registration statements* bei der SEC eingereicht wurden. Hierzu zählen unter anderem folgende Angaben:

- Beschreibung des angebotenen Wertpapiers
- Eigentum und Geschäftstätigkeit des Unternehmens
- Informationen über das Management des Unternehmens
- von Wirtschaftsprüfern testierte Angaben über die wirtschaftliche und finanzielle Situation des Unternehmens.

Die Anwendung der strengen Publizitätspflichten entfällt, sobald sich das Angebot nicht an den öffentlichen Kapitalmarkt richtet, sondern als sogenanntes *private placement*-Wertpapier nur an eine begrenzte Anzahl von Personen ausgegeben wird.

b) Registrierung der Wertpapiere und Publizitätspflichten nach dem Securities Exchange Act

Die Philosophie der Offenlegung und Transparenz von Informationen als Leitprinzip zur Verhinderung von Wertpapiermanipulationen wurde vom Sercurities Act of 1933 übernommen und - soweit relevant - in alle Regelungen des Securities Exchange Act of 1934 eingeführt.

Die maßgebliche Rechtsquelle, aus der sich die Registrierung von börsennotierten Wertpapieren ergibt, ist Section 12 (g) des Securities Exchange Act of 1934. Hiernach müssen alle Gesellschaften, deren Wertpapiere an öffentlichen Wertpapierbörsen gehandelt werden, soweit ihr Aktienkapital eine Million US-Dollar und die Zahl ihrer Aktionäre fünfhundert bzw. siebenhundertfünfzig übersteigt, gegenüber der SEC umfangreiche Berichterstattungspflichten einhalten. Die SEC wiederum stellt die Berichte der Öffentlichkeit zur Verfügung. Der Securities Exchange Act of 1934 schreibt nach Section 13 (a) eine periodische Berichterstattung in Form von regelmäßig zu veröffentlichenden Jahres- und Quartalsberichten vor.

4. Strafvorschriften der „securities laws“

Die strafgesetzliche Regulierung des Wertpapierhandels in den Vereinigten Staaten wurde vor der Verabschiedung des Securities Act of 1933 auf bundesstaatlicher Ebene hauptsächlich durch das sogenannte *mail fraud statute*[325] erfaßt. Die Anwendung dieses strafrechtlichen Instrumentariums wurde durch die Einführung von § 17 (a) Securities Act, der bis heute als Ursprung aller SEC Betrugsvorschriften angesehen wird, abgelöst[326]. Im Gegensatz zum sogenannten *mail fraud statute* ist § 17 (a) SA speziell auf den Wertpapierbereich zugeschnitten.

Die Strafvorschriften des Securities Exchange Act of 1934 finden sich in den §§ 9 (a) (4) und 10 (b) wieder und beziehen sich auf Manipulationen des Wertpapierhandels. Eine weitere wichtige, wenn nicht sogar die entscheidende Norm in der US-amerikanischen Wertpapierregulierung stellt die 1942 zum Securities Exchange Act of 1934 hinzugefügte Verwaltungsvorschrift Rule 10 b-5 dar.

Der Inhalt dieser Vorschrift ist sehr stark der Vorschrift des § 17 (a) Securities Act entlehnt und bezieht sich auf den Verkauf oder Kauf von Wertpapieren[327].

Neben den hier genannten, für das Börsenstrafrecht relevanten, Vorschriften kennzeichnet sich die Wertpapierregulierung hinsichtlich der Betrugsvorschriften durch eine sehr starke Verbreitung sogenannter Rules. Die Vielzahl der von der SEC erlassenen Rules basiert auf dem Gedanken einer speziellen Regelung für jeden einzelnen Bereich und der Sorge, durch eine generelle Regelung einen Teilbereich nicht zu erfassen[328].

a) Einschlägige Gesetze und Bestimmungen

Die allgemeine Gesetzgebungskompetenz der Einzelstaaten wird dann von bundesstaatlicher Kompetenz abgelöst, wenn zwischenstaatlicher Handel (*interstate commerce*) stattfindet, und hierdurch die Gesetzgebungskompetenz an den Bund übertragen wird. Die Vorschriften des Securities Act und des Securities Exchange Act sehen deshalb vor, daß grundsätzlich bei Anwendung der bundesstaatlichen Vorschriften ein Verstoß in Verbindung mit zwischenstaatlichem Handel, nationalen Wertpapierbörsen oder der Übermittlung von postalischen Nachrichten vorliegen muß[329].

---

[325] 18 U.S.C. § 1341.
[326] *Loss/Seligman*, Securities Regulation, S. 838.
[327] *Loss/Seligman*, Securities Regulation, S. 844.
[328] *Loss/Seligman*, Securities Regulation, S. 845.
[329] Section 17 Securities Act (15 U.S.C. § 77q), Section 9 und 10 Securities Exchange Act (15 U.S.C, §§ 78i, 78j).

b) Strafvorschriften nach dem Securities Act und dem Securities Exchange Act

Die Systematik der US-amerikanischen Strafvorschriften nach dem Securities Act und dem Securities Exchange Act ist kompliziert und teilweise nur im Kontext mit der Grundstruktur des US-amerikanischen Strafrechts zu verstehen. Im einzelnen stellen sich die Vorschriften wie folgt dar:

aa) Section 17 Securities Act : Fraudulent Interstate Transactions Sec. 17 (a) SA: Use of interstate commerce for purpose of fraud or deceit

It shall be unlawful for any person in the offer or sale of any securities by the use of any means or instruments of transportation or communication in interstate commerce or by the use of the mails, directly or indirectly

1. to employ any device, Scheme, or artifice to defraud, or

2. to obtain money or property by means of any untrue statement of a material fact or any omission to state a material fact necessary in order to make the statements made, in the light of the circumstances under which they were made, not misleading, or

3. to engage in any transaction, practice, or course of business which operates or would operate as a fraud or deceit upon the purchaser.

Die Vorschrift des Sec. 17 (a) SA ist in Form einer Generalklausel gefaßt, die generell täuschende Handlungsweisen und falsche oder irreführende Darstellungen im Zusammenhang mit Verkäufen von Wertpapieren verbietet. Dies bezieht sich dem Regelungszweck des Securities Act entsprechend auf die Emission von Wertpapieren. Durch die Sec. 17 (b) SA wird es verboten, Mitteilungen in Bezug auf ein Wertpapier zu veröffentlichen oder zu verbreiten, wenn eine für diese Tätigkeit erhaltene Vergütung nicht offengelegt wird.

Die praktische Anwendung der Sec. 17 SA ist, im Vergleich zu den anderen Vorschriften der strafrechtlichen Kapitalmarktregulierung, als relativ gering zu beschreiben. Zur Anwendung kommt sie lediglich dann, wenn die Rule 10b – 5 wegen ihrer restriktiven subjektiven Voraussetzungen nicht angewendet werden kann. Die zurückhaltende Anwendung der Sec. 17 SA hängt damit zusammen, daß die SEC schon 1942 von ihrer Ermächtigung zum Erlaß von sogenannten Rules Gebrauch gemacht hat und mit Rule 10b-5 eine Vorschrift geschaffen hat, die den Wortlaut von Sec. 17 (a) SA nur geringfügig verändert und auf Wertpapierkäufe ausgedehnt hat.

bb) Section 9 (a) Securities Exchange Act: Prohibition against Manipulation of Securities Prices

It shall be unlawful for any person, directly or indirectly, by the use of the mails or any means or instrumentality of interstate commerce, or of any facility of any national securities exchange, or for any member of a national securities exchange –

1. for the purpose of creating a false or misleading appearance of active trading in any security registered on a national securities exchange, or a false or misleading appearance with respect to the market for any such security,

A. to effect any transaction in such security which involves no change in the beneficial ownership thereof, or

B. to enter an order or orders for the purchase of such security with the knowledge that an order or orders of substantially the same size, at substantially the same time, and at substantially the same price, for the sale of any security, has been or will be entered by or for the same or different parties, or

C. to enter any order or orders for the sale of any such security with the knowledge that an order or orders of substantially the same size, at substantially the same time, and at substantially the same price, for the purchase of such security, has been or will be entered by or for the same or different parties.

2. To effect, alone or with one or more other persons, a series of transactions in any security registered on a national securities exchange creating actual or apparent active trading in such security, or raising or depressing the price of such security, for the purpose of inducing the purchase or sale of such security by others.

3. If a dealer or broker, or other person selling or offering for sale or purchasing or offering to purchase the security, to induce the purchase or sale of any security registered on a national securities exchange by the circulation or dissemination in the ordinary course of business of information to the effect that the price of such security will or is likely to rise or fall because of market operations of any one or more persons conducted for the purpose of raising or depressing the price of such security.

1. *If a dealer or broker, or other person selling or offering for sale or purchasing or offering to purchase the security, to make, regarding any security registered on a national securities exchange, for the purpose of inducing the purchase or sale of such security, any statement which was at the time and in the light of the circumstances under which it was made, false or misleading with respect to any material fact, and which he knew or had reasonable ground to believe was so false or misleading.*

2. *For a consideration, received directly or indirectly from a dealer or broker, or other person selling or offering for sale or purchasing or offering to purchase the security, to induce the purchase of any security registered on a national securities exchange by the circulation or dissemination of information to the effect that the price of any such security will or is likely to rise or fall because of the market operations of any one or more persons conducted for the purpose of raising or depressing the price of such security.*

Diese Vorschrift dient dem allgemeinen Schutz vor sachlich falschen oder irreführenden Angaben, durch die der Anleger zum Kauf oder Verkauf von Wertpapieren veranlaßt werden soll[330]. Die Vorschrift der Sec. 9 SEA ist eine Vorschrift, die sich insbesondere gegen Kursmanipulationen richtet. Nach Sec. 9 (a) (1) SEA ist es ungesetzlich, sogenannte *wash sales* oder *matched orders*, sofern sie in der Absicht erfolgen, einen falschen oder irreführenden Eindruck eines aktiven Handels hervorzurufen, durchzuführen. Die Absicht als Tatbestandsmerkmal schränkt dabei die Anwendbarkeit der Vorschrift nicht ein, da *wash sales* und *matched orders* immer nur zur Irreführung getätigt werden. Sec. 9 (a) (2) verbietet die Herbeiführung einer Reihe von Transaktionen, sofern dies mit dem Zweck geschieht, Dritte zum Handel in dem selben Wertpapier zu bestimmen. Diese Vorschrift ist darauf angelegt, manipulative Aktivitäten sogenannter Pools zu unterbinden. Unter einem Pool im Sinne der Vorschrift versteht man den illegalen Zusammenschluß von Handelsteilnehmern, um Umsätze in einem Wertpapier vorzuspiegeln. Sec.9 (a) (3) wiederum verbietet es jeder Person, die mit einem Wertpapier handelt, die Informationen zu verbreiten, die zu einer Preisänderung des Wertpapiers aufgrund manipulativer Tätigkeit führen. Nach Sec. 9 (a) (4) SEA ist es ungesetzlich, wenn Wertpapierhändler oder andere Personen, die mit Wertpapieren handeln, falsche oder irreführende Darstellungen im Hinblick auf wesentliche Tatsachen abgeben, um hierdurch andere Personen zum Handel in dem betreffenden Wertpapier zu veranlassen. Sec. 9 (a) (5) SEA erweitert dieses Verbot auf jede andere Person, die für die Informationsverbreitung eine Gegenleistung von jemandem erhält, der mit dem Wertpapier handelt.

cc) Section 10 Securities Exchange Act: Regulation of the Use of Manipulative and Deceptive Devices

It shall be unlawful for any person, directly or indirectly, by the use of any means or instrumentality of interstate commerce or of the mails, or of any facility of any national securities exchange --

> *a) to effect a short sale, or to use or employ any stop-loss order in connection with the purchase or sale, of any security registered on a national securities exchange, in contravention of such rules and regulations as the Commission may prescribe as necessary or appropriate in the public interest or for the protection of investors.*
>
> *b) to use or employ, in connection with the purchase or sale of any security registered on a national securities exchange or any security not so registered, any manipulative or deceptive device or contrivance in contravention of such rules and regulations as the Commission may prescribe as necessary or appropriate in the public interest or for the protection of investors.*

[330] *Meller, H.*, Der Insidertatbestand, S. 43.

Die Vorschrift der Sec. 10 (b) SEA ist ein Auffangtatbestand (sog. *catch-all*-Vorschrift), die die SEC ermächtigt, neue Manipulationstechniken zu verfolgen, die noch nicht durch speziellere Vorschriften erfaßt sind, sofern sie dies im öffentlichen Interesse oder zum Schutz der Anleger für notwendig oder angemessen erachtet. Die Vorschrift richtet sich gegen sämtliche Arten von betrügerischen oder manipulativen Praktiken beim Kauf oder Verkauf von Wertpapieren. Dementsprechend ist der Anwendungsbereich der Vorschrift weiter als bei den anderen Vorschriften, jedoch bedarf es zur Ausführung einer von der SEC erlassenen Vorschrift. Section 10 (b) SEA ist also eine Generalklausel, zu deren Anwendung die SEC per Verordnung bestimmte Handlungen als unrechtmäßig definiert. Unter den Verordnungen, die die SEC diesbezüglich erlassen hat, kommt der Rule 10b-5 die größte praktische Bedeutung zu.

dd)Rule 10b – 5 : Employment of Manipulative and Deceptive Devices

It shall be unlawful for any person, directly or indirectly, by the use of any means or instrumentality of interstate commerce, or of the mails or of any facility of any national securities exchange,

a. to employ any device, scheme, or artice to defraud,

b. to make any untrue statement or a material fact or to omit to state a material fact necessary in order to make the statements made, in the light of the circumstances under which they were made, not misleading, or

c. to engage in any act, practice or course of business which operates as a fraud or deceit upon any person,

in connection with the purchase or sale of any security.

(1) Die Verwaltungsvorschrift Rule 10b – 5

Durch die Ermächtigung in Sec. 10(b) SEA hat die SEC eine Reihe von Rules erlassen, die sich gegen die Beeinflussung von Börsenpreisen richten. Praktische Relevanz weist diesbezüglich besonders die Rule 10(b)-5 auf, die eine weitreichende Funktion einnimmt und auf fast alle Arten von Betrug, Insiderhandel und Kursmanipulationen im Rahmen des Wertpapierhandels Anwendung findet. Die bereits im Jahre 1942 erlassene Rule 10(b)-5 soll die Regelungslücke schließen, daß durch Sec. 17(a) SA nur der Verkauf, nicht aber der Kauf von Wertpapieren reguliert wurde[331]. Ohne große Veränderungen wurde der Wortlaut der Sec. 17(a) SA übernommen und dem Verkauf von Wertpapieren angepaßt. Die Vorschrift ist eine Verwaltungsvorschrift und kein Straftatbestand, da die SEC zum Erlaß von Strafgesetzen nicht ermächtigt ist. Sie verbietet jeder Person sowohl beim Kauf als auch beim Verkauf von Wertpapieren, andere zu täuschen, falsche Angaben zu machen oder wichtige

[331] *Loke, A.*, The Internet and Antifraud Regulation of Securities Markets, S. 45.

Informationen vorzuenthalten[332]. Auf der Grundlage dieser Verwaltungsvorschrift hat die US-amerikanische Justiz den Insiderhandel bekämpft und die Rechtsprechung zu den Insiderdelikten entwickelt. Entsprechend der sogenannten *disclose or abstain*-Regel müssen Insider die Insiderinformationen, bevor sie handeln, der Öffentlichkeit mitteilen oder auf den Handel verzichten. Die SEC hatte bei Erlaß der Verordnung einen begrenzten Anwendungsbereich vorgesehen. Obwohl in der Vorschrift der Begriff des Insiders nicht definiert ist, sollte hierdurch der Insiderhandel unterbunden werden und die Möglichkeit eröffnet werden, zukünftig auf neue Handelspraktiken einwirken zu können. Dementsprechend wurde das sogenannte *frontrunning* auch unter die Verordnung 10b-5 subsumiert. Daß sich in den folgenden Jahrzehnten hieraus eine Allzweck-Waffe gegen unliebsames Verhalten am Kapitalmarkt entwickelte, die bequem anzuwenden war, hatte die SEC damals nicht vorgesehen.

(2) Anwendung von 10b – 5 auf den Insiderhandel

Zur Auslegung der Verordnung wurden im Laufe der Zeit unterschiedliche Theorien entwickelt, u.a. die *Equal Access Theory*, die *Fiducary Duty Theory* und die *Misappropriation Theory*.

Die *Equal Access Theory* besagt, daß jeder Marktteilnehmer verpflichtet ist, marktrelevante, nicht-öffentliche Informationen vor dem Handel der Öffentlichkeit mitzuteilen oder auf den Handel zu verzichten. Diese Theorie wurde vom *US- Supreme Court* im Fall Chiarella vs. SEC mit der Begründung verworfen, daß bei einer Insiderregelung, die eine völlige Informationsparität aller Marktteilnehmer anstrebt, Finanzanalysten keinerlei Recherchen mehr betreiben würden, da sie von ihren Investitionen in die Informationsbeschaffung nicht profitieren könnten.

Der *Supreme Court* entwickelte stattdessen im Fall Chiarella die *Fiducary Duty Theory*, die besagt, daß die Pflicht des Insiders, seine Informationen zu veröffentlichen oder vom Handel Abstand zu nehmen, daraus resultiert, daß er eine treuepflichtige Beziehung zur Quelle der Information hat. Im Fall Dirks vs. SEC erweiterte der *Supreme Court* die Haftung auch auf Tipnehmer (sog. *tipee*) der treuepflichtigen Insider. Voraussetzung hierfür ist allerdings, daß der Tipgeber bei der Weitergabe der Insiderinformationen seine Treuepflicht verletzt haben muß und dies in der Absicht geschah, indirekt von der Informationsweitergabe zu profitieren.

Um Marktinsider, die gegenüber der Informationsquelle keine Treuepflicht haben, auch unter die Rule 10b-5 zu fassen, entwickelte der *Second Circuit*

[332] Erst durch die Supreme-Court-Entscheidung Schreiber vs. Burlington wurde die Rule dahingehend konkretisiert, daß es sich um Maßnahmen handeln muß, die in irgendeiner Weise täuschend wirken.

Court die *Misappropriation Theory*. Danach ist die Rule 10b-5 auch anwendbar, wenn Personen Insiderinformationen aufgrund vertraulicher Geschäftsbeziehungen unrechtmäßig erworben haben. Der anhaltende Streit in Rechtsprechung und Literatur in den U.S.A. spiegelt die ständige Weiterentwicklung der Vorschrift und die damit einhergehende Rechtsunsicherheit wider.

5. Einzelstaatliche Strafvorschriften zur Wertpapierregulierung

Aus rechtshistorischer Sicht setzt die Wertpapierregulierung in den Einzelstaaten vor der bundesstaatlichen Regulierung ein. Vor der Einführung bundesstaatlicher Gesetze durch den Securities Act of 1933 und den Securities Exchange Act of 1934 hatten die meisten Einzelstaaten bereits *blue sky laws* erlassen. Während mittlerweile seit 1996 durch den *National Securities Market Improvement Act* die Rolle der Einzelstaaten bei der zivil- und verwaltungsrechtlichen Regulierung eingeschränkt wurde, ist hinsichtlich der betrügerischen Praktiken die Regulierungsmacht bei den Einzelstaaten verblieben[333]. Zur Angleichung des einzelstaatlichen Rechts an die bundesstaatlichen Vorschriften haben mittlerweile 39 von 50 Einzelstaaten den Vorschlag einer einheitlichen Regulierung, dem *Uniform Securities Act*, zugestimmt. Hierdurch wurde die Rule 10b-5 in der einzelstaatlichen Gesetzgebung verankert. Der Bundesstaat New York gehört zu den Einzelstaaten, die dem *Uniform Securities Act* nicht zugestimmt haben.

Eines der ältesten *blue sky laws* besteht in dem Bundesstaat New York mit dem aus dem Jahr 1921 stammenden *Martin Act*. Der offizielle Titel dieser Vorschrift lautet *Fraudulent Practices Act*.

Der Martin Act stellt den gesetzlichen Rahmen zur Regulierung des Wertpapierhandels und anderer Kapitalanlagen im Bundesstaat New York dar. Aus strafrechtlicher Sicht ist insbesondere Sec. 352-c des Martin Acts interessant, der mit seinen Betrugsverboten und Ermittlungskompetenzen sehr weitreichend ist. Diese, 1955 eingefügte Bestimmung, erklärt die Begehung bestimmter betrügerischer Praktiken ausdrücklich für strafbar und machte damit aus den bereits bestehenden Betrugsbestimmungen, deren Verletzung bislang nur eine Untersuchung und eine zivilrechtliche Unterlassungsanordnung auslösen konnte, potentielle Straftaten[334].

Neben den sehr geringen Anforderungen an den subjektiven Tatbestand der Vorschrift sind ebenso die Befugnisse des Generalstaatsanwalts, des *general attorney of New York*, hervorzuheben, da dieser, entgegen der Regelung der

---

[333] Vgl. Sec. 18 (c) (1) SA.
[334] *Martin, S.*, Criminal Securities Fraud, 123.

anderen Einzelstaaten, über die Einhaltung der *blue sky laws* wacht. Die ihm zustehenden Kompetenzbereiche sind sehr viel weitreichender als die Befugnisse, die in anderen Einzelstaaten oder auf Bundesebene eingeräumt werden. Als Beispiel hierfür ist das Recht zur Strafverfolgung heranzuziehen, das der SEC auf Bundesebene nicht zusteht[335]. Erklären läßt sich dies durch die Einordnung der Vorschriften unter den Kompetenzbereich des Generalstaatsanwalts, der aus seiner Funktion heraus für Strafverfolgung zuständig ist. Beispielhaft hierfür steht die Tätigkeit von Eliot Spitzer.

6. Kompetenzbereich der Securities Exchange Commission

Mit der Einführung des Securities Act of 1933 wurde der Wertpapiermarkt zwar legislativ unter bundesstaatliche Aufsicht gestellt und von der *Federal Trade Commission* überwacht. Eine eigens hierfür vorgesehene exekutive Kontrollinstanz, die ausschließlich für den Wertpapierbereich zuständig ist, bestand jedoch noch nicht[336]. Bereits ein Jahr später, wurde die Securities and Exchange Commission mit dem § 4 (a) des Securities Exchange Act of 1934 gegründet und ist im Bereich des öffentlichen Kapitalmarkts, insbesondere der Wertpapierbegebung und des Wertpapierhandels, als Aufsichtsbehörde für die Kontrolle der Einhaltung von verschiedenen Gesetzen und Rechtsvorschriften verantwortlich. Weiterhin erläßt die SEC Rechtsverordnungen und untersucht als Börsenaufsichtsbehörde mögliche kapitalmarktrechtliche Verstöße. Die Rechtsqualität der von der SEC erlassenen Verwaltungsvorschriften (*rules* und *regulations*) entspricht allerdings den Wertpapiergesetzen, d.h. Verstöße gegen SEC–Vorschriften können dieselben Konsequenzen nach sich ziehen, wie die Verletzung von Wertpapiergesetzen selbst[337]. Durch die Ermächtigung der SEC zum Erlaß von *Rules* und *Regulations* soll die SEC die Möglichkeit haben, auf neue Betrugstechniken, die durch die originären Gesetze noch nicht beachtet werden konnten, flexibel zu reagieren und die Regulierung den veränderten Verhältnissen anzupassen. Diese weitreichende Kompetenz der Behörde eröffnet ihr eine quasi gesetzgeberische Stellung, die eine enorme Machtfülle beinhaltet. Mit dem Erlaß einer Rechtsverordnung nach deutschem Recht hat dies wenig gemein.

Der rechtliche Rahmen dieses Aufgabenbereichs wird durch momentan sieben Gesetze abgesteckt[338], dem *Securities Act of 1933*, dem *Securities Exchange Act of 1934*, dem *Public Utility Holding Company Act of 1935*, dem *Trust Indenture Act of 1939*, dem *Investment Company Act of 1940*, dem *Investment Advisers Act of 1940* und in gewissem Maß dem *Securities Investor Protection Act of*

---

335 *Kaufmann*, zu Art. 23-A N.Y General Business Law, in: Mc Kinneys Consolidated Laws of New York Annotated.
336 *Loss/Seligman*, Securities Regulation, S. 56.
337 Section 24 Securities Act, Section 32 Securities Exchange Act.
338 *Loss/Seligman*, Securities Regulation, S. 7.

1970[339]. Die SEC hat als Bundesoberbehörde mit Hauptsitz in Washington fünf regional aufgegliederte Zentren: Pacific Region, Central Region, Midwest Region, Northeast Region und Southeast Region. Geleitet wird die SEC von fünf *Commissioners* mit unterschiedlicher politischer Zugehörigkeit[340], die vom Präsidenten für eine Amtszeit von jeweils fünf Jahren ernannt werden. Die hierdurch dokumentierte politische Unabhängigkeit dieser „Superaufsichtsbehörde" mit knapp dreitausend Mitarbeitern[341] ist im Hinblick auf deren sehr weitreichende Befugnisse nur ein sehr kleines Zugeständnis an ein unabhängiges Sanktionssystem.

Die SEC bedient sich zur Überwachung des Kapitalmarkts hauptsächlich aus drei Informationsquellen. Die erste Quelle besteht aus den Informationen, die der SEC durch andere Personen zugetragen werden. Dieser Personenkreis setzt sich aus Anlegern und Investoren zusammen. Um eine ständige Kommunikation aufrecht zu halten, hat die SEC ein Beschwerdeformular auf ihrer Homepage im Internet eingerichtet, bei dem täglich rund 120 Hinweise eingehen[342]. Ferner verfügt die SEC über ein computergesteuertes Handelsüberwachungssystem, das auffällige Preisbewegungen meldet, wenn diese nicht durch öffentlich bekannte Informationen erklärt werden können. Schließlich kontrollieren die Mitarbeiter der SEC auch die Veröffentlichung von Unternehmensnachrichten und die Vorbereitung von IPOs.

Zur Durchsetzung der Gesetze und Rechtsverordnungen hat die SEC eine breite Auswahl an rechtlichen Möglichkeiten. Im Jahr 1990 wurden die Sanktionsmöglichkeiten der SEC durch den *Securities Enforcement Remedies and Penny Stock Reform Act* stark erweitert. Die SEC kann hierdurch zur Sanktionierung von Verstößen auf vier Verfahren zurückgreifen. Aus strafrechtlicher Sicht besteht die Möglichkeit, ein Strafverfahren zu beantragen und den Fall an das *Department of Justice* weiterzuleiten. Das *Department of Justice* trifft dann die endgültige Entscheidung, ob eine strafrechtliche Verfolgung des Falles stattfindet und leitet gegebenenfalls ein Strafverfahren ein. In der Regel werden die Ermittlungen jedoch größtenteils von der SEC geführt. Zum einen kann die SEC dann die Ermittlungsergebnisse an die Bundesanwaltschaft weiterleiten, die das weitere Verfahren, inklusive forensischer Tätigkeit als Strafverfolger, wahrnimmt, wobei Anwälte der SEC im Gerichtsverfahren der Bundesanwaltschaft unterstützend assistieren[343]. Im Falle einer Verurteilung können Freiheitsstrafen von bis zu 10 Jahren verhängt werden oder Geldstrafen bis zu 2,5 Mio US-Dollar. Voraussetzung hierfür ist, daß die Verletzungen der Wertpapiergesetze und der darunter erlassenen *Rules*

---

[339] *Loss/Seligman*, Securities Regulation, S. 37.
[340] Die Anzahl der *Commissioners*, die der selben politischen Partei angehören, ist auf drei begrenzt.
[341] *Loss/Seligman*, Securities Regulation, S. 58.
[342] *Lenzen, U.*, Eingriffe in die Börsenkursbildung, S. 64.
[343] *Loss/Seligman*, Securities Regulation, S. 1351.

vorsätzlich (*willfully*) geschehen. Obwohl das Erfordernis der *willfullness* generell nur ein vorsätzliches Handeln, nicht dagegen die Kenntnis eines Gesetzesverstoßes voraussetzt, ist die Verhängung einer Freiheitsstrafe aufgrund von Verletzungen der Vorschriften des *Securities Exchange Act* oder darunter erlassener *Rules* unzulässig, wenn der Angeklagte nachweist, daß er die verletzte Vorschrift nicht kannte[344]. In bestimmten Einzelfällen können auch Strafen aufgrund des *Racketeer Influenced and Corrupt Organizations Act* (RICO), der eigentlich die Bekämpfung der organisierten Kriminalität zum Ziel hat, verhängt werden[345].

Die SEC kann aber auch eigene Verwaltungsverfahren durchführen, in denen sie sowohl Geldbußen bis zu 500.000 US-Dollar auferlegen, als auch die Herausgabe der Gewinne verlangen kann[346]. Das Verfahren gegenüber Personen und Gesellschaften, die bei ihr registriert sind, sieht zunächst eine Anhörung vor, woraufhin der SEC neben der Herausgabe der Gewinne und der Verhängung von Geldbußen die Möglichkeit zusteht, die Registrierung der Person oder Gesellschaft zu widerrufen. Zur Erfüllung ihrer Aufgaben stehen der SEC zahlreiche Ermittlungsbefugnisse zu, wie etwa das Recht zu Zwangsvorladungen[347]. Seit dem Jahr 1990 steht der SEC auch das Recht zu, selbständig Unterlassungsverfügungen, sogenannte *cease-and-desist orders*, zu erlassen[348]. Hierdurch kann die SEC die betreffende Person oder Gesellschaft anweisen, das beanstandete Verhalten zu unterlassen und bestimmte Vorkehrungen zu treffen, um die Einhaltung der Gesetze für die Zukunft sicherzustellen.

Zusätzlich hat die SEC noch die Möglichkeit, vor dem zuständigen Bundesgericht eine gerichtliche Unterlassungsverfügung zu beantragen, oder durch ein Verwaltungsverfahren den Verstoß gegen die Wertpapiervorschriften durch den Entzug der Mitgliedschaft an der Börse zu sanktionieren.

Von der SEC werden allerdings nicht nur den Marktteilnehmern Verhaltensregeln aufgegeben und überwacht, sondern auch innerhalb der Behörde werden Wertpapiergeschäfte der Beamten kontrolliert. Die *disclosure*–Philosophie, etwaigen Mißbrauch durch weitreichende Offenlegungen zu verhindern, bezieht sich nicht nur auf den Kapitalmarkt, sondern auch auf die Mitarbeiter der SEC selbst. Innerhalb der Behörde besteht ein Verhaltenskodex, der leitende Mitarbeiter zu sehr weitreichenden Offenlegungen ihrer Finanzgeschäfte verpflichtet[349].

---

344 Section 32 Securities Exchange Act, (15 U.S.C., § 78 ff.).
345 *Lenzen, U.*, Eingriffe in die Börsenkursbildung, S. 135.
346 Section 21 b Securities Exchange Act, (15 U.S.C., § 78 u-2).
347 *Lenzen, U.*, Eingriffe in die Börsenkursbildung, S. 63.
348 Section 21 C SEA, (15 U.S.C., § 78 u-3).
349 *Loss/Seligman*, Securities Regulation, S. 60.

Besonders hervorzuheben ist die Tatsache, daß sich die SEC zum größten Teil selbstfinanziert und somit ein eigenes Interesse an der Einforderung unrechtmäßig erlangter Gewinne und der Verhängung von Bußgeldern hat. In dem Jahresbericht 2000 gibt die SEC an, daß sie allein 445 Mio. US-Dollar an illegal erlangten Gewinnen herausverlangt hat. Bei einem Betrag von knapp ½ Milliarde US-Dollar ist der Gedanke einer unabhängigen neutralen Behörde, deren höheres Ziel der Anlegerschutz ist, fragwürdig. Vielmehr drängt sich das Bild einer nach betriebswirtschaftlichen Interessen geführten Behörde mit äußerst weitreichenden Kompetenzen auf. Die einschränkende Kontrolle ist nicht das Ziel des mit Haushaltsdefiziten belasteten Staates.

7. Inkompatibilität des deutschen Gesetzlichkeitsprinzips und des flexiblen US-amerikanischen Börsenstrafrechts

Die börsenstrafrechtlichen Vorschriften im US-amerikanischen Strafrecht sind nicht auf das deutsche Strafrecht übertragbar. Dies ist anhand der genannten Vorschriften ersichtlich. Das Ziel des US-amerikanischen Strafrechts und seiner Anwendung ist es, auf verschiedene Fallkonstellationen durch sehr weit dehnbare und flexible Vorschriften reagieren zu können. Verfassungsrechtliche Bedenken, wie dies nach deutschem Recht der Fall wäre, bestehen in der US-amerikanischen Strafrechtsdogmatik nicht. Die von vielen Seiten, insbesondere den Ermittlungsbehörden, geforderte Amerikanisierung des Strafrechts ist abzulehnen. Abzulehnen nicht deshalb, weil der Aufwand einer Umstrukturierung des deutschen Strafrechts zu hoch wäre, sondern weil die Durchsetzbarkeit von Zweckmäßigkeitüberlegungen nicht zur Verdrängung von Gerechtigkeitsüberlegungen dienen sollte. Im internationalen Vergleich bietet das deutsche Strafrecht ein rechtsstaatlicheres System als das US-amerikanische. Technisch gesehen ist es höher entwickelt, auch aufgrund anderer historischer Erfahrungen und Strukturen, und somit mit dem US-amerikanischen System grundsätzlich nicht kompatibel. Eine Angleichung des deutschen Strafrechts würde einen rechtsstaatlichen Rückschritt bedeuten. Gleichwohl sind Parallelen zum deutschen Börsen- und Wertpapierhandelsgesetz und der exekutivischen Dominanz des deutschen Börsenstrafrechts nicht zu verkennen.

Arzt formuliert den Vergleich folgendermaßen: „Es geht in der Geisteswissenschaft auch nicht anders zu und her als im Kampf des Beta-Videosystems gegen das VHS-System: Qualität ist nicht dasselbe wie Marktdurchsetzungsmacht“[350].

---

[350] *Arzt, G.*, Wissenschaftsbedarf nach dem 6. StRG, in: ZStW 111, 768.

3. Kapitel: Strafrechtlicher Schutz der Aktienemission und des Handels von Wertpapieren

Das politische Interesse des Gesetzgebers an dem Schutz des Kapitalmarkts, insbesondere der Aktienemission und des Aktienhandels ist beachtlich und findet seine legislative Verankerung in den Finanzmarktförderungsgesetzen. Das öffentliche Interesse am Aktienmarkt ist seit den siebziger Jahren sowohl in institutionellen als auch privaten Anlegerkreisen kontinuierlich angestiegen und mit ihm auch die Berichterstattung in den Medien. Die Stimmen derer, die nach strafrechtlichen Vorschriften verlangen, um die Emission und den Handel von Aktien zu regulieren und zu kontrollieren, werden immer zahlreicher. Besonders die Aktionäre, die auf vermeintlich „sichere" Wertpapiere am Neuen Markt gesetzt haben, versuchen nun ihr verlorenes Geld durch juristische Hilfe wiederzuerlangen. Eine dominierende Stellung in der Anlegerschutzdiskussion nimmt wie immer das „Allheilmittel" des Strafrechts ein.

Die Strafnormen, die auf die Aktienemission und den Wertpapierhandel bezogen sind, befinden sich allerdings bis auf den Schutz der Aktienemission nicht im Strafgesetzbuch, sondern sind in den Nebenstrafgesetzen verankert. Die Vorschriften sind verteilt auf § 264a StGB, eingeführt durch das Zweite Gesetz zur Bekämpfung der Wirtschaftskriminalität (2. WiKG) vom 15.05.1986[351], auf das Börsengesetz, §§ 88, 89 BörsG, konkretisiert auch durch das 2. WiKG sowie das Insiderstrafrecht im Wertpapierhandelsgesetz (WpHG), §§ 14, 38 WpHG, eingeführt durch das Zweite Finanzmarktförderungsgesetz vom 30.07.1994[352]. Hierbei bestehen neben den in verschiedenen Gesetzen implementierten Vorschriften auch teilweise unterschiedliche Ermittlungs- und Kontrollinstanzen. Im Bereich des Strafgesetzbuchs und des Börsengesetzes war bis zum 01.07.2002 die Staatsanwaltschaft alleinige Ermittlungsbehörde. Im Bereich des Insiderstrafrechts, seit Anfang Juli 2002 aber auch für den Bereich der Kursmanipulation, arbeiten das Bundesaufsichtsamt für den Wertpapierhandel, jetzt integriert in die Bundesanstalt für Finanzdienstleistungsaufsicht, den Ermittlungsbehörden zu. Bei papierbezogenen Insidertatsachen sind auch die Börsenaufsichtsbehörden der Länder und die Handelsüberwachungsstellen an den Börsen beteiligt[353].

A. Kapitalanlagebetrug (§ 264a StGB)

Mit dem 2. WiKG wurde ein Reformvorhaben auf dem Gebiet des Wirtschaftsstrafrechts verabschiedet, dessen kriminalpolitische Ursprünge und Zielsetzungen in den frühen siebziger Jahren lagen und zum Teil schon mit dem

---

[351] BGBl. I, S. 721.
[352] BGBl. I, S. 1749.
[353] *Benner, K.-D.*, in Wabnitz/Janovsky, Kriminalität im Wertpapierhandel, S. 298.

1.WiKG vom 29.07.1976 umgesetzt wurden[354]. In der Zielsetzung versuchte der Gesetzgeber mit dieser Reform den seiner Überzeugung nach immer noch bestehenden, auch mit dem 1. WiKG nicht vollständig beseitigten Defiziten der Rechtsordnung im Kampf gegen die Wirtschaftskriminalität als besonderer Erscheinungsform sozialschädlichen Verhaltens entgegenzutreten[355]. Auf der Grundlage dieser gesetzgeberischen Intention wurde § 264a in das Strafgesetzbuch implementiert.

§ 264a StGB – Kapitalanlagebetrug

(1) Wer im Zusammenhang mit

1. *dem Vertrieb von Wertpapieren, Bezugsrechten oder von Anteilen, die eine Beteiligung an dem Ergebnis eines Unternehmens gewähren sollen, oder*
2. *dem Angebot, die Einlage auf solche Anteile zu erhöhen,*

in Prospekten oder in Darstellungen oder Übersichten über den Vermögensstand hinsichtlich der für die Entscheidung über den Erwerb oder die Erhöhung erheblichen Umstände gegenüber einem größeren Kreis von Personen unrichtige vorteilhafte Angaben macht oder nachteilige Tatsachen verschweigt, wird mit Freiheitsstrafe bis zu 3 Jahren oder mit Geldstrafe bestraft.

(2) Abs. 1 gilt entsprechend, wenn sich die Tat auf Anteile an einem Vermögen bezieht, das ein Unternehmen im eigenen Namen, jedoch für fremde Rechnung verwaltet.

(3) Nach den Abs. 1 und 2 wird nicht bestraft, wer freiwillig verhindert, daß auf Grund der Tat die durch den Erwerb oder die Erhöhung bedingte Leistung erbracht wird. Wird die Leistung ohne Zutun des Täters nicht erbracht, so wird er straflos, wenn er sich freiwillig und ernsthaft bemüht, das Erbringen der Leistung zu verhindern.

Das Ziel der nachfolgenden Untersuchung ist die Klärung der grundsätzlichen Frage, inwieweit § 264a StGB überhaupt geeignet ist, den bei der Implementierung in das Strafgesetzbuch intendierten Anlegerschutz zu gewährleisten, und ob die Norm den verfassungsrechtlichen Ansprüchen an ein rechtsstaatliches Strafrecht genügt.

---

[354] BT-Drucks. 10/318, S. 1; *Achenbach, H.*, 2. WiKG, in: NJW 1986, 1835.
[355] BT-Drucks. 10/318, S. 11.

I. Genese der Vorschrift

Vor dem Hintergrund steigender Einkommen und zunehmenden Wohlstands in der Bundesrepublik Deutschland begann Ende der sechziger, Anfang der siebziger Jahre ein Teil der Bevölkerung, das private Kapital in neue, renditeträchtigere Kapitalanlagen zu investieren[356]. Das Sparguthaben bei einer Bank wurde mit zunehmendem Wohlstand für eine breite Bevölkerungsschicht mangels hoher Renditen uninteressant. Durch den erhöhten Zufluß von Kapital erlangten auch andere Formen der Geldanlage erhebliche volkswirtschaftliche Bedeutung[357]. Die damit einhergehende Expansion der Anlagebranche mit einer Vielzahl von Anlageprodukten und Anlagegesellschaften führte zu einer Erhöhung des Risikos des Anlegers und machte nach Vorstellung des Gesetzgebers einen besseren Schutz des meist unerfahrenen Anlegers erforderlich[358]. Der strafrechtliche Schutz im Bereich der Aktienemission beschränkte sich auf die Anwendung der §§ 263 StGB, 4 UWG und des Prospektbetrugs gemäß § 88 Abs. 1 Nr. 2 BörsG als historischem Vorläufer des Kapitalanlagebetrugs. Durch die Einführung von § 264a StGB sollte dem Gedanken einer präventiven strafrechtlichen Schutznorm Rechnung getragen werden[359]. Der Genese nach ist § 264a StGB eine Nachbildung des durch das 1. Gesetz zur Bekämpfung der Wirtschaftskriminalität (1. WiKG) von 1976 neu in das Strafgesetzbuch eingefügten Kreditbetrugs nach § 265b StGB[360]. Nach den §§ 264 und 265b StGB, eingefügt durch das 1. WiKG, wurde mit § 264a StGB ein dritter Tatbestand im Vorfeld des Betrugs in das Strafgesetzbuch implementiert[361].

---

[356] *Liebel / Oehmichen*, Motivanalyse bei Opfern von Kapitalanlagebetrug, S. 5; *Ungern-Sternberg, J.*, Wirtschaftskriminalität beim Handel mit ausländischen Aktien, in: ZStW 88, 654; *Joecks, W.*, Anleger- und Verbraucherschutz, in: wistra 1986, 142; *Cerny, J.*,§ 264a StGB, in: MDR 1987, 271.

[357] *Flanderka / Heydel*, Strafbarkeit von Bauherrenmodellen, in: wistra 1990, 257.

[358] Vgl. hierzu *Tröndle/Fischer*, § 264a StGB, Rn 2.

[359] Aus politischer Sicht war die Einführung der Norm eine Kooperation zwischen SPD- und CDU- Regierung. Ende Oktober 1978 legte die Sachverständigenkommission dem Bundesjustizministerium einen ersten Referentenentwurf vor, der daraufhin mehrfach geändert wurde und schließlich 1982 in das Gesetzgebungsverfahren eingebracht wurde. Das Gesetzgebungsverfahren scheiterte jedoch aufgrund des erfolgreichen Mißtrauensvotums gegen die damalige Bundesregierung Schmidt und der vorzeitigen Auflösung des 9. Bundestages. Mit geringfügigen Änderungen versehen, brachte die Regierung Kohl den Entwurf 1983 erneut in das Gesetzgebungsverfahren ein, wo innerhalb von 2 Jahren weitere Änderungen vorgenommen wurden, ehe das Gesetz endgültig verabschiedet wurde.

[360] *Knauth, A.*, Kapitalanlagebetrug und Börsendelikte, in: NJW 1987, 28.

[361] *Weber, U.*, Das 2. WiKG, in: NStZ 1986, 485.

Als abstraktes Gefährdungsdelikt sind hier Täuschungen über Umstände, die für die Anlageentscheidung beim Vertrieb von Kapitalanlagen erheblich sind, unter Strafe gestellt[362]. Unklar bleibt hinsichtlich der Vorschrift allerdings das zu schützende Rechtsgut.

II. Individueller oder überindividueller Rechtsgüterschutz

Das Ziel des Rechtsguts sollte es sein, auslegungsoptimal die primäre strafrechtliche Aufgabe der Abgrenzung strafbaren von nicht strafbaren Verhaltensweisen präzise zu ermöglichen[363]. Die Frage nach dem von § 264a StGB geschützten Rechtsgut ist auf den ersten Blick nicht zweifelsfrei zu beantworten, weshalb auch heute, nach über 15 Jahren seit der Einführung der Norm, das strafbare vom nicht strafbaren Handeln nur schwer zu unterscheiden ist. Die Bestimmung des Rechtsguts hat durch umfassende Diskussionen eine Anzahl von mindestens drei sehr unterschiedlichen Rechtsgütern in dem Regierungsentwurf und der Literatur hervorgebracht[364].

Ausgangspunkt dieser Rechtsgüter ist die Bestimmung dessen, was als strafrechtlich schutzwürdig gilt bzw. welche Güter als strafrechtliche Rechtsgüter in Betracht kommen. Rekurriert wird bei diesem Erkenntnisprozess lediglich auf positives Recht. Eine Begründung durch eine strafrechtsphilosophische Anleihe zu suchen, z.B. bei Kant, in einer Rechtsgutbestimmung a priori, wird nicht bedacht. Wenn sich die Bestimmung des Rechtsguts aus dem Gesetz und dem gesetzgeberischen Willen, d.h. dem Regierungsentwurf, ergibt, so stellt sich stets die Frage nach der gesetzgeberischen Legitimation und Notwendigkeit einer Norm. Dem Gesetzlichkeitsprinzip entsprechend ist die verfassungsrechtliche Vorschrift des Art. 103 Abs. 2 GG als Maßstab zu nennen. Für die inhaltliche Bestimmung der strafrechtlichen Schutzwürdigkeit eines Rechtsguts sollte der fragmentarische Charakter und die ultima-ratio-Funktion des Strafrechts die Orientierung darstellen.

Grundlegend lassen sich zwei Gruppen von Rechtsgütern des § 264a StGB erkennen. Die erste Gruppe sieht in der Vorschrift eine individualschützende Norm, die zweite Gruppe betrachtet § 264a StGB als eine Norm zum Schutze eines überindividuellen Rechtsguts. Der Entwurfsbegründung der Norm[365] und einem Teil der Literatur folgend[366] wird das Rechtsgut der Vorschrift primär im

[362] *Bottke, W.*, Das Wirtschaftsstrafrecht in der BRD, in: wistra 1991, 8; *Otto, H.*, Die Tatbestände gegen Wirtschaftskriminalität im StGB, in: Jura 1989, 24.
[363] Vgl. *Jacobi, Ch.*, Kapitalanlagebetrug, S. 43.
[364] Vgl . *Krüger, M.*, Die Entmaterialisierungstendenz beim Rechtsgutbegriff, S. 24.
[365] Bundestags-Drucksache 10/318, S. 22.
[366] Schönke/Schröder-*Cramer*, § 264a, Rn 1; *Tröndle/Fischer*, § 264a, Rn 4; *Cerny, J.*, § 264a StGB, in: MDR 1987, 272; *Knauth, A.*, Kapitalanlagebetrug und Börsendelikte, in: NJW 1987, 28.

„Vertrauen in den Kapitalmarkt" bzw. in der „Funktionsfähigkeit des Kapitalmarktes" gesehen. Teilweise wird das Rechtsgut von § 264a StGB aber auch im Vermögen der Kapitalanleger gesehen[367]. Unter Hinweis auf die Vorschrift des § 4 UWG wird in der Literatur ebenso die Frage erörtert, ob der Vorschrift des § 264a StGB nicht auch der Schutz der Dispositionsfreiheit unterliegt[368].

1. Dispositionsfreiheit

Die Frage, ob das von § 264a StGB zu schützende Rechtsgut in der Dispositionsfreiheit des Anlegers zu sehen sein kann, macht deutlich, wie unklar die Vorschrift ihrer Struktur nach aufgebaut ist. Die Ähnlichkeit des Tatbestands mit § 4 UWG, der als Sondertatbestand im Vorfeld des Betrugs mit der Dispositionsfreiheit als geschütztem Rechtsgut beschrieben wird[369], läßt die Rechtsgüter keinesfalls vergleichbar erscheinen. Zwar ist der Kapitalanlagebetrug ebenfalls ein Delikt im Vorfeld des Betrugs, jedoch ist die Dispositionsfreiheit - als Schutz der freien Willensentscheidung des Vermögensinhabers vor Willensmängeln - in keiner Weise Selbstzweck der Norm, sondern ergibt sich vielmehr aus dem Willen zur Verhinderung von nachteiligen Vermögensverfügungen und damit verbundenen Vermögensschäden[370]. Die Deliktsbeschreibung im Vorfeld des Betrugs zielt folglich eindeutig auf das Vermögen als geschütztes Rechtsgut von § 264a StGB, weshalb die Dispositionsfreiheit des Anlegers durch vollständige und richtige Informationen als Rechtsgut verfehlt ist[371].

2. Funktionsfähigkeit des Kapitalmarkts

Für die Funktionsfähigkeit des Kapitalmarkts als Rechtsgut von § 264a StGB spricht vor allem die Intention des Gesetzgebers, das „Vertrauen der Anleger in den Kapitalmarkt" neben dem Vermögen als zu schützendes Rechtsgut des Kapitalanlagebetrugs vorzusehen[372]. Die Verankerung des Tatbestandsmerkmals „gegenüber einem größeren Kreis von Personen" führt ebenfalls in Teilen der Literatur zu der Ansicht, daß der Kapitalanlagebetrug ausschließlich[373] oder

---

367 SK – *Samson*, § 264a, Rn 7; *Worms, A.*, Anlegerschutz durch Strafrecht, S. 316; Joecks, W., Anleger- und Verbraucherschutz, in: wistra 1986, 143.

368 *Jacobi, Ch.*, Kapitalanlagebetrug, S. 44; *Worms, A.*, Anlegerschutz durch Strafrecht, S. 309.

369 Vgl. *Worms, A.*, Anlegerschutz durch Strafrecht, S. 206.

370 *Worms, A.*, Anlegerschutz durch Strafrecht, S. 310; *Jacobi, Ch.*, Kapitalanlagebetrug, S. 21; *Martin, S.*, Criminal Securities Fraud, S. 172.

371 *Jacobi, Ch.*, Kapitalanlagebetrug, S. 44.

372 Regierungsentwurf, BT-Drucks. 10/318, S. 22; *Otto, H.*, Die strafrechtliche Bekämpfung unseriöser Geschäftstätigkeit, S. 90; *Schmid, W.*, in Müller-Gugenberger/Bieneck, Kapitalanlagebetrug, S. 619.

373 *Knauth, A.*, Kapitalanlagebetrug und Börsendelikte, in: NJW 1987, 28.

zumindest teilweise[374] zum Schutze dieses überindividuellen Rechtsguts diene. Als weiteres Argument für die „Funktionsfähigkeit des Kapitalmarkts" als zu schützendes Rechtsgut werden die Vorschriften des Subventions-, Kredit-, und Versicherungsbetrugs herangezogen[375]. Als Schutzgut von § 264 StGB wird neben dem Vermögen der öffentlichen Hand auch das Allgemeininteresse an einer wirkungsvollen, staatlichen Wirtschaftsförderung durch Subventionen genannt[376]. Durch § 265 StGB soll neben dem Vermögen der Versicherungsgesellschaften nach herrschender Meinung auch die dem allgemeinen Nutzen dienende soziale Leistungsfähigkeit des Versicherungswesens im Bereich der Feuer- und Schiffsunfallversicherung geschützt werden[377]. Für § 265b StGB wird angenommen, daß neben dem Vermögen des Kreditgebers auch die Funktionstüchtigkeit des Kreditwesens geschützt wird[378]. Da bei diesen Vorschriften auch überindividuelle Rechtsgüter geschützt werden, soll dies im Rahmen von § 264a StGB auch möglich sein.

Gegen die Annahme der Funktionsfähigkeit des Kapitalmarkts als geschütztes Rechtsgut von § 264a StGB sprechen jedoch gewichtige Argumente. Zunächst erscheint die alleinige Bestimmung eines Rechtsguts anhand von Gesetzgebungsmaterialien sehr fraglich, da die Qualität des Rechtsguts und die daraus zu ersehende Rechtsanwendung eine rein politische Frage wäre, und darüber hinaus der Regierungsentwurf keinerlei Gesetzesqualität besitzt. Der Annahme, daß überpersonelle Rechtsgüter dem Anlegerschutz dienlich seien, ist zu entgegnen, daß gerade die strafrechtliche Schutzwürdigkeit bestimmter Teilbereiche der Volkswirtschaft nicht überzeugend dargelegt wurden[379]. Die Aussagekraft empirischer Studien hinsichtlich präventiver Wirkung von Strafnormen kommt lediglich einer gewagten Schätzung gleich. Die geringe Anzahl von Anklageerhebungen und Verurteilungen auf der Rechtsgrundlage von § 264a StGB verdeutlicht gerade nicht dessen präventive Wirkung, sondern zeigt vielmehr, daß Gesetzgebung auch ein Mittel populistischer Kriminalpolitik sein kann. Insofern ist auch eine Bezugnahme auf die oben genannten Normen abzulehnen. Bezüglich des Arguments, daß ein „größerer Kreis von Personen" auf ein überindividuelles Rechtsgut hinweist, stellt sich zum einen die Frage, ob hierdurch kein Individualvermögen betroffen ist, wenn mehrere Personen einen Vermögensschaden erleiden und zum anderen, ob durch dieses Merkmal nicht eine Art tatbestandsmäßiges Korrektiv zur Unrechtskalibrierung der im übrigen zum Betrug stark ausgedünnten Voraussetzungen sein könnte[380]. Die Annahme,

---

[374] *Cerny, J.*, Kapitalanlagebetrug, in: MDR 1987, 272,; *Martin S.*, Criminal Securities, S. 173.

[375] *Cerny, J.*, Kapitalanlagebetrug, in: MDR 1987, 272.

[376] *Schönke/Schröder-Lenckner*, § 264, Rn 4; *Cerny, J.*, Kapitalanlagebetrug, in: MDR 1987, 272.

[377] BGHSt 11, 398; 25, 261; *Schönke/Schröder-Lenckner*, § 265, Rn 1; *Cerny, J.*, Kapitalanlagebetrug, in: MDR 1987, 272.

[378] BT – Drucks. 7/5291, S. 14; *Schönke/Schröder-Lenckner*, § 265b, Rn 3.

[379] *Schlüchter, E.*, 2. WiKG, S. 7.

[380] *Jacobs, Ch.*, Kapitalanlagebetrug, S. 28.

§ 264a StGB schütze Teilbereiche des Wirtschaftsverkehrs und sei deshalb als „Sozialrechtsgut“[381] anerkannt, ist verfehlt, da das Strafrecht die Funktionsfähigkeit des Kapitalmarkts nur insoweit schützt, wie Fehlallokationen des Kapitals verhindert werden sollen, die zu einem Vermögensschaden führen[382]. So es denn einen Funktionenschutz geben kann, läßt sich dieser nur über den Individualschutz realisieren und ist somit als Rechtsgut abzulehnen. Die abstrakte Definition eines Rechtsguts, dessen Schädigung nicht feststellbar ist, ist mit der Funktion von konkretem Rechtsgüterschutz nicht in Einklang zu bringen, da unter das „Rechtsgut“ der „Funktionsfähigkeit des Kapitalmarkts“ fast alles zu subsumieren ist, was einen kapitalmarktrechtlichen Bezug aufweist. Da das Rechtsgut zur Auslegung des Tatbestands herangezogen werden soll und deshalb möglichst präzise den objektivierten Normzweck beschreiben soll, um im Rahmen der Auslegung unterstützend zu dienen, ist die Funktionsfähigkeit des Kapitalmarkts als zu schützendes Rechtsgut eines Straftatbestands abzulehnen.

3. Vermögen der Anleger

Die Frage, ob das Individualvermögen als Rechtsgut des Kapitalanlagebetrugs geschützt ist, wird in der Regel von der Literatur und dem Gesetzgeber einstimmig bejaht. Die Diskussion bewegt sich zumeist um die Einstufung, ob das Individualvermögen als primäres oder sekundäres Rechtsgut von § 264a StGB geschützt wird. Teilweise wird die Funktionsfähigkeit des Kapitalmarkts ebenso wie die individuellen Vermögensinteressen von Kapitalanlegern als geschütztes Rechtsgut betrachtet[383], teilweise wird die Funktionsfähigkeit des Kapitalmarkts auch nur als ein vom Individualvermögensschutz ausgehender Schutzreflex bezeichnet[384]. Richtigerweise muß man aber davon ausgehen, daß es sich bei dem zu schützenden Rechtsgut von § 264a StGB einzig und allein um das Vermögen handelt.

Der Kapitalanlagebetrug ist tatbestandlich gesehen ein „kupierter“ Betrug, bei dem bereits der Moment der Täuschung für die Erfüllung des objektiven Tatbestands genügt. Die verminderten Anforderungen zur Verwirklichung des Delikts ziehen sich bei § 264a StGB durch die gesamte Vorschrift. Im Vergleich zu § 263 StGB wurde auch auf ein weiteres subjektives Unrechtselement in Form der Bereicherungsabsicht verzichtet. Obwohl es sich bei dieser rein präventiven Vorschrift um ein abstraktes Gefährdungsdelikt handelt, bei dem ein

---

[381] *Martin, S.*, Criminal Securities, S. 174.

[382] *Worms, A.*, Anlegerschutz durch Strafrecht, S. 315.

[383] BT-Drucks. 10/318, S. 22; *Schönke/Schröder-Cramer*, § 264a, Rn 1; *Tröndle*, § 264a StGB, Rn 4; *Weber, U.*, Das 2. WiKG, in: NStZ 1986, 486.

[384] *SK-Samson*, § 264a StGB, Rn 7; *Worms, A.*, Anlegerschutz durch Strafrecht, S. 312, *Joecks, W.*, Anleger- und Verbraucherschutz, in: wistra 1986, 144.

Schadenseintritt nicht erforderlich ist[385], liegt der Vergleich zu dem allgemeinen Betrugstatbestand des § 263 StGB nahe. Auch beim Betrugstatbestand könnte man die Zielsetzung des Gesetzgebers darin sehen, das Vertrauen in den Wirtschaftsverkehr zu sichern, indem das Vermögen geschützt wird. Die Definition des Rechtsgutes von § 263 StGB als Vermögen um den Begriff des Vertrauens in den Wirtschaftsverkehr zu erweitern, wäre aber im Rahmen der Auslegung der Norm zu weitreichend und unbestimmt. Ebenso kann es kein Rechtsgut geben, das wie bei § 264a StGB das Vertrauen in einen funktionsfähigen Kapitalmarkt schützt. Da es im Rahmen von § 263 StGB unbestritten ist, daß das geschützte Rechtsgut das Individualvermögen ist, kann sich bei einem Tatbestand im Vorfeld des Betrugs kein anderes Rechtsgut ergeben[386]. Auch spricht aus dogmatischer Sicht die Anwendung der legaldefinierten Rücktrittsregel in § 264a Abs. 3 StGB für das Vermögen als geschütztes Rechtsgut. Die Rücktrittsregel des § 264a StGB stellt darauf ab, ob die durch den Erwerb der Wertpapiere bedingte Leistung verhindert wird. Die Leistung besteht in der Bezahlung der Wertpapiere, also strafrechtlich gesehen in der Vermögensverfügung des Opfers. Ausgangspunkt zur Erlangung der Straflosigkeit ist folglich die Verhinderung der Vermögensverfügung, was auf das Vermögen als alleiniges Rechtsgut der Norm hinweist.

Ferner spricht für die Annahme des Individualvermögens als geschütztes Rechtsgut von § 264a StGB vor allem der Begriff der Kapitalanlage. Semantisch ausgelegt steht bei jeder Kapitalanlage das Vermögen im Mittelpunkt. Es geht bei Kapitalanlagen sogar um Vermögen in seiner reinsten Form[387]. Zwar bedarf es im Rahmen des Tatbestands von § 264a StGB keines unmittelbaren Vermögensschadens, jedoch zielt der Schutz vor täuschungsbedingten Investitionen in Kapitalanlagen direkt auf das Individualvermögen ab, da bereits die Gefährdung der Vermögensinteressen von Anlegern unter bestimmten Voraussetzungen pönalisiert wird [388]. Dies geschieht, indem bereits bei Zugang der fehlerhaften Prospekte beim Anleger, d.h. im Zeitpunkt der formellen Vollendung des Delikts, das Vermögen gefährdet ist. Für die Auslegung der unbestimmten Tatbestandsmerkmale bietet die Annahme des Individualvermögens als geschütztes Rechtsgut von § 264a StGB somit einen präzisen Maßstab. Relativiert wird der Rechtsgutbegriff deshalb, weil er mit dem Vermögen als Schutzgut sehr allgemein gehalten ist und sich in dieser Hinsicht nicht von § 263 StGB unterscheidet. Präziser zu fassen wäre das von § 264a StGB zu schützende Rechtsgut als das Vermögen potentieller Kapitalanleger[389]. Dieses Rechtsgut wäre zwar ebenfalls als eine Teilmenge des Rechtsguts Vermögen im Sinne von § 263 StGB erfaßt, läßt sich jedoch als sehr

[385] *Albrecht, P.-A.*, Erosionen des rechtsstaatlichen Strafrechts, in: KritV 1999, 168; *Joecks, W.*, Anleger- und Verbraucherschutz, in: wistra 1986, 143.
[386] *Jacobi, Ch.*, Kapitalanlagebetrug, S. 25; *Martin, S.*, Criminal Securities, S. 172.
[387] *Worms, A.*, Anlegerschutz durch Strafrecht, S. 312.
[388] *Schönke/Schröder-Cramer*, § 264a, Rn 1; *Tröndle*, § 264a, Rn 3.
[389] Vgl. *Jacobi, Ch.*, Kapitalanlagebetrug, S. 51.

genaue Bestimmung des Rechtsguts bezeichnen und ist deshalb, auch im Hinblick auf die Bestimmung der unbestimmten Tatbestandsmerkmale, vorzugswürdig und als einziges Rechtsgut von § 264a StGB anzusehen.

III. Sachlicher Anwendungsbereich des § 264 a StGB

Der Tatbestand des Kapitalanlagebetrugs gemäß § 264a StGB legt die von der Norm geschützten Kapitalanlagen enumerativ fest. Hierzu zählen nach § 264a Abs. 1 Nr. 1 StGB neben Wertpapieren auch Bezugsrechte und Anteile, die eine Beteiligung an dem Ergebnis eines Unternehmens gewähren, und gemäß § 264a Abs. 1 Nr. 2 StGB die entsprechenden Erhöhungsangebote auf die bezeichneten Kapitalanlagen[390].

Der Anwendungsbereich von § 264a StGB ist in vielerlei Hinsicht umstritten[391]. Die vorliegende Arbeit beschränkt sich in der Untersuchung des Kapitalanlagebetrugs auf die Aktienemission, den IPO.

1. Wertpapiere

Für die Untersuchung des Anwendungsbereichs von § 264a StGB bezogen auf den Emissionsvorgang der Aktie ist lediglich der Begriff des Wertpapiers von Bedeutung. Hierbei handelt es sich um Urkunden, die ein Privatrecht in der Weise verbriefen, daß es ohne diese Urkunde nicht geltend gemacht werden kann[392]. Ein Rückgriff auf den Katalog des § 8 Kapitalanlagegesetz (KAAG), die Kommentierung zu § 1 Auslandsinvestmentgesetz (AuslInvestmG) oder § 1 Abs. 1 S. 1 Depotgesetz (DepotG) ist zur Definition eines Wertpapiers nicht notwendig, da die Aktie nach § 151 Abs. 1 Nr. 2 StGB zweifellos unter den Begriff des Wertpapiers in § 264a StGB zu subsumieren ist[393], und somit die Emission der Aktie vom strafrechtlichen Schutz des § 264a StGB umfaßt ist[394].

---

[390] Vgl. im einzelnen SK-*Samson/Günther*, § 264a, Rn. 8 ff.; Schönke/Schröder-*Lenckner*, § 264a, Rn. 4ff.; LK-*Tiedemann*, § 264a, Rn. 18 ff.

[391] Vgl. *Albrecht, P.-A.*, Erosionen des rechtsstaatlichen Strafrechts, in: KritV 1993, 169; *Jacobi,C.* Kapitalanlagebetrug, S. 53.

[392] *Pabst, G.*, Rechtliche Risiken beim Vertrieb von Kapitalanlagen, S. 32; *Joecks, W.*, Anleger- und Verbraucherschutz, S. 144; *Worms, A.*, Anlageschwindel, in: wistra 1987, 247.

[393] *Worms, A.*, Anlegerschutz durch Strafrecht, S. 319; *Joecks, W.*, Anleger- und Verbraucherschutz, in: wistra 1986, 144; *Schröder, Ch.*, Aktienhandel und Strafrecht, S. 5.

[394] Zur Diskussion um die fehlende Legaldefinition des Wertpapierbegriffs in der diesbezüglichen Bundestags- Drucksache zu § 264a StGB vgl. BT – Dr. 10 / 318, S. 22 und *Knauth, A.*, Kapitalanlagebetrug und Börsendelikte, in: NJW 1987, 29.

2. Optionsscheine

Hinsichtlich der Problematik, ob auch Options- und Termingeschäfte vom Tatbestand des § 264a StGB erfaßt werden, bezieht sich die vorliegende Untersuchung nur auf wertpapiermäßig verbriefte Termingeschäfte, in Form von Optionsscheinen[395]. Diese Form der Kapitalanlagen werden unter das Tatbestandsmerkmal „Wertpapier" subsumiert und sind deshalb im Gegensatz zu nicht verbrieften Arten von Termin- und Optionsgeschäften vom Anwendungsbereich des Kapitalanlagebetrugs mitumfaßt[396].

IV. Tathandlung

Die Tathandlung des Kapitalanlagebetrugs besteht in der Täuschung der präsumtiven Anleger durch unrichtige vorteilhafte Angaben oder durch Verschweigen nachteiliger Tatsachen, die für die Anlageentscheidung erheblich sind[397]. Hierbei setzen beide Alternativen voraus, daß die Täuschung im Zusammenhang mit dem Vertrieb mit den unter § 264a StGB genannten Kapitalanlagen gegenüber einem größeren Kreis von Personen erfolgt. Das Delikt ist bereits zu dem Zeitpunkt vollendet, wenn der Täter die unrichtigen Angaben gemacht hat. Die Täuschung eines individuellen Anlegers oder eine Irrtumserregung ist ebenso wenig erforderlich wie ein Schadenseintritt[398]. § 264a StGB ist damit ein abstraktes Vermögensgefährdungsdelikt[399].

1. Unrichtige vorteilhafte Angaben (§ 264a Abs. 1 1. Alt. StGB)

Bei der 1. Tatbestandsalternative des § 264a Abs. 1 StGB handelt es sich um ein Begehungsdelikt. Die Täuschungshandlung in § 264a StGB besteht in dem „Machen unrichtiger vorteilhafter Angaben".

a) Angaben im Sinne von § 264a StGB

Der Begriff der Angaben in § 264a StGB entspricht entgegen der einhelligen Ansicht in der Literatur dem Tatsachenbegriff in § 263 StGB. Eine darüber hinausgehende Auslegung verstößt gegen Art. 103 Abs. 2 GG und ist somit als nicht verfassungskonform abzulehnen. Der Tatsachenbegriff bezieht sich auf denjenigen des § 263 StGB, d.h. alle konkreten vergangenen oder gegenwärtigen Geschehnisse oder Zustände der Außenwelt und des

---

[395] Die gängige Terminologie hierfür lautet *Warrants*.

[396] *Jacobi, Ch.*, Kapitalanlagebetrug, S. 55.

[397] *Worms, A.*, Anlageschwindel- § 264a, in: wistra 1987, 271.

[398] *Tröndle/Fischer*, § 264a, Rn. 3; *Tischler, W.*, Freiheit und soziale Bindung im Wirtschaftsrecht, in: Jura 1988, 125.

[399] *Petersen, H.*, Der Schutz des Kapitalmarktes, in: Gropp, W., Wirtschaftskriminalität und Wirtschaftstrafrecht, S. 120.

menschlichen Innenlebens[400]. Hiernach fallen auch Bewertungen unter den Begriff der Angaben, soweit sie nicht erkennbar als bloße Meinungsäußerung oder Werturteile ohne jeglichen Tatsachenkern abgegeben werden[401]. Einschränkend hierzu ist bei dem Begriff der Angaben im Sinne von § 264a StGB zu fordern, daß es sich um kapitalanlageentscheidungserhebliche Tatsachen handelt[402]. Prognosen über die zukünftige Entwicklung eines Aktienkurses oder unsubstantiierte Entwicklungspotentiale über das Unternehmen fallen nicht unter den Begriff der Angaben im Sinne von § 264a StGB. Dies gilt auch dann nicht, wenn sie einem Tatsachenkern entlehnt sind[403]. Zukünftige Tatsachen und reine Werturteile sind vom Angabenbegriff ebenfalls nicht erfaßt[404]. Gegen eine autonome Definition der Angabe und für die Kopplung des Angabenbegriffs an den Tatsachenbegriff im Sinne von § 263 StGB spricht auch die Formulierung in der Unterlassensalternative des § 264a StGB. Hierin wird der Tatsachenbegriff ausdrücklich genannt. Der vom Bundesverfassungsgericht bereits sehr weit gefaßte Tatsachenbegriff in § 263 StGB erscheint verfassungsrechtlich am äußeren Rand des zulässigen Normbereichs. Eine darüber hinausgehende Definition ist zu unbestimmt, um dem Grundsatz aus Art. 103 Abs. 2 GG zu genügen.

Die Behauptung, der Begriff der Angaben in § 264a StGB sei weitergehend als der Tatsachenbegriff in § 263 StGB, ist aufgrund des Deliktscharakters der Norm abzulehnen. Es ist unumstritten, daß es sich bei § 264a StGB um ein kupiertes Betrugsdelikt handelt. Demnach kann schon begrifflich ein gekürztes Delikt nicht weitergehend sein als das Grunddelikt. Die Auslegung, daß der Angabenbegriff, wie in § 265b StGB weiter gehen soll als der Tatsachenbegriff in § 263 StGB, das Verschweigen sich jedoch genau auf den Tatsachenbegriff des § 263 StGB bezieht[405], ist abzulehnen. Wenn der Angabenbegriff nicht nur Tatsachen, sondern auch Werturteile, Meinungsäußerungen und Prognosen erfaßt[406], wird der Anwendungsbereich des § 264a StGB uferlos. Hiermit wären schlichtweg alle Äußerungen, die hinsichtlich eines Wertpapiers gemacht werden, vom Angabenbegriff umfaßt. Da im Rahmen einer Prognose über zukünftige Geschäftsentwicklungen immer eine hohe Unsicherheit bezüglich des tatsächlichen Eintritts dieser Entwicklungen besteht, wäre eine Geschäftsprognose grundsätzlich mit dem Risiko kriminellen Handelns verbunden. Diese Auslegung geht zu weit, da eine Vorhersehbarkeit der Strafbarkeit nicht möglich ist.

---

400 *Schönke/Schröder-Cramer*, § 263, Rn 8.
401 *Otto, H.*, Strafrechtliche Aspekte der Anlageberatung, in: WM 1988, 737.
402 *Cerny, J.*, Kapitalanlagebetrug, in: MDR 1987, 276.
403 A.A. *Otto, H.*, Strafrechtliche Aspekte der Anlageberatung, in: WM 1988, 737.
404 A.A. *SK-Samson*, § 264a, Rn 32.
405 A.A. *Schönke/Schröder-Cramer*, § 264a, Rn 24, 27; *Tröndle/Fischer*, § 264a, Rn 10, 11; *LK-Tiedemann*, § 264a, Rn 53.
406 A.A. LK-*Tiedemann*, § 264a, Rn. 53.

b) Unrichtigkeit und Vorteilhaftigkeit der Angaben

Als unrichtig im Sinne von § 264a StGB werden Angaben bezeichnet, die nicht vorhandene Umstände als vorhanden und vorhandene Umstände als nicht vorhanden bezeichnen[407]. Die Unrichtigkeit der Tatsache läßt sich also durch einen Vergleich zwischen Behauptung und realem Umstand feststellen[408]. Vorteilhaft sind Angaben, wenn sie geeignet sind, die konkreten Aussichten für eine positive Anlageentscheidung zu verbessern[409]. Ab welchem Punkt diese Verbesserung der konkreten Aussichten für eine positive Anlageentscheidung vorliegt, hängt auch hier vom individuellen Betrachter ab. Deshalb wird die Definition mit dem Maßstab und Urteil eines verständigen durchschnittlichen Anlegers kombiniert. Eine größere Rechtssicherheit ist auch hierdurch nicht zu erreichen, da ein verständiger durchschnittlicher Anleger, soweit es nicht um die Möglichkeit geht, einen Totalverlust zu erleiden, entsprechend dem wirtschaftlichen Umfeld entscheiden wird.

2. Verschweigen nachteiliger Tatsachen nach § 264a Abs. 1 2. Alt. StGB

Das Verschweigen nachteiliger Tatsachen liegt in der Unterdrückung von Tatsachen, deren Kenntnis geeignet wäre, den eventuellen Interessenten von der Entscheidung für die Anlage abzuhalten[410]. Hierdurch wird die Pflicht statuiert, sämtliche nachteiligen Tatsachen hinsichtlich der Kapitalanlage zu offenbaren[411]. Dabei gilt einzig und allein der enge Tatsachenbegriff des § 263 StGB, so daß Werturteile und Prognosen nicht unter den Schutzbereich der Vorschrift fallen[412]. Dementsprechend ist dieser Maßstab auch auf die Begehungsalternative durch aktives Tun anzuwenden. Deshalb ist die Nichterwähnung negativer, auf Werturteilen beruhender Gutachten oder allgemein ungünstiger Wirtschaftsfaktoren nicht tatbestandsmäßig[413]. Maßgebend für diese Beurteilung ist, wie im Rahmen der vorteilhaften Angaben, eine objektive ex-ante Betrachtung[414]. Es handelt sich hierbei um ein echtes Unterlassungsdelikt, das dem Täter unabhängig von außerstrafrechtlichen Offenbarungs- und Mitteilungspflichten eine tatbestandliche Aufklärungspflicht auferlegt[415].

---

407 BT-Drucks. 10/318, S. 24; *Tröndle/Fischer*, § 264a, Rn 10.
408 *Jacobi, Ch.*, Kapitalanlagebetrug, S. 66.
409 *Petersen, H.*, Der Schutz des Kapitalmarktes, in: Gropp, W., Wirtschaftskriminalität und Wirtschaftsstrafrecht, S. 121; *Otto, H.*, Strafrechtliche Aspekte der Anlageberatung, in: WM 1988, 738.
410 *Otto, H.*, Strafrechtliche Aspekte der Anlageberatung, in: WM 1988, 738.
411 *Joecks, W.*, Anleger- und Verbraucherschutz, in: wistra 1986, 145.
412 Schönke/Schroeder-*Cramer*, § 264a StGB, Rn. 14.
413 LK-*Tiedemann*, § 264a, Rn. 63.
414 *Cerny, J.*, Kapitalanlagebetrug, in: MDR 1987, 276.
415 *Park, T.*, Börsenstrafrechtliche Risiken, in: BB 2001, 2074.

Vergleichend betrachtet reicht im Rahmen der Wirtschaftsstrafdelikte die Unterlassensstrafbarkeit beim Kapitalanlagebetrug weiter als beim Subventionsbetrug, denn im Gegensatz zu § 264 Abs. 1 Nr. 2 StGB, der ein Verschweigen entgegen Rechtsvorschriften verlangt, wird in § 264 a Abs. 1 und Abs. 2 StGB das einfache Verschweigen nachteiliger Tatsachen unter Strafe gestellt, wodurch der Tatbestand an Bestimmtheit verliert[416]. Hinzu kommt die begriffliche Schwierigkeit, was als nachteilig angesehen wird. Zum einen soll dem Anleger hierdurch ein ausgewogenes Bild über die Kapitalanlage vermittelt werden, zum anderen wird davon ausgegangen, daß § 264 a StGB nicht sicherstellen kann, daß alle investitionserheblichen Tatsachen mitgeteilt werden[417]. Die Abgrenzung, was im Einzelfall als nachteilig angesehen wird, verdeutlicht die verfassungsrechtliche Bedenklichkeit der zu unbestimmten Norm. In diesem Kontext ist auch der Vergleich zum allgemeinen Betrugstatbestand zu sehen. Die Unterlassensstrafbarkeit bei § 264a StGB geht über die Haftung des allgemeinen Betrugstatbestands hinaus, da keinerlei Garantenpflicht gefordert wird. Somit ist die strafrechtliche Verantwortung des Gefährdungstäters weiter gefaßt, als die des Verletzungstäters !

3. Erheblichkeit der Umstände

Die Tathandlung des Kapitalanlagebetrugs bezieht sich auf Umstände, die für die Entscheidung des Anlegers über die Kapitalinvestition erheblich sind. Was unter „erheblich" im Sinne von § 264a StGB zu verstehen ist, erscheint jedoch unklar. Eine Legaldefinition im Gesetz oder ein genauer Auslegungsmaßstab des Erheblichkeitsbegriffs ist in den Erläuterungen zum Gesetzestext nicht festgelegt. Ebenso wird eine präzise Definition dessen, was hierunter zu verstehen ist, in der Literatur nicht einheitlich formuliert.

Die Unsicherheit im Umgang mit dem Begriff der Erheblichkeit wird auch daran deutlich, daß teilweise versucht wird, in der Form einer Negativabgrenzung eine Präzisierung herbeizuführen. Danach sollen Umstände unerheblich sein, die den Wert der Anlage nicht berühren[418]. Als erheblich im Sinne von § 264a StGB können deshalb nur diejenigen Umstände angesehen werden, die den Wert der Anlage im Anlagezeitpunkt betreffen[419]. Hierunter fallen Angaben, die den Wert, die Chancen und die Risiken der Kapitalanlage berühren[420]. In Anlehnung an den Erheblichkeitsbegriff in § 265b StGB soll darauf abzustellen sein, ob die Angaben nach dem Urteil eines „verständigen, durchschnittlich vorsichtigen"

---

416 *Weber, U.*, Das 2. WiKG, in: NStZ 1986, 485.
417 Sch/Sch-Cramer, § 264a, Rn. 28, 29.
418 *Schönke/Schröder-Cramer*, § 264a, Rn 30; *Cerny, J.*, Kapitalanlagebetrug, in: MDR 1987, 277.
419 *Martin, S.*, Criminal Securities, S. 172.
420 *Otto, H.*, Strafrechtliche Aspekte der Anlageberatung, in: WM 1988, 738.

Anlegers für die wertmäßige Einschätzung maßgeblich sind[421]. Eine präzise Feststellung, was für den Anleger erheblich ist, dem engen Maßstab von Art. 103 Abs. 2 GG entspricht und einen konkreten Bezug zum geschützten Rechtsgut aufweist, läßt sich anhand der bisherigen Umschreibungen allerdings nicht vornehmen. So kann z. B. nicht davon ausgegangen werden, daß jede unrichtige Angabe erheblich sein soll, da die Unrichtigkeit der Angabe die Entscheidung beeinflussen soll[422]. Wäre dies der Fall, so würde die Beurteilung eines Emissionsprospektes den Erheblichkeitsbegriff, und somit auch den strafrechtlichen Vorwurf, ebenso auf objektiv entscheidungsirrelevante Angaben beziehen. Der staatlichen Willkür und dem schwer kontrollierbaren Verhalten der Ermittlungsbehörden mit den subjektiven Einschätzungen der Staatsanwaltschaft wären hiermit alle Entscheidungsmöglichkeiten in die Hand gegeben. Um diese Problematik zu umgehen, könnte man eine Objektivierung der Erheblichkeit fordern, indem der Umstand den reellen Gesamtwert der Kapitalanlage derart reduzieren müsse, daß ein Erwerb der wirtschaftlichen Vernunft widerspreche[423]. Diese, an dem Begriff des Vermögensschadens im Sinne eines Eingehungsbetrugs nach § 263 StGB orientierte Auslegung, bezieht sich auf den Wert der Aktie im Zeitpunkt ihrer Emission. Von den genannten Argumenten erscheint diese Lösung vorzugswürdig; im Hinblick auf Art. 103 Abs. 2 GG vermag jedoch auch sie kein befriedigendes Ergebnis zu erbringen, da auch hier nicht auf interpretatorische Begriffe wie die „wirtschaftliche Vernunft“ verzichtet werden kann.

Im Hinblick auf die zu § 265b StGB ergangene Entscheidung des Bundesgerichtshofs für Strafsachen[424] stellt sich die Frage, ob man einen Anleger, der Aktien des Marktsegments „Neuer Markt“ oder an dem US-amerikanischen Äquivalent „Nasdaq“ zeichnet oder kauft, überhaupt als „verständigen, durchschnittlich vorsichtigen Anleger“ bezeichnen kann, da die genannten Segmente als hochspekulativ zu beurteilen sind. Ein „verständiger, durchschnittlich vorsichtiger Anleger“ würde vielmehr ein Sparkonto bevorzugen oder sein Geld in festverzinsliche Anlagen, wie z.B. Bundesschatzbriefe investieren. Eine Konkretisierung des Erheblichkeitsbegriffs anhand eines verständigen, durchschnittlich vorsichtigen Anlegers ist deshalb in diesen Segmenten verfehlt.

Im Regierungsentwurf zu § 264a StGB wird davon ausgegangen, daß zur Konkretisierung des Erheblichkeitsbegriffs im Kapitalanlagebetrug auf die zivilrechtliche Rechtsprechung zur Prospekthaftung und den in der

[421] BGHSt 30, 292; *Tröndle/Fischer*, § 264a , Rn 12; *Schönke/Schröder-Cramer*, § 264a, Rn 32; a. A. *SK-Samson*, § 264a, Rn 40.

[422] A.A. *LK-Tiedemann*,§ 264a, Rn 24; *Otto, H.*, Strafrechtliche Aspekte der Anlageberatung, in: WM 1988, 738.

[423] *SK-Samson*, § 264a, Rn 47.

[424] BGHSt 30, 292.

Anlageberatungspraxis entwickelten Mindestinhalten in den sogenannten Fachkatalogen und Checklisten sowie der Prospektpflichten abgestellt wird[425].

a) Prospektpflicht Neuer Markt

Aufgrund der Tatsache, daß die Aktien im eigenständigen Handelssegment Neuer Markt gehandelt, aber zum Geregelten Markt zugelassen wurden (Abschnitt 2 Punkt 2.3 des Regelwerks Neuer Markt), bezieht sich die Prospektpflicht auf die Vorschriften zum Handelssegment Geregelter Markt gemäß § 49 f. BörsG in Verbindung mit dem privatrechtlichen Regelwerk Neuer Markt und § 65 Frankfurter-Wertpapier-Börsenordnung (BörsO FWB).

Die Zulassungsvoraussetzungen für den geregelten Markt sind in § 51 BörsG normiert. Nach § 51 Abs. 1 Nr. 2 BörsG bzw. § 73 Abs. 1 Nr. 2 BörsG a.F. muß dem Zulassungsantrag ein vom Emittenten unterschriebener Unternehmensbericht zur Veröffentlichung beigefügt werden, der Angaben über den Emittenten und die Wertpapiere enthält, die notwendig sind, um dem Publikum ein zutreffendes Urteil über den Emittenten und die Wertpapiere zu ermöglichen. Der Unternehmensbericht weicht zwar von der Begrifflichkeit des Prospekts im Börsengesetz ab, fällt aber als Schriftstück, das zum Zwecke der Information oder Werbung die für die Beurteilung der Kapitalanlage erheblichen Angaben enthält oder zumindest den Eindruck eines solchen Inhalts erwecken soll[426] unter den weiten Prospektbegriff des § 264a StGB. Selbst wenn man den Begriff des Prospekts in § 264a StGB eng an den Prospektbegriff in § 30 Abs. 3 Nr. 2 BörsG bzw. § 36 Abs. 3 Nr. 2 in Verbindung mit § 38 BörsG a.F. gebunden sieht, so wird man zu dem Ergebnis kommen, daß der Unternehmensbericht gemäß § 51 Abs. 1 Nr. 2 BörsG bzw. § 73 Abs. 1 Nr. 2 BörsG a.F. als Darstellung unter § 264a StGB zu subsumieren ist. Demnach könnte der Erheblichkeitsbegriff in § 264a StGB durch die Prospektpflichten für die Zulassung zum Segment Neuer Markt konkretisiert werden.

Aus dem Regelwerk Neuer Markt ergeben sich u.a. folgende Prospektpflichten für den Emittenten, die unter Abschnitt 2, Punkt 4.1 normiert sind:

Generell muß der Emissionsprospekt über die tatsächlichen und rechtlichen Verhältnisse, die für die Beurteilung der angebotenen Aktien notwendig sind, Auskunft geben, tatsächlich zutreffend und vollständig sein. Der Emissionsprospekt muß Angaben über Personen oder Gesellschaften, die für den

---

425 BT-Drucks. 10/5058, S. 31; vgl. hierzu auch *Gäbhard, B.*, Wesentliche Umstände beim Kapitalanlagebetrug, S. 24 ff. .

426 BT-Drucks. 10/318, S. 23; *Tröndle,* § 264a , Rn 9; SK-*Samson*, § 264a, Rn 23; LK-*Tiedemann*, § 264a, Rn 35; *Joecks, W.*, Anleger- und Verbraucherschutz, in: wistra 1986, 144; *Cerny, J.*, Kapitalanlagebetrug, in: MDR 1987, 274; *Möhrenschlager, M.*, RegEntw. 2. WiKG, in: wistra 1982, 206.

Inhalt des Emissionsprospekts Verantwortung übernehmen, enthalten[427]. Über den Emittenten müssen sich die Angaben über die Firma, Sitz, Hauptverwaltung, Geschäftsjahr, Gründungsdatum und –dauer, die maßgebliche Rechtsordnung und Rechtsform, der im Gesellschaftsvertrag bestimmte Gegenstand des Unternehmens und das Registergericht aus dem Emissionsprospekt entnehmen lassen[428]. Bezüglich der Geschäftstätigkeit des Emittenten sind die wichtigsten Tätigkeitsbereiche unter Angabe der wichtigsten Arten der Erzeugnisse und Dienstleistungen anzugeben, sowie die Umsatzerlöse im Sinne der für die Rechnungslegung geltenden handelsrechtlichen Vorschriften für die letzten drei Geschäftsjahre[429]. Der Emissionsprospekt muß nach internationalen Standards mit allen Angaben versehen sein, die für die Beurteilung des Emittenten und der Wertpapiere notwendig sind, inklusive der Bilanzen, Gewinn- und Verlustrechnungen und des Anhangs sowie des Lageberichts des letzten Geschäftsjahres bzw. seit Bestehen des Unternehmens, der Rechnungslegung nach dem HGB (wenn rechtlich maßgeblich), der International Accounting Standards (IAS) oder der United Staates Generally Accepted Accounting Principles (US-GAAP)[430]. Ferner muß der Emissionsprospekt Angaben über die Vermögens-, Finanz- und Ertragslage des Emittenten enthalten[431]. In einem gesonderten Abschnitt sind die Risikofaktoren aufzuführen, die einen erheblichen negativen Einfluß auf die wirtschaftliche Lage des Emittenten haben oder dessen Geschäftserfolg gefährden können[432].

Anhand dieser sehr präzisen Angaben könnte man annehmen, daß sich der Erheblichkeitsbegriff in § 264a StGB mit dem Bestimmtheitsgebot sehr wohl in verfassungsrechtlichen Einklang bringen lassen könnte. Dies würde allerdings bedeuten, daß die Anforderungen an den strafrechtlichen Vorwurf bezüglich des Kapitalanlagebetrugs von der Prospektpflicht abhängen und je nach Börsensegment und Zulassungsvoraussetzung verschieden wären.

Allgemein ist für eine sehr umfangreiche Prospektpflicht anzumerken, daß sie zwar detailliert Auskunft über ein Unternehmen gibt. Zur Auslegung des Erheblichkeitsmerkmals in § 264a StGB ist die Prospektpflicht, die sich mittelbar aus den Börsenordnungen der einzelnen Bundesländer ergibt, aber untauglich. Die Angaben zur Auslegung des Erheblichkeitsmerkmals heranzuziehen, wäre ein evidenter Verstoß gegen Art. 103 Abs. 2 GG, da die Voraussehbarkeit und Messbarkeit einer Strafe von Verschärfungen der Zulassungspflichten am Kapitalmarkt abhängig wäre und somit durch die unterschiedlichen Börsenordnungen an den einzelnen Wertpapierbörsen im jeweiligen Bundesland verschieden wären. Deshalb dient die Prospektpflicht,

---

[427] Regelwerk Neuer Markt (RNM), Abschnitt 2, Punkt 4.1.1.
[428] RNM, Abschnitt 2, Punkt 4.1.5.
[429] RNM, Abschnitt 2, Punkt 4.1.7.
[430] RNM, Abschnitt 2, Punkt 4.1.9.
[431] RNM, Abschnitt 2, Punkt 4.1.8.
[432] RNM, Abschnitt 2, Punkt 4.1.16.

die sich mittelbar aus der BörsO ergibt, nicht zur Auslegung des Tatbestandsmerkmals der Erheblichkeit in § 264a StGB.

Für die Frankfurter Wertpapierbörse und insbesondere für die Angaben im Regelwerk Neuer Markt ist hervorzuheben, daß alle Zulassungsvoraussetzungen als „kapitalanlageerheblich" zu bezeichnen sind, jedoch unter verfassungsrechtlichen Gesichtspunkten nicht zur Auslegung des Erheblichkeitsmerkmals oder zur Ausgestaltung in Verbindung mit § 264a StGB als Blankettgesetz herangezogen werden können. Dies resultiert bereits aus dem Charakter des Regelwerks Neuer Markt als eine privatrechtliche Vereinbarung. Der Strafbarkeitsvorwurf bei Blankettgesetzen muß verfassungsrechtlich nach Art. 103 Abs. 2 GG in Verbindung mit Art. 104 Abs. 1 S.1 GG vom Gesetzgeber so deutlich bestimmt sein, daß die möglichen Fälle der Strafbarkeit schon aufgrund des Gesetzes und nicht erst aufgrund einer Rechtsverordnung vorausgesehen werden können[433]. Folglich kann sich erst recht aus einer privatrechtlichen Satzung keine Voraussetzung zur Ausgestaltung einer Blankettstrafnorm ergeben.

b) Prospektpflicht aus dem Gesetz über den Vertrieb ausländischer Investmentanteile

Für die Aktienemission könnte man darauf abstellen, den Begriff „erheblich" mit „wesentlich" gleichzusetzen. Unter dieser Prämisse liegt ein Vergleich zu § 12 Abs. 2 Auslandsinvestment-Gesetz (AuslInvestmG) nahe. Hiernach ist für ausländische Kapitalanlagen ein Verkaufsprospekt gesetzlich vorgeschrieben, der Angaben von wesentlicher Bedeutung im Sinne des § 12 Abs. 1 AuslInvestmG als diejenigen in § 3 Abs 2 Nr. 1-3 AuslInvestmG vorschreibt[434]. Hiernach sind im Verkaufsprospekt Angaben wie z.B. Name oder Firma, Rechtsform, Sitz und Eigenkapital der ausländischen Investmentgesellschaft, der Verwaltungsgesellschaft, der Vertriebsgesellschaft und der Depotbank sowie die Anschrift der Repräsentanten als wesentlich zu bezeichnen. Weiterhin enthalten sind die Angaben, welche Gegenstände für das Vermögen erworben werden dürfen, nach welchen Grundsätzen sie ausgewählt werden, ob nur zum Börsenhandel zugelassene Wertpapiere erworben werden, wie die Erträge des Vermögens verwendet werden und innerhalb welcher Grenzen ein Bankguthaben gehalten werden kann. Die hier genannten Angaben, die sich auf ausländische Kapitalanlagen beziehen, in einem enumerativen Katalog nach § 3 Abs. 2 AuslInvestmG aufzuzählen und § 264a StGB als eine Blankettvorschrift mit Bezug auf eine Aktienemission auszugestalten, wäre ein theoretischer Ansatz zur dogmatischen Lösung dieses gesetzgeberischen Dilemmas. Dieser Lösungsansatz würde sich jedoch lediglich auf ausländische Kapitalanlagen beziehen, keine weitergehende Lösung als der allgemeine Betrugstatbestand

---

[433] BVerfGE 37, 209, 41, 319; 75, 342.
[434] *Knauth, A.*, 2. WiKG, in: NJW 1987, 31.

bieten und im Hinblick auf die verfassungsrechtliche Problematik von Blankettgesetzen ebenfalls keine Lösung darstellen.

c) Zivilrechtliche Börsenprospekthaftung

Für die zivilgerichtliche Börsenprospekthaftung ergeben sich die Anforderungen aus den §§ 77, 45 ff. BörsG. a.F. beziehungsweise §§ 39, 44 BörsG. Die Bezugnahme in § 44 Abs. 1 BörsG auf wesentliche Angaben, die für die Beurteilung des Wertes erheblich sind, ist für die Konkretisierung des Erheblichkeitsbegriffs nicht tauglich, da hierbei zur Abgrenzung lediglich darauf abgestellt wird, daß die unrichtigen Angaben nicht völlig unbedeutend sind[435]. Hieraus wiederum den Anknüpfungspunkt für einen strafrechtlichen Vorwurf abzuleiten, ist ebenso wenig mit dem Bestimmtheitsgrundsatz aus Art. 103 Abs. 2 GG zu vereinbaren.

d) Erheblichkeit im Strafgesetzbuch

Untersucht man die Straftatbestände des StGB im Hinblick auf den Erheblichkeitsbegriff, so findet sich beispielsweise in folgenden Vorschriften das Tatbestandsmerkmal „erheblich“ wieder : §§ 21; 63; 64 Abs. 1; 66 Abs. 1 Nr. 3; 70 Abs. 1; 171; 184c; 188; 225; 226 Abs. 1 Nr. 3; 264 Abs. 1 Nr. 1, Nr. 3, Nr. 4; 264a Abs. 1, Abs. 2; 265b Abs. 1 Nr. 1b; 283 Abs. 1 Nr. 3; 291 Abs. 1; 314a Abs. 1 Nr. 2 und 323c StGB. Die inhaltliche Bestimmung des Erheblichkeitsbegriffs dieser 18 Straftatbestände ist sehr unterschiedlich. Die Argumentation, daß sich der generalklauselartige Erheblichkeitsbegriff je nach Deliktscharakter bzw. Sinn und Zweck der Vorschrift verändern müsse, erscheint im Hinblick auf das Bestimmtheitsgebot sehr fraglich. Zum Vergleich sollen deshalb nur die sogenannten Wirtschaftsstrafdelikte im weiteren Sinne herangezogen werden.

aa) Wucher, § 291 StGB

Der Straftatbestand des Wuchers gemäß § 291 Abs. 1 StGB setzt voraus, daß die Willensschwäche, die ausgebeutet wird, erheblich sein muß. Die Willensschwäche ist erheblich, wenn sie nicht lediglich Ausdruck einer verbreiteten Anfälligkeit gegenüber modernen Werbemethoden ist, sondern deutlich hinter der Widerstandskraft des am Geschäftsverkehr teilnehmenden Durchschnittsmenschen zurückbleibt[436]. Im Rahmen einer semantischen Auslegung könnte „erheblich“ demnach auch durch den Begriff „außerordentlich“ ersetzt werden. Eine weiterführende Klarheit und Deutlichkeit des Erheblichkeitsbegriffs in § 264a StGB ergibt sich hieraus allerdings nicht. Die Bestimmung eines solchen „Durchschnittsmenschen“ in § 291 StGB bleibt Aufgabe der Rechtsprechung.

---

[435] *Schwark, E.*, § 45 BörsG, Rn. 14.
[436] *Lackner/Kühl*, § 291, Rn 8.

bb) Bankrott, § 283 Abs. 1 Nr. 3 StGB

Die Vorschrift des § 283 Abs. 1 Nr. 3 StGB verbietet im Falle des Bankrotts die Veräußerung von auf Kredit erworbenen Waren oder Wertpapieren erheblich unter ihrem Wert. Die Erheblichkeit könnte hierbei nach dem Marktwert, d.h. dem üblichen Preis bestimmt werden[437], ob hierbei ein Verschleudern[438] oder der doppelte Preisnachlaß des inzwischen aufgehobenen Rabattgesetzes angenommen wird, ist nicht bestimmt. Eine für die Auslegung der Erheblichkeit im Sinne von § 264 a StGB hilfreiche und dem Bestimmtheitsgebot entsprechende Definition ist auch der Bankrottvorschrift nicht zu entnehmen.

cc) Subventionsbetrug, § 264 Abs. 1 Nr. 1, Nr. 3, Nr. 4 StGB

Der Erheblichkeitsbegriff in § 264 StGB beschränkt sich auf subventionserhebliche Tatsachen. Die in § 264 Abs. 1 Nr.1, Nr.3 und Nr.4 StGB genannten Handlungsalternativen müssen sich auf vom Subventionsgeber oder vom Gesetz mit hinreichender Deutlichkeit als subventionserheblich im Sinne von § 264 Abs. 8 StGB in Verbindung mit § 2 SubvG bezeichnete Tatsachen beziehen. Gemessen an Art.103 Abs. 2 GG ist dieser Erheblichkeitsbegriff der am weitestgehend bestimmte Begriff aufgrund seiner abschließenden Aufzählung in Absatz 8 der Norm. Die spezielle subventionsbedingte Ausgestaltung läßt aber eine Auslegungsanleihe für § 264a StGB nicht zu.

dd) Kreditbetrug, § 265 b StGB

§ 265 b StGB sanktioniert die Täuschung über entscheidungserhebliche Angaben im Rahmen eines Kreditantrags. Nach Rechtsprechung des Bundesgerichtshofs sind die Angaben dann erheblich, wenn sie im Falle der Unrichtigkeit und Unvollständigkeit als mögliche Ursache oder Mitursache der erstrebten Kreditentscheidung in Betracht kommen[439]. Was genau als „erheblich" bezeichnet wird, ist zweifelhaft. Ausschlaggebend ist, was nach der Art des Geschäfts im konkreten Fall von einem verständigen, durchschnittlich vorsichtigen Dritten für erforderlich gehalten wird[440]. Zwar wird diese Entscheidung zum Anlaß genommen, diesen Maßstab auch auf § 264a StGB zu übertragen; eine Konkretisierung des Begriffs der Erheblichkeit ergibt sich hieraus aber nicht.

Nach der Analyse der genannten Vorschriften kann somit festgestellt werden, daß selbst in einem Bereich vergleichbarer Delikte die im Strafgesetzbuch verankert sind und nicht den Nebenstrafgesetzen entstammen, eine einheitliche,

---

[437] *Lackner/Kühl*, § 283, Rn 14.
[438] *Tröndle/Fischer*, § 283, Rn 16.
[439] BGHSt 30, 289; *Tröndle/Fischer*, § 265b, Rn 23.
[440] BGHSt 30, 293.

auch dem Bestimmtheitsgebot angemessene Definition des Erheblichkeitsbegriffs, die auch für den Kapitalanlagebetrug zutreffend ist, nicht festgestellt werden kann.

ee) Erheblichkeit im Aktiengesetz

Da aus dem Strafgesetzbuch keine Anleihe zu entnehmen ist, mit Hilfe derer der Erheblichkeitsbegriff konkretisiert werden könnte, verbleibt die Möglichkeit, eine Auslegungshilfe aus dem Aktiengesetz zu erhalten. Zwar hat der Gesetzgeber die Vorschrift des § 264a StGB bewußt rechtsformunabhängig geschaffen, dennoch könnte durch den Schutz des IPO über § 264a StGB das Aktiengesetz eine Hilfe darstellen. Für die hier interessierenden Kapitalanlagen in Form des Aktienhandels empfiehlt sich bei der Auslegung des Erheblichkeitsmerkmals eine Orientierung an § 399 Abs. 1 AktG, der dieses Merkmal ebenfalls enthält[441]. In der Vorschrift des § 399 AktG werden Umstände als erheblich angesehen, deren Angabe das Gesetz vorschreibt oder deren Kenntnis für die Entschließung eines interessierten Beteiligten sonst von Bedeutung sein könnten[442]. Die letztere Alternative, daß als erheblich angesehen wird, was für die Entschließung eines interessierten Beteiligten von Bedeutung sein könnte, bringt unter rechtsstaatlichen Gesichtspunkten dieselbe Unsicherheit wie die bereits untersuchten Vorschriften und ist somit kein Gewinn. Die Möglichkeit, die Umstände als erheblich anzusehen, deren Angabe im Gesetz vorgeschrieben ist, scheint generell aufgrund der verbesserten Rechtssicherheit begrüßenswert. Allerdings würde dies nicht der rechtsformunabhängigen Regelung des § 264a StGB entsprechen und wäre vergleichbar mit anderen Blankettstrafgesetzen, deren Charakter sich nur schwer mit den rechtsstaatlichen Ansprüchen des Strafrechts in Einklang bringen läßt.

ff) Unbestimmtheit des Erheblichkeitsbegriffs

Mit der Einführung des § 264a StGB hat sich der Gesetzgeber für die ultima ratio in dem ihm zur Verfügung stehenden Regulierungssystem entschieden. Die Lösung besteht seiner Ansicht nach in Anlegerschutz durch Strafgesetz.

Zweifelhaft bleibt allerdings, ob der Gesetzgeber die verfassungsrechtlichen Schranken bei der Implementierung des § 264a StGB beachtet hat. Die Betrachtung des Straftatbestands des Kapitalanlagebetrugs gemäß § 264a StGB unter Berücksichtigung des Bestimmtheitsgebots aus Art. 103 Abs. 2 GG wirft ähnliche Fragen auf, wie dies bei Einführung des Kreditbetrugs gemäß § 265 b StGB, dem § 264a StGB nachgebildet ist, der Fall war[443]. Zu einer Veränderung hat dies im Rahmen der Gesetzgebung allerdings nicht geführt. Hieraus könnte man schlußfolgern, daß dementsprechend die Vorschrift verfassungskonform

---

[441] *Park, T.*, Börsenstrafrechtliche Risiken, in: BB 2001, 2075.
[442] Erbs/Kohlhaas-*Fuhrmann*, § 399 AktG, S. 115.
[443] Vgl. hierzu BGHSt 30, 285; BGH, in: NJW 1982, 775.

sein muß und somit einer Überprüfung durch das Bundesverfassungsgericht standhalten kann. Das Bundesverfassungsgericht hat aber festgelegt, daß die Verwendung von unbestimmten Rechtsbegriffen lediglich dann unbedenklich ist, wenn sich mit Hilfe anderer Vorschriften desselben Gesetzes und durch Berücksichtigung des Normenzusammenhangs eine zuverlässige Auslegung gewinnen läßt, so daß der Einzelne die Möglichkeit hat, den durch die Strafnorm geschützten Wert, sowie das Verbot bestimmter Verhaltensweisen zu erkennen und die staatliche Reaktion vorherzusehen[444]. Entscheidend ist, daß das Strafgesetz seine Aufgabe, maßgebliche Grundlage der Strafbarkeit zu sein, nur dann erfüllen kann, wenn es die pönalisierte Tat mit hinreichender Bestimmtheit umschreibt[445]. Das Gebot der Vorausberechenbarkeit des Rechts[446] ist nicht nur zur Gewährleistung gleicher Rechtsanwendung erforderlich, sondern ist ein Bestandteil der rechtsstaatlichen Mindestanforderungen des deutschen Rechtssystems[447].

Aus den Börsenzulassungsvorschriften des Neuen Marktes kann sich keine Orientierung hinsichtlich des Erheblichkeitsbegriffs ergeben, die allgemeine Geltung beanspruchen könnte. Auch ergibt sich aus § 264a StGB keine Verweisung, wodurch die Argumentation des Bundesverfassungsgerichts zu den Voraussetzungen von Blankettstrafgesetzen übertragbar wäre[448]. Anhand der vorgenommenen Versuche, den Erheblichkeitsbegriff durch wissenschaftliche Konkretisierung mit Hilfe von anderen Vorschriften, teilweise auch außerhalb des Strafgesetzbuches, mit dem Bestimmtheitsgebot in Einklang zu bringen, läßt sich erkennen, daß der Bürger bei § 264a StGB gerade nicht die Möglichkeit hat, das Verbot bestimmter Verhaltensweisen zu erkennen. Die verfassungsrechtliche Disharmonie der Vorschrift ist offensichtlich und müßte zumindest in der Wissenschaft erkannt werden, jedoch findet man nur selten kritische Stimmen. Dies verwundert um so mehr, da die Vorschrift des Kapitalanlagebetrugs keinen Einzelfall darstellt, sondern unbestimmte Rechtsbegriffe als Mittel moderner Strafgesetzgebung in vielen Strafvorschriften enthalten sind.

Im Hinblick auf das verfassungsmäßige Gebot der Bestimmtheit aus Art. 103 Abs. 2 GG stellt sich bei dieser Anzahl von unbestimmten Tatbestandsmerkmalen die Frage, warum im Wege der Normenkontrollklage über Art. 100 Abs. 1 GG dem Gesetzgeber nicht die verfassungsrechtliche Problematik der Normen aufgezeigt wird. Der Richter in Strafsachen, der sich mit der Anwendung dieser unbestimmten Rechtsbegriffe nicht im verfassungsrechtlichen Einklang bewegt, müßte diesen Mangel offen

---

[444] BVerfGE 45, 371 ff..
[445] *Cerny, J.*, § 264a StGB, in: MDR 1987, 275.
[446] BVerfGE 14, 252; 25, 285; 26, 42.
[447] BGHSt 23, 171.
[448] BVerfGE 14, 252.

ansprechen[449]. Bei genauerer Betrachtung ist allerdings festzustellen, daß die Rechtsprechung des Bundesverfassungsgerichts derartige auslegungs- und wertausfüllungsbedürftige Tatbestandsmerkmale regelmäßig zugelassen hat[450] und diese somit zu einem Element moderner Strafgesetzgebung geworden sind. Die Praktikabilität des Rechts thront über dem Verfassungsrecht !

Festzuhalten ist in jedem Falle, daß der Gesetzgeber durch die mangelnde Legaldefinition des Erheblichkeitsbegriffs sowohl Emittenten und die durch § 264a StGB potentiell tangierten Berufsgruppen, als auch Strafverfolgungsbehörden und Rechtsprechungsorgane in *erheblicher* Weise verunsichert hat.

V. Tatmodalitäten

Emission der Aktien als Vertriebshandlung

Die Emission von Aktien an der Börse ist unter den Begriff des Vertriebs im Sinne von § 264a Abs. 1 Nr. 1 StGB zu subsumieren. Hierunter fällt jede Tätigkeit im eigenen oder fremden Namen, die auf die Veräußerung von Anlagewerten gerichtet ist[451]. Die Veräußerung von Anlagewerten bezieht sich nicht auf das Angebot an einen einzelnen Aktionär, sondern ist der amtlichen Begründung entsprechend, eine auf Absatz gerichtete Tätigkeit, die sich an den Markt wendet[452]. Der Gesetzestext von § 264a StGB verdeutlicht dies, indem er den Adressaten der Prospektwerbung als „einen größeren Kreis von Personen" beschreibt. Der Grund für den Aktienemittenten, eine sogenannte Fremdemission vorzunehmen und seine Wertpapiere über Konsortialbanken zum Verkauf anzubieten, liegt in deren großen Distributionsmöglichkeiten. Die Bank kann durch die Vielzahl von Anlegern, die sie betreut, ein massenhaftes, an den Markt gerichtetes Angebot machen und somit neben den institutionellen Anlegern, wie z.B. Investmentfonds, eine breite Streuung der Aktien an Kleinanleger erreichen.

Das im Rahmen einer Erhöhung des Grundkapitals dem Aktionär gemäß § 186 AktG zustehende Bezugsrecht wurde in den Gesetzestext von § 264a Abs. 1 Nr. 1 StGB miteinbezogen, da es, solange es nicht verbrieft ist, nicht unter den Begriff des Wertpapiers fällt[453].

---

[449] Ähnlich hierzu *Winkler, H.*, Der Vermögensbegriff beim Betrug und das verfassungsrechtliche Bestimmtheitsgebot, S. 172.

[450] Vgl. BVerfGE 55, 144 (152);78, 374 (381); 83, 130 (145).

[451] *Schönke/Schröder-Cramer*, § 264a, Rn 14.

[452] BT- Drucksache 10/318, S. 24; *Worms, A.*, Anlegerschutz durch Strafrecht, S. 335.

[453] *Schönke/Schröder-Cramer*, § 264a StGB, Rn 8; BT – Drucksache 10/318, S. 22; *Worms, A.*, Anlegerschutz durch Strafrecht, S. 320; *Worms, A.*, Anlageschwindel, in: wistra 1987, 247.

Die in der Literatur sehr stark diskutierte Problematik, ob man Bauherren-, Bauträger- und Erwerbermodelle unter eine der in § 264a StGB beschriebenen Kapitalanlageformen subsumieren kann, ist für die vorliegende Untersuchung nicht von Bedeutung[454].

Tatmittel im Sinne von § 264a StGB sind Werbeträger, nämlich Prospekte, Darstellungen und Übersichten über den Vermögensstand. Dem Gesetzesentwurf entsprechend soll die Strafvorschrift des § 264a StGB insbesondere den sogenannten Prospektbetrug erfassen[455]. Eine besondere Bedeutung bezüglich der Tatmittel kommt hinsichtlich der Aktienemission seit ungefähr fünf Jahren dem Kommunikationsmedium Internet zu.

a) Prospekte als Tatmittel

Die Definition des Prospekts als Tatmittel im Sinne von § 264a StGB ist weit gefaßt. Der Begriff geht über die Bestimmung eines Informationspapiers für einzuführende Wertpapiere im Sinne von § 36 Abs. 3 Nr. 2 in Verbindung mit § 38 BörsG a.F. bzw. §§ 30 Abs. 3 Nr. 2 in Verbindung mit 32 BörsG n.F. und § 1 ff. VerkProspG hinaus[456]. Prospekt im Sinne von § 264a StGB ist nach herrschender Meinung jedes Schriftstück, das zum Zwecke der Information oder Werbung die für die Beurteilung der Kapitalanlage erheblichen Angaben enthält oder zumindest den Eindruck eines solchen Inhalts erwecken soll[457]. Erkennbar lückenhafte Informationen, wie z.B. Werbezettel oder Inserate genügen diesen Anforderungen nicht[458]. Eine Beschränkung auf spezifische Werbeschriften besteht zwar nicht[459], jedoch ist der Emissionsprospekt als Prospekt im Sinne von § 264a StGB erfaßt.

aa) Klassischer Verkaufsprospekt zur Emission

Die Grundlage jeder Investition in neu emittierte Wertpapiere besteht in einem aufwendig hergestellten und mit hohen Auflagezahlen verbreitetem Emissionsprospekt, der dem Anleger Aufschluß über alle wichtigen, entscheidungsrelevanten Angaben seines Engagements bieten und somit kausal seine Zeichnung herbeiführen soll[460]. Die besondere Bedeutung des

---

[454] Zu einer umfassenden Diskussion dieser Problematik vgl. *Flanderka/Heydel*, Strafbarkeit des Vertriebs von Bauherrenmodellen, in: wistra 1990, 256.

[455] BT-Drucks. 10/5058; *Park, T.*, Börsenstrafrechtliche Risiken, in: BB 2001, 2074.

[456] *Tröndle*, § 264a, Rn 9.

[457] BT-Drucks. 10/318, S. 23; *Tröndle*, § 264a , Rn 9; SK-*Samson*, § 264a, Rn 23; LK-*Tiedemann* § 264a, Rn 35; *Joecks, W.*, Anleger- und Verbraucherschutz, in: wistra 1986, 144; *Cerny, J.*, Kapitalanlagebetrug, in: MDR 1987, 274; *Möhrenschlager, M.*, RegEntw. 2. WiKG, in: wistra 1982, 206.

[458] BT-Drucks. 10/318, S. 23; *Otto, H.*, Strafrechtliche Aspekte der Anlageberatung, in: WM 1988, 739.

[459] *Knauth, A.*, 2. WiKG, in: NJW 1987, 31.

[460] *Cerny, J.*, Kapitalanlagebetrug, in: MDR 1987, 272.

Emissionsprospekts liegt demnach in seiner Richtigkeit und Vollständigkeit[461]. Der klassische Emissionsprospekt, wie er bei einem Börsengang z.B. am Neuen Markt in schriftlicher Form erstellt und bei der Bundesanstalt für Finanzdienstleistungsaufsicht (BAFin) hinterlegt werden muß, fällt unter die Definition des Prospektes nach § 264a StGB.

bb) Platzierung des Emissionsprospekts via Internet

Das Internet stellt als Kommunikationsmedium -gemessen an der Vielfalt und Geschwindigkeit- die Möglichkeiten der traditionellen Anbieter wie Zeitung, Fernsehen und Radio in das mediale Abseits. Im Rahmen der Aktienemission nutzen die Emittenten und die Banken als Konsortialführer das Internet primär, um den Emissionsprospekt zu veröffentlichen[462]. Im Hinblick auf die Anwendung der Strafnorm des Kapitalanlagebetrugs stellt sich hierbei die Frage, ob sich durch die neue Kommunikationsform Änderungen bezüglich der strafrechtlichen Bewertung ergeben.

In der nationalen Gesetzgebung bestehen bislang noch keine Sondervorschriften für die Verbreitung des Emissionsprospekts im Internet. Weiterhin ist auch hier die Vorschrift des § 1 VerkProspG anwendbar, wonach vor dem öffentlichen Angebot der Wertpapiere, ein Verkaufsprospekt zu erstellen, beim der Bundesanstalt für Finanzdienstleistungsaufsicht dies schriftlich zu hinterlegen und anschließend zu veröffentlichen ist. Eine ausschließliche Veröffentlichung im Internet ist also nicht möglich. Nach der Hinterlegung des schriftlichen Emissionsprospekts beim BAFin kann die anschließende Veröffentlichung durchaus ausschließlich im Internet erfolgen. Das öffentliche Angebot versteht sich als Werbung für die Abgabe eines Kaufangebots, wobei sich die Werbung an jedermann richtet. Die Eindeutigkeit, mit welcher der schriftliche Aktienemissionsprospekt unter den Begriff „Prospekte" in § 264a StGB subsumiert werden kann, besteht im Internet nicht. Hierzu fehlt es am Erfordernis der Schriftform, die bei elektronischer Datenübermittlung nicht gegeben ist. Man könnte zwar der Auffassung sein, daß das Internet eine zeitgemäße Kommunikationsform darstelle, welche den Emissionsprospekt in der Art und Weise übermittle, daß man ihn jederzeit ausdrucken könne und somit in Schriftform vorliegen hat, jedoch besteht für derartige, an einer teleologischen Auslegung orientierten Argumentation keine Notwendigkeit.

Die Übermittlung des Emissionsprospektes via Internet fällt jedenfalls unter den Begriff der Darstellungen im Sinne von § 264a StGB. Die Verbreitung von Mitteilungen und Informationen durch Bildträger erfaßt auch das Verbreiten des Emissionsprospektes im Internet, wodurch der strafrechtliche Anwendungsbereich auch auf dieses Kommunikationsmedium ausgedehnt wird.

---

[461] *Joecks, W.*, Anleger- und Verbraucherschutz, in: wistra 1986, 142.
[462] *Tawakkoli, B.*, Aktienplazierung via Internet, in: DStR, 1999, 1335.

b) Darstellungen

Darstellungen im Sinne von § 264a StGB sind Mitteilungen oder Informationen, die schriftlich, mündlich oder durch Ton- oder Bildträger verbreitet werden können[463]. Mit Bezug auf § 400 Abs. 1 Nr. 1 AktG wurde das Tatmittel der Darstellungen in den Kapitalanlagebetrug eingefügt. Der Begriff der „Darstellungen" in § 264a StGB ist notwendigerweise auch dahingehend auszulegen, daß es sich um Angaben handeln muß, die den Eindruck einer gewissen Vollständigkeit und Richtigkeit erwecken[464]. Einzelne mündliche oder schriftliche Erklärungen reichen nicht zur Erfüllung des Merkmals „Darstellung" aus[465].

c) Übersichten über den Vermögensgegenstand

Übersichten über den Vermögensgegenstand sind Vermögensübersichten, z.B. Bilanzen, die schriftlich gegeben werden und den Eindruck der Vollständigkeit erwecken[466]. Die Begriffsidentität zu § 265b I Nr. 1a StGB läßt darauf schließen, daß nur förmliche Vermögensübersichten wie Bilanzen, Gewinn- und Verlustrechnungen, Status, Inventare und Bankauskünfte, die zur Kapitalanlagewerbung eingesetzt werden, hierunter zu subsumieren sind[467].

VI. Kommunikationssoziologischer Ansatz

Die Einführung des Straftatbestands des Kapitalanlagebetrugs geschieht nach den Gesetzesmaterialien zum Schutze der Anleger, die durch die vorhergehende Gesetzeslage nicht ausreichend geschützt gewesen seien[468]. Deshalb sollte bereits im Vorfeld der Gefährdung des Vermögens des Anlegers schützend eingegriffen werden. Die grundsätzliche Frage, ob der von § 264a StGB intendierte Anlegerschutz aufgrund des Informationsverhaltens des Anlegers erbracht werden kann, hängt davon ab, inwiefern der Gesetzgeber tatsächliche gesellschaftliche Verhaltensweisen, die von einem „idealen" Anleger abweichen, berücksichtigt hat. Unter dieser Prämisse gilt es zu untersuchen, ob nach den Ergebnissen kommunikationssoziologischer Forschungen zur Wirkung von Medien zu erwarten ist, daß § 264a StGB seinen, vom Gesetzgeber zugedachten Schutzzweck erfüllen kann[469].

Der Gesetzgeber geht in seiner Konzeption der Norm davon aus, daß der Anleger bei der Zeichnung einer Neuemission sich im Vorfeld mit

[463] BT-Drucks. 10/318, S. 23; *Knauth, A.*, 2. WiKG, in: NJW 1987, 31.
[464] BT-Drucks. 10/318, S. 23.
[465] *Worms, A.*, Anlegerschutz durch Strafrecht, S. 339.
[466] *Otto, H.*, Strafrechtliche Aspekte der Anlageberatung, in: WM 1988, 739;
[467] *Tröndle/Fischer*, § 265b StGB, Rn 20; a. A. *LK-Tiedemann*, § 264a, Rn 39.
[468] BT-Drucks. 10/318, S. 22.
[469] *Gallandi, V.*, Der Wirkung nach ein Missgriff ? in: wistra 1987, 316.

entsprechender Sachkenntnis informiert hat[470]. Dieser Informationsprozeß, der letztendlich zur Meinungsbildung und damit auch zur Kaufentscheidung geführt hat, soll nach der Intention des Gesetzgebers weitgehend geschützt werden. Deshalb bezieht er alle Prospekte, Darstellungen und Vermögensübersichten im Zusammenhang mit dem Vertrieb von Wertpapieren, die den Anschein der Vollständigkeit und Richtigkeit erwecken, in den strafrechtlichen Schutz von § 264a StGB mit ein. Vorausgesetzt wird hierbei, daß der potentielle Anleger die Prospekte tatsächlich liest und hieraus seine Kaufentscheidung ableitet[471].

Die Informationsmedien, die den Anleger tatsächlich in seiner Kaufentscheidung bezüglich einer Neuemission beeinflussen, werden jedoch in § 264a StGB nicht genannt. Entscheidend bei der Meinungsbildung sind vielmehr die Beiträge in Zeitungen, Fernsehen, Radio und mittlerweile auch dem Internet[472]. Aus kommunikationssoziologischer Sicht besonders bedeutend ist das persönliche Gespräch mit Personen, auf deren Integrität und Kompetenz der Anleger besonderen Wert legt. Solche Personen können z.B. Freunde, Verwandte, Journalisten, Bankangestellte oder Anlagevertreter sein. Die wirkungsvollste Kommunikationsform zur Meinungsbildung findet demnach durch die Begegnung mit überzeugenden Sozialpersonen statt[473]. Die in § 264a StGB genannten Informationsmittel, deren Richtigkeit und Vollständigkeit geschützt werden soll, sind von sekundärer Bedeutung. Als unmittelbarer Anlegerschutz, wenn § 264a StGB überhaupt weitergehenden Anlegerschutz als § 263 StGB gewähren kann, ist der Straftatbestand des Kapitalanlagebetrugs deshalb abzulehnen. Allerdings könnte sich ein mittelbarer Anlegerschutz aus § 264a StGB ergeben, indem diejenigen Personen, von denen der potentielle Anleger seine Informationen erhält, wie z.B. Bankangestellte, Wirtschaftsdienste oder Nachrichtensender, auf die Richtigkeit des Emissionsprospektes vertrauen[474]. Eine solch vage Vermutung ist allerdings nicht ausreichend, um § 264a StGB als Anlegerschutznorm zu qualifizieren. Vielmehr läßt sie den Schluß zu, daß ein unmittelbarer Anlegerschutz, der sich nicht nur mittelbar auf breite Bevölkerungsschichten bezieht, hinsichtlich des Emissionsprospekts im Rahmen des IPO durch § 264a StGB nicht entsteht.

VII. Quantitative Bedeutungslosigkeit der Vorschrift

Die praktische Bedeutung der Vorschrift läßt sich als marginal bezeichnen. Zwar weist die Polizeiliche Kriminalstatistik (PKS) für das Jahr 2000 insgesamt 9119 den Ermittlungsbehörden bekannt gewordene und endbearbeitete Fälle von Beteiligungs- und Kapitalanlagebetrugsdelikten aus, was einer Steigerungsrate

---

[470] *Gäbhard, B.*, Wesentliche Umstände beim Kapitalanlagebetrug, S. 97.
[471] *Gallandi, V.*, Der Wirkung nach ein Missgriff? in: wistra 1987, 317.
[472] *Tawakkoli, B.*, Aktienplatzierung via Internet, in: DStR 1999, 1330.
[473] *Gallandi, V.*, Der Wirkung nach ein Missgriff? in: wistra 1987, 317.
[474] *Schröder, Ch.*, Aktienhandel und Strafrecht, S. 56.

von fast dem vierfachen zum Jahr 1991 entspricht[475]. Die tatsächliche Bedeutung der Vorschrift läßt sich jedoch nicht anhand von polizeilicher Ermittlungstätigkeit, sondern vielmehr durch die Verurteilungsstatistik ablesen. Eine Anfrage beim Statistischen Bundesamt in Wiesbaden hat für die Jahre 1995 bis 2001 folgendes Ergebnis geliefert[476]:

Jahr	Anzahl der Angeklagten	Anzahl der Verurteilten
1990	8	5
1991	5	3
1992	6	3
1993	11	4
1994	12	6
1995	3	3
1996	13	9
1997	6	3
1998	3	3
1999	11	7
2000	11	9
2001	10	8

Quelle: Statistisches Bundesamt

Anhand dieses statistischen Ausschnitts der letzten Jahre ist zu erkennen, daß es sich bei § 264a StGB mehr um eine Strafnorm mit symbolischem Charakter als um eine in der Strafverfolgungspraxis relevante Vorschrift handelt. Die konstant niedrigen Anklagen und Verurteilungen resultieren zum einen aus dem populistischen Ursprung der Norm, dem kein ernsthafter Bedarf zu Grunde lag, und zum anderen aus der Abdeckung strafbarer Handlungen im Kapitalanlagebereich über die Vorschrift des Betrugs nach § 263 StGB. Teilweise wird davon ausgegangen, daß die Bedeutung des § 264a StGB eher in dem Bereich der Abschreckung von Initiatoren liegt, die die Prospekte zutreffend gestalten müssen, um nicht Gefahr zu laufen, strafrechtlich verfolgt zu werden[477]. Wie bei allen angeblich präventiv wirkenden Vorschriften läßt sich hier jedoch festhalten, daß ein diesbezüglicher Beweis aussteht. Viel eher ist die niedrige Statistik dadurch zu erklären, daß symbolische Normsetzungsakte nur symbolische Normdurchsetzungen zur Folge haben können[478].

[475] Liebel, H.; Täter-Opfer-Interaktion bei Kapitalanlagebetrug, S. 1.

[476] Bundesrepublik Deutschland inklusive Berlin, ohne neuen Bundesländer.

[477] *Petersen, H.*, Der Schutz des Kapitalmarktes, in: Gropp, W., Wirtschaftskriminalität und Wirtschaftsstrafrecht, S. 125.

[478] *Albrecht, P.-A.*, Entwicklungstendenzen des materiellen Strafrechts, in: KritV 1988, 197.

VIII. Subjektiver Tatbestand

Der subjektive Tatbestand erfordert Vorsatz, der neben der Tathandlung selbst auch die Modalitäten der Tathandlung erfassen muß[479], wobei dolus eventualis genügt. Der Vorsatz hat sich vor allem darauf zu richten, daß die in den Prospekten mitgeteilten vorteilhaften Angaben unrichtig, die verschwiegenen Tatsachen nachteilig sind, der Anleger die Angaben für seine Investitionsbereitschaft als erheblich beurteilt hat und auf die Richtigkeit und Vollständigkeit der Angaben vertraut[480]. Der Täter muß sich also über die Erheblichkeit der unrichtigen Angaben oder nachteiligen Tatsachen bewußt sein und diese willentlich an den Anleger weitergegeben haben. Für die Feststellung des Vorsatzes ergibt sich hieraus für den Richter die Schwierigkeit festzustellen, ob der Angeklagte der Meinung war, daß die Mitteilung einer bestimmten Tatsache nicht wichtig sei, weil sie den Wert der Kapitalanlage nicht beeinflusse, oder ob es sich um eine Schutzbehauptung handelt[481]. Hierbei stellt sich allerdings die Frage, wie dies mit subjektiver Gewissheit beurteilt werden soll, wenn die Definition des Erheblichkeitsbegriffs nicht einheitlich und klar ist. Aufgrund der komplexen Strukturen von verschiedenen Kapitalanlageformen, deren Beurteilung das ökonomische Verständnis einiger Richter bis an die Grenze der Belastbarkeit treibt, hat der Gesetzgeber mit § 264a StGB keinen positiven Beitrag zur Rechtssicherheit geleistet.

IX. Tätige Reue nach § 264a Abs. 3 StGB

Als Korrektiv für die Vorverlagerung der Strafbarkeit sieht die Vorschrift des § 264a Abs. 3 StGB nach dem Vorbild von § 264 Abs. 4 StGB und § 265 b Abs. 2 StGB eine Sonderregelung der tätigen Reue vor. Danach ist straffrei, wer nach formeller Vollendung der Tat, aber vor Erbringung der Leistung entweder deren Erbringung freiwillig verhindert oder sich zumindest freiwillig und ernsthaft um die Verhinderung der Leistungserbringung bemüht, falls die Leistung ohne sein Zutun nicht erbracht wird[482]. So tritt bei § 264a Abs. 1 und Abs. 2 StGB zum Beispiel dann Straffreiheit ein, wenn der Täter nach Übergabe des unrichtigen oder unvollständigen Emissionsprospektes von seinem Vorhaben freiwillig Abstand nimmt und den Zeichnungsschein des Anlegers nicht entgegennimmt oder über den fehlerhaften Emissionsprospekt im Detail aufklärt. Der Grund für die Strafaufhebung liegt -anders als bei der Strafbegründung- nicht in erster Linie in der Bewertung des Täterverhaltens. Das Recht des Rücktritts und der Tätigen Reue orientiert sich daran, ob das Umkehrverhalten des Täters noch

---

[479] *Otto, H.*, Strafrechtliche Aspekte der Anlageberatung, in: WM 1988, 739.

[480] *Tröndle / Fischer*, § 264a StGB, Rn 15; *Joecks, W.*, Anleger- und Verbraucherschutz, in: wistra 1986, 147.

[481] *Joecks, W.*, Anleger- und Verbraucherschutz, in: wistra 1986, 147; *Cerny, J.*, Kapitalanlagebetrug in: MDR 1987, 278.

[482] *Weber, U.*, Das 2. WiKG, in: NStZ 1986, 485; *Worms, A.*, Anlageschwindel, in: wistra 1987, 275.

dem Schutz des betroffenen Rechtsguts zu dienen vermag[483]. Zeichnet der Anleger nach detaillierter Aufklärung über den fehlerhaften Emissionsprospekt die Aktie dennoch, so scheidet eine Strafbarkeit gemäß § 264a Abs. 3 S. 2 StGB aus. Diese Regelung entspricht im wesentlichen derjenigen des § 24 Abs. 1 Satz 2 StGB.

Die Rücktrittsmöglichkeit des § 264a StGB reiht sich, der modernen Gesetzestechnik bei den abstrakten Gefährdungsdelikten folgend, in die Vorfelddelikte des Betrugs nach § 263 StGB ein, bei denen die Tathandlung noch unter den Versuchsbegriff zu fassen wäre[484]. Ist jedoch im Zeitpunkt der Rücktrittshandlung der Betrug bereits als Eingehungsbetrug vollendet, so erstreckt sich die Straffreiheit nicht auf ihn.

X. Täterschaft und Teilnahme

Die Vorschrift des § 264a StGB stellt kein Sonderdelikt dar[485], dementsprechend ist derjenige als Täter anzusehen, der die Tathandlung verwirklicht. Für die rechtliche Einstufung als Täter oder Teilnehmer kommen entsprechend der unterschiedlichen Tatmodalitäten Prospekte, Darstellungen oder Übersichten bezüglich der verschiedenen Berufsgruppen in Betracht.

Im Rahmen des Tatgegenstands „Prospekte" ist neben dem Emittenten derjenige Personenkreis als potentielle Tätergruppe zu nennen, der für die konzeptionelle und inhaltliche Ausgestaltung des Prospekts verantwortlich ist. Hierzu zählen unter anderem Mitarbeiter des Emittenten und des Konsortialführers, Investmentbanker, Rechtsanwälte, Steuerberater und Wirtschaftsprüfer[486].

XI. Konkurrenzen und Verjährung

Die Vorschrift des § 264a StGB tritt hinter § 263 StGB im Wege der Subsidiarität zurück, da geschütztes Rechtsgut bei beiden Vorschriften allein das Vermögen ist. Dies gilt ebenso für den Fall des versuchten Betrugs[487]. Bei gleichzeitigem Verstoß gegen § 4 UWG besteht zwischen beiden Normen Idealkonkurrenz[488]. Die Verjährungsfrist beträgt gemäß § 78 Abs. 3 Nr. 4 StGB

---

[483] *Krack, R.*, Die Tätige Reue im Wirtschaftsstrafrecht, in: NJW 2001, 508.

[484] *Krack, R.*, Die Tätige Reue im Wirtschaftsstrafrecht, in: NJW 2001, 508; *Joecks, W.*, Anleger- und Verbraucherschutz, in: wistra 1986, 148.

[485] *Tröndle/Fischer*, § 264a StGB, Rn 17; *Otto, H.*, Strafrechtliche Aspekte der Anlageberatung, in: WM 1988, 739.

[486] Ausführlich hierzu, *Pabst, G.*, Rechtliche Risiken beim Vertrieb von Kapitalanlagen, S. 41.

[487] SK-*Samson*, § 264a, Rn 57;*Joecks, W.*, Anleger- und Verbraucherschutz, in: wistra 1986, 148; *Worms, A.*, Anlageschwindel, in: wistra 1986, 275; a.A. Schönke/Schröder-*Cramer*, § 264a , Rn 41.

[488] Schönke/Schröder-*Cramer*, § 264a, Rn 41.

grundsätzlich fünf Jahre, da § 264a StGB ein Höchstmaß der Freiheitsstrafe von drei Jahren vorsieht. Auch der Kapitalanlagebetrug, der durch unrichtige oder unvollständige Angaben in gedruckten Prospekten begangen wird, unterliegt der Verjährung des § 78 Abs. 3 Nr. 4 StGB. Die kurze Verjährung nach den Landespressegesetzen findet keine Anwendung [489].

XII. Rechtliche Grundlagen zur Sanktionierung des Kapitalanlagebetrugs vor Einführung des § 264a StGB

Die Einführung des § 264a StGB wird im Regierungsentwurf des 2. WiKG hauptsächlich mit der Notwendigkeit eines umfassenden Anlegerschutzes begründet, der durch die Strafbestimmungen des Aktiengesetzes, des Gesetzes gegen unlauteren Wettbewerb und durch den allgemeinen Betrugstatbestand des § 263 StGB nicht gewährt werde[490]. Besondere Betonung fand hierbei das Argument, der Nachweis eines Betrugs könne erst mit der oft nach Jahren auftretenden Schadensrealisierung erbracht werden [491]. Dies wirft die Frage auf, ob der Tatbestand des § 264a StGB neben dem allgemeinen Betrugstatbestand erforderlich ist und ob ein tatsächliches Anwendungsfeld für die Vorschrift besteht, oder ob es sich bei der Vorschrift um ein populistisches Zweckelement falsch verstandener Wirtschaftspolitik handelt.

1. Betrug § 263 StGB

In den ersten beiden Jahren nach der Implementierung des Kapitalanlagebetrugs in das Strafgesetzbuch wurde der Rückgriff auf den allgemeinen Betrugstatbestand zum Schutze von Anlegern als völlig ungeeignet bezeichnet[492]. Für die Strafverfolgungsbehörden sei der allgemeine Betrugstatbestand bei Anwendung auf typische Wirtschaftssachverhalte, insbesondere auf der subjektiven Tatseite und im Bereich des Schadensnachweises, wegen der bestehenden Beweisschwierigkeiten wenig praktikabel[493]. Drohende Nachteile, die bereits aus der Prospektgestaltung resultieren, könnten mit § 263 StGB nicht frühzeitig abgewendet werden[494], wurde argumentiert. Die tatsächliche Statistik zeigt ein anderes Bild. Die polizeiliche Kriminalstatistik (PKS) weist z.B. für das Jahr 1995 insgesamt 24951 Fälle auf, die mit dem Kapitalanlagebetrug in Zusammenhang stehen, wovon lediglich 713 Verfahren im Hinblick auf den Kapitalanlagebetrug, § 264a

[489] BGH in: wistra 1995, 141, 142; BGH 40, 385 ff.; a. A. *Worms, A.*, Anleger- und Verbraucherschutz, in: wistra 1987, 275.

[490] BT – Drucksache 10/318, S. 22; *Martin, S.*, Criminal Securities, S. 175; *Worms, A.*, Anlageschwindel – § 264a, in: wistra 1987, 243.

[491] *Cerny, J.*, Kapitalanlagebetrug, in: MDR 1987, 272.

[492] *Martin, S.*, Criminal Securities, S. 188.

[493] *Martin S.*, Criminal Securities, S. 186.

[494] *Cerny, J.*, Kapitalanlagebetrug, in: MDR 1987, 272.

StGB, von Relevanz waren. Dagegen wurden 14185 Fälle wegen Betrugs nach § 263 StGB gezählt[495]. Deshalb soll im weiteren geprüft werden, ob für den Fall der Aktienemission ein weitergehender Schutz als der des § 263 StGB erforderlich gewesen ist.

Eine Strafbarkeit wegen Betrugs gemäß § 263 StGB setzt objektiv voraus, daß der Anleger über Tatsachen getäuscht wurde und hierdurch einem Irrtum unterliegt, aufgrund dessen er wiederum über sein Vermögen verfügt und hierdurch einen Vermögensschaden erleidet. Hinsichtlich der Aktienemission muß der Anleger demnach gemessen am Kaufpreis eine minderwertige Kapitalanlage erwerben. Ferner muß der Täter in Kenntnis und Billigung dieser Umstände, sowie mit Bereicherungsabsicht handeln.

a) Täuschung über Tatsachen und der hierdurch hervorgerufene Irrtum

Die Möglichkeit, durch § 263 StGB umfassenden Rechtsgüterschutz für den Bereich von Kapitalanlagen sicherzustellen, wird vom Gesetzgeber und großen Teilen der Literatur abgestritten. Teilweise wird sogar der Nachweis einer Täuschung über Tatsachen als schwierig bezeichnet[496], da hierzu nur konkrete Geschehnisse oder Zustände der Vergangenheit oder Gegenwart, inklusive sogenannter innerer Tatsachen zählen, jedoch nicht zukünftige Geschehnisse, Werturteile und Meinungsäußerungen[497]. Der Tatsachenbegriff wird zum Schutz von Kapitalanlagen als zu eng begrenzt dargestellt, weshalb das Merkmal „Angaben“ in § 264a StGB darüber hinausgehen soll[498]. Straf- und verfassungsrechtlich betrachtet geht der Tatsachenbegriff in § 263 StGB jedoch bis an die Grenze dessen, was von Art. 103 Abs. 2 GG gedeckt ist. Selbst der Bundesgerichtshof ist in seiner Rechtsprechung[499] bereits dazu übergegangen, nicht jede Werbeaussage als ernsthafte Behauptung im Sinne einer nüchternen Information über ein Produkt zu verstehen, sondern verweist darauf, daß sich der Verbraucher an Übertreibung zum Zweck der Absatzförderung gewöhnt hat. Entscheidend ist demnach, ob der Erklärungswert der Anpreisung nach Abzug des Übertreibungszuschlags einen objektivierbaren, der Nachprüfung zugänglichen Tatsachenkern enthält. Für den Aktienemissionsprospekt bedeutet dies, daß Renditeprognosen, Aussagen über Gewinnchancen sowie erkennbar werbliche Anpreisungen bezüglich der Aktie dem Begriff der Tatsachen im Sinne von § 263 StGB unterfallen[500]. Ein weitergehender Schutz durch § 264a StGB ergibt sich deshalb hinsichtlich des Aktienemissionsprospekts nicht, da sich der Begriff „Angaben“ im Sinne von § 264a StGB auf

[495] PKS 1995, Hrsg. Bundeskriminalamt 1996, Schlüssel 5130, S. 28.
[496] Vgl. *Geerds, D.*, Wirtschaftsstrafrecht, S. 78.
[497] Schönke/Schröder-*Cramer*, § 263, Rn 9; *Worms, A.*, Anlageschwindel, in: wistra 1987, 243.
[498] Schönke/Schröder-*Cramer*, § 264a, Rn 24.
[499] BGH in: NJW 1987, 388.
[500] *Tröndle/Fischer*, § 263, Rn 2.

kapitalanlageerhebliche Tatsachen bezieht und der Tatsachenbegriff in § 264a StGB mit § 263 StGB identisch ist. Eine andere Auslegung des Begriffs „Angaben“ in § 264a StGB, die vom Tatsachenbegriff des §263 StGB abweicht, ist unter Berücksichtigung des Bestimmtheitsgebots nicht vertretbar[501].

b) Irrtumskausale Vermögensverfügung

Im Rahmen einer Aktienemission handelt der Anleger aufgrund von Hinweisen und Informationen seines Anlageberaters, seines persönlichen Umfeldes, von Zeitungen, Magazinen und den Angaben aus dem Emissionsprospekt. Die werbenden Angaben im Prospekt, die tatsächlicher Grundlage entbehren, sind in der Regel dazu geeignet, den Anleger unmittelbar oder zumindest mittelbar zur Zeichnung der Wertpapiere zu bewegen. Hierdurch verpflichtet er sich zur Abnahme der Wertpapiere im Falle einer Zuteilung, was eine unmittelbare Vermögensminderung herbeiführen würde. Der zwischen Irrtum und Vermögensverfügung geforderte Kausalzusammenhang besteht lediglich dann nicht, wenn der Anleger die Aktie auch ohne den Irrtum gezeichnet hätte[502]. Ein solcher Fall ist allerdings sehr unwahrscheinlich, da sich der Anleger meist von besonders werbenden Informationen unmittelbar oder mittelbar beeinflussen läßt, in jedem Fall diese Konstellation aber von dem Straftatbestand eines versuchten Betrugs gemäß §§ 263, 22, 23 StGB erfaßt wird, da die fehlerhaften Angaben im Prospekt aufgrund einer Prüfung durch Rechtsanwälte und Wirtschaftsprüfer nur wissentlich und mit dem Willen der Emittenten veröffentlicht wurden.

c) Vermögensschaden

Als problematisch wird in der Praxis der Nachweis des Vermögensschadens angesehen, da der Schaden erst lange Zeit nach der Vermögensverfügung offensichtlich wird[503]. Maßgeblich für die Berechnung des Vermögensschadens ist aber der Zeitpunkt des Vertragsschlusses, da es sich regelmäßig bei falschen Angaben im Emissionsprospekt um die Konstellation eines Eingehungsbetrugs handelt[504]. Die Entwicklung der Aktie ist demnach irrelevant: entscheidend ist, ob der Anleger im Zeitpunkt der Emission einen wirtschaftlichen Schaden erleidet, d.h. die Minderwertigkeit der Aktie durch z.B. gefälschte Bilanzen oder nicht vorhandene Patente für neue Technologien nicht erkennen konnte. Hätte der Anleger um diese Tatsachen gewußt, hätte er nicht die Aktien gezeichnet und somit keinen Vermögensschaden erlitten. Entscheidend ist im Rahmen der Aktienemission letztendlich eine Gegenüberstellung der Angaben aus dem Emissionsprospekt mit den tatsächlichen Gegebenheiten und ob diese miteinander korrespondieren. Bezüglich des Vermögensschadens ist

---

[501] Vgl. Schönke/Schröder-*Cramer*, § 264a, Rn 24.
[502] Schönke/Schröder-*Cramer*, § 263, Rn 77.
[503] *Worms, A.*, Anlegerschutz durch Strafrecht, S. 191; *Martin, S.*, Criminal Securities, S. 190.
[504] *Worms, A.*, Anlageschwindel, in: wistra 1987, 244.

festzustellen, daß gerade am Neuen Markt im Zeitraum von Oktober 1999 bis März 2000 alle Aktienkurse irrationale Kurshöhen erreicht haben und in einem solchen Fall der Vermögensschaden auch bei falschen Angaben im Emissionsprospekt nicht eingetreten ist.

Ein Rückgriff auf § 264a StGB ist auch hier nicht notwendig, da selbst bei erhöhtem Aktienemissionskurs eine konkrete Vermögensgefährdung eingetreten ist.

d) Unterlassene Aufklärung

Der Betrug durch Unterlassen gemäß §§ 263, 13 StGB stellt für den hier diskutierten Fall der Aktienemission keine relevante Begehungsalternative dar. Die Anforderungen an die kapitalmarktrechtliche Prospektpflicht bieten zwar die Möglichkeit, falsche Angaben zu machen. Das Unterlassen von bedeutenden Informationen gerade bei der strengen Prospektpflicht am Neuen Markt, die zum 01.01.2001 nochmals verschärft wurde, ist jedoch nicht möglich.

e) Subjektiver Tatbestand

Auch der subjektive Tatbestand des § 263 StGB stellt hinsichtlich der Aktienemission keine größeren Probleme dar, als bei den allgemeinen Betrugsfällen. Das vorsätzliche Handeln und die Bereicherungsabsicht lassen sich meist problemlos durch den Vergleich der tatsächlichen mit der im Prospekt dargestellten Unternehmenslage aufzeigen. Der Einwand, vorsätzliches Handeln sei schwer nachweisbar, ist für den Fall der Aktienemission deshalb nicht relevant, da eine Überprüfung der Ist-Beschaffenheit von den Soll-Angaben im Prospekt keine Möglichkeit für später einsetzende Bedingungen läßt, sondern anhand einer ex-post Betrachtung eindeutig Abweichungen belegt werden können.

f) Stellungnahme

Für den Fall der Aktienemission bestand keine Notwendigkeit der Implementierung einer neuen Strafnorm in das StGB. Der allgemeine Betrugstatbestand deckt alle Formen der auf Täuschung angelegten Ausgestaltung des Emissionsprospekts ab. Insbesondere unter strikter Beachtung des Bestimmtheitsgrundsatzes ist eine weitergehende Auslegung als in § 263 StGB nicht verfassungskonform. Durch verschiedene Konstellationen des allgemeinen Betrugstatbestands wie z.B schadensgleiche Vermögensverfügung und Anwendung des Versuchstatbestands besteht zum Schutz des Vermögens von Kapitalanlegern im Bereich der Aktienemission keine weiterreichende, präventive Schutznorm durch den Straftatbestand des Kapitalanlagebetrugs.

Auch nach dem Inkrafttreten des § 264a StGB kommt § 263 StGB zentrale Bedeutung bei der strafrechtlichen Bekämpfung betrügerischer Anlageberatung zu[505]. Die Bedeutung des Kapitalanlagebetrugs für den strafrechtlichen Rechtsgüterschutz, seine präventive Ausrichtung und die tatsächliche Anwendung lassen auch 15 Jahre nach dem Inkrafttreten der Vorschrift ihre Legitimation zweifelhaft erscheinen.

2. Strafbare Werbung § 4 UWG

Im Zusammenhang mit der wissenschaftlichen Darstellung des Kapitalanlagebetrugs nach § 264a StGB wird zum Vergleich, neben § 263 StGB, oftmals auf den Straftatbestand der strafbaren Werbung des § 4 UWG, hingewiesen. Da für die Vollendung der Tat nicht das Vorliegen eines Vermögensschadens erforderlich ist, kommt es bereits im Vorfeld des Betrugs zu einem strafrechtlichen Verbraucherschutz [506]. Teilweise wird behauptet, § 4 UWG habe die Funktion eines Auffangtatbestands gegenüber § 264a StGB[507].

a) Rechtsgut

Das von § 4 UWG zu schützende Rechtsgut ist, wie viele andere abstrakte Straftatbestände, sehr schwammig formuliert und nicht dazu geeignet, als Auslegungshilfe herangezogen zu werden. Es soll in „der Institution des Wettbewerbs als konstitutives Prinzip der marktwirtschaftlichen Ordnung“ bestehen, wobei auch Verbraucher, Mitbewerber und die Allgemeinheit unter den Schutz fallen sollen[508].

b) Tatbestandsvoraussetzungen

Der Gesetzgeber hat den Schutz vor unlauterem Wettbewerb in erster Linie den Unternehmen, den Organisationen der Wirtschaft und den Verbrauchern überantwortet[509]. Diese Art der Werbeselbstkontrolle soll durch § 4 UWG strafrechtlich abgesichert werden.

Den objektiven Tatbestand des § 4 UWG verwirklicht, wer unwahre und zur Irreführung geeignete Angaben über geschäftliche Verhältnisse in öffentlichen Bekanntmachungen oder Mitteilungen macht, die für einen größeren Personenkreis bestimmt sind. Subjektiv muß der Täter wissentlich und in der Absicht gehandelt haben, den Anschein eines besonders günstigen Angebots hervorzurufen[510].

---

505 *Otto, H.*, Strafrechtliche Aspekte der Anlageberatung, in: WM 1988, 731.
506 *Ekey, F.*, in HK-WettbR, § 4 UWG Rn 3.
507 *Worms, A.*, Anlageschwindel, in: wistra 1987, 242; a.A. *Schröder, Ch.*, Aktienhandel und Strafrecht, S. 122.
508 *Baumbach / Hefermehl*, § 4 UWG, Rn 1.
509 *Ekey, F.*, in HK-WettbR, § 4 UWG Rn 1.
510 *Otto, H.*, Die strafrechtliche Bekämpfung unseriöser Geschäftstätigkeit, S. 112.

aa) Objektiver Tatbestand

Unter „öffentlichen Bekanntmachungen" sind Veröffentlichungen gegenüber einer nicht durch ein erkennbares Band zusammengehaltenen, sondern vom Zufall bestimmten Mehrzahl von Personen zu verstehen[511]. Hiermit sind Werbeformen gemeint, die sich an die Allgemeinheit richten. Das Tatbestandsmerkmal „für einen größeren Personenkreis bestimmte Mitteilungen" ist dahingehend zu verstehen, daß die Mitteilungen sich nicht an alle, sondern lediglich an eine im voraus unbestimmte und unbegrenzte Mehrheit von Personen, jedoch gegebenenfalls auch nur an bestimmte Personengruppen, wenden[512]. Diese etwas unklare Formulierung soll verhindern, daß ein geschlossener Personenkreis unter das Merkmal subsumiert wird. Für die Rechtssicherheit hat der Gesetzgeber hierdurch keinen positiven Beitrag geleistet.

Ferner müssen im Rahmen der Vorschrift „die Angaben unwahr und zur Irreführung geeignet sein". Die Unwahrheit der Angaben soll allerdings nicht durch einen tatsächlichen Vergleich belegt werden, sondern von dem „breiten Konsens in der Durchschnittsauffassung des Publikums" abhängen[513]. Ob die Angaben zur Irreführung geeignet sind, soll sich allein nach der Auffassung der umworbenen Verkehrskreise bestimmen[514].

bb) Subjektiver Tatbestand

Der Täter muß die nach § 4 UWG strafbaren Angaben vorsätzlich gemacht haben. Ferner verlangt § 4 UWG die Absicht, den Anschein eines besonders günstigen Angebots hervorzurufen. Auf diese Absicht kommt es nur an, wenn eine wissentlich unwahre und zur Irreführung geeignete Angabe über geschäftliche Verhältnisse vorliegt[515]. Der Täter muß durch das Mittel einer unwahren und zur Irreführung geeigneten Angabe einen Vorteil des Angebots in den Augen des Publikums besonders in Erscheinung treten lassen und es so zum Kauf bewegen[516].

c) Mangelnde Bestimmtheit der Vorschrift

Die Vorschrift der strafbaren Werbung in § 4 UWG reiht sich als Fremdkörper, neben den börsen- und wertpapierrechtlichen Vorschriften in das Strafrecht ein. Eine Vergleichbarkeit zu § 264a StGB drängt sich insbesondere durch die

---

[511] *Ekey, F.*, HK-WettbR, § 4 UWG Rn 6.
[512] *Ekey, F.*, HK-WettbR, § 4 UWG Rn 7.
[513] *Baumbach / Hefermehl*, § 4 UWG, Rn 8.
[514] *Baumbach / Hefermehl*, § 4 UWG, Rn 21.
[515] *Baumbach / Hefermehl*, § 4 UWG, Rn 9.
[516] BGHSt 27, 293.

überdehnte Weite der Vorschrift auf. Der Anwendungsbereich von § 4 UWG soll sowohl die Möglichkeit eines Schutzes gegen betrügerische Angriffe im Vorfeld des Betrugs, als auch gegen Vermögensschädigungen durch zweckverfehlten Mitteleinsatz bieten[517]. Da die Strafbarkeit nach § 4 UWG nicht an das Erfordernis eines Schadenseintritts, sondern an bestimmte unwahre und zur Irreführung geeignete Angaben anknüpft, bestehen keine Probleme beim Nachweis eines Schadens, so daß der Norm gerade im Rahmen des strafrechtlichen Anlegerschutzes Bedeutung zukommen soll[518]. Der tatsächliche Beweis hierfür ist bisher nicht erbracht worden.

Vielmehr zeichnet sich die Vorschrift durch praktische Bedeutungslosigkeit aus, deren Existenz ein Zeugnis staatlicher Überregulierung ist. Der Gesetzgeber versuchte, durch unbestimmte Tatbestandsmerkmale im Wege des sogenannten „Schrotschußprinzips" jegliche Form von unwahrer Werbung zu erfassen.

B. Kursmanipulation gemäß § 88 BörsG

Im folgenden werden die Straftatbestände des Börsengesetzes dargestellt. Das deutsche Börsenrecht wurde in den letzten Jahren – insbesondere durch das Zweite und Dritte Finanzmarktförderungsgesetz grundlegend geändert und damit auch an die veränderten wirtschaftlichen Verhältnisse angepaßt[519]. Die Strafvorschriften des Börsenrechts wurden, u.a. mangels Notwendigkeit einer Regelung und Anwendbarkeit dieser Vorschriften, bereits vielfach novelliert oder komplett aus dem Gesetzestext herausgenommen. Ursprünglich hatte das Börsengesetz eine Reihe verschiedener Tatbestände unter Strafe gestellt. Mit der Börsengesetznovelle im Jahre 1975 wurden mehrere Vorschriften aus dem Gesetzestext gestrichen, unter anderem die sogenannte Pressebestechung (§ 89 a.F.), das verbotene Termingeschäft über Getreideprodukte (§§ 91, 92 a.F.) und der sogenannte Kommissionsbetrug (§ 95 a.F.). Der ebenfalls aufgehobene Straftatbestand der unerlaubten Kurszettelverbreitung (§ 90 a.F.) findet sich nunmehr als Ordnungswidrigkeit in § 90 Abs. 3 BörsG a.F. wieder[520]. Nach dem 4. Finanzmarktförderungsgesetz verbleibt als Strafvorschrift lediglich das Verleiten zu Spekulationsgeschäften im Börsengesetz und die Ordnungswidrigkeiten wurden in § 62 BörsG zusammengefasst.

---

[517] *Otto, H.*, Strafrechtliche Aspekte der Anlageberatung, in: WM 1988, 734.

[518] *Worms, A.*, Anlegerschutz, S. 205; *Otto, H.*, Strafrechtliche Aspekte der Anlageberatung, in: WM 1988, 734.

[519] *Nack, A.*, Börsengeschäfte, in Müller-Gugenberger/Bieneck, S. 1865.

[520] *Bröker, K.*, Neue Strafvorschriften im deutschen Börsenrecht, in: wistra 1995, 133.

§ 88 BörsG

Wer zur Einwirkung auf den Börsen- oder Marktpreis von Wertpapieren, Bezugsrechten, ausländischen Zahlungsmitteln, Waren, Anteilen, die eine Beteiligung am Ergebnis eines Unternehmens gewähren sollen, oder von Derivaten im Sinne des § 2 Abs. 2 WpHG

1. *unrichtige Angaben über Umstände macht, die für die Bewertung der Wertpapiere, Bezugsrechte, ausländischen Zahlungsmittel, Waren, Anteile oder Derivate erheblich sind, oder solche Umstände entgegen bestehenden Rechtsvorschriften verschweigt oder*
2. *sonstige auf Täuschung berechnete Mittel anwendet,*

wird mit Freiheitsstrafe bis zu drei Jahren oder mit Geldstrafe bestraft.

I. Genese der Vorschrift

Die historische Entwicklung der Kursmanipulation in der heutigen Fassung des § 88 BörsG läßt sich bis zur Kodifizierung des Börsengesetzes im Jahre 1896 zurückverfolgen. Bereits bei Veröffentlichung im Reichsanzeiger am 24. Juni 1896[521] enthielt das Börsengesetz mit dem Verbot des Kurs- und Prospektbetrugs gemäß § 75 BörsG und dem Verbot der Kursbeeinflussung durch Bestechung der Presse in § 76 BörsG Strafnormen zur Steuerung ordnungs- und wirtschaftspolitischer Interessen. Inhaltlich stellte der Kursbetrug nach § 75 Abs. 1 BörsG bereits damals ein abstraktes Gefährdungsdelikt dar, das ein Verhalten sanktionierte, welches sich durch die Anwendung auf Täuschung berechneter Mittel in betrügerischer Absicht kennzeichnete[522].

Nach verschiedenen Erweiterungen und Novellierungen in den Jahren 1908, 1931 und 1975 folgte durch das zweite Gesetz zur Bekämpfung der Wirtschaftskriminalität vom 15.05.1986 eine erneute Reform des Verbots der Kursmanipulation. Anlaß hierfür war die Implementierung des Kapitalanlagebetrugs im Strafgesetzbuch, der bisher in der Erscheinungsform des Prospektbetrugs unter den § 88 Abs. 1 Nr. 2 BörsG alter Fassung fiel[523]. Um Konkurrenzprobleme und Mißverständnisse zu vermeiden, wurde § 88 Abs. 1 Nr. 2 BörsG a.F. aus dem Gesetzestext gestrichen[524]. Gleichzeitig wurde der Kursbetrugstatbestand nach § 88 BörsG dahingehend geändert, daß eine Senkung der subjektiven Voraussetzungen bei gleichzeitiger Schärfung des objektiven Tatbestands vorgenommen wurde[525]. Die Begründung, die auf

[521] RGBl I Nr. 15, S. 157 – 176.
[522] RGBl I Nr. 15, S. 157 – 176.
[523] Vgl. hierzu *Otto, H.*, Bankentätigkeit und Strafrecht, S. 34; *Nack, A.*, Börsengeschäfte, in: Müller-Gugenberger/Bieneck, Wirtschaftsstrafrecht, S. 1867.
[524] BT-Drucks. 10/318, S. 44; *Joecks, W.*, Anleger- und Verbraucherschutz, in: wistra 1986, 148.
[525] *Knauth, A.*, Kapitalanlagebetrug und Börsendelikte, in: NJW 1987, 32.

subjektiver Seite zum Wegfall der Bereicherungsabsicht führte, und somit auch Fälle mit reiner Schädigungsabsicht erfassen sollte, sah der Gesetzgeber in der besonderen Gefährlichkeit der Kursbeeinflussung und dem hohen Rang des Schutzguts, der Zuverlässigkeit und der Wahrheit der Börsen- und Marktpreisbildung[526]. In objektiver Hinsicht wurde der Tatbestand in die Erfassung typischer Mißbrauchstatbestände in § 88 Nr. 1 BörsG und den Auffangtatbestand in § 88 Nr. 2 BörsG unterteilt[527]. Inhaltlich mußte sich die Tathandlung nicht mehr nur auf Wertpapiere und Waren beziehen, sondern wurde auf Bezugsrechte und Anteile erweitert.

Die vorerst letztmalige Änderung der Vorschrift wurde durch das Gesetz über den Wertpapierhandel und zur Änderung börsen- und wertpapierrechtlicher Vorschriften vom 30.07.1994, das sogenannte Zweite Finanzmarktförderungsgesetz, bewirkt, das seinen Ursprung in der Richtliniengesetzgebung der Europäischen Union zur Vereinheitlichung des Börsen- und Wertpapierhandelsrechts hatte[528]. Das Ziel des Zweiten Finanzmarktförderungsgesetzes bestand in der Aufrechterhaltung und Verbesserung der Attraktivität und internationalen Wettbewerbsfähigkeit des Finanzplatzes Deutschland[529]. Unter anderem hatte das Gesetz das Ziel, die Funktionsfähigkeit der deutschen Wertpapierbörsen auch strafrechtlich umfangreicher abzusichern. Insofern wurde der Kreis der möglichen Tatobjekte in § 88 BörsG um ausländische Zahlungsmittel und Derivate im Sinne des § 2 Abs. 2 WpHG erweitert. Eine Veränderung der Vorschrift durch das Dritte Finanzmarktförderungsgesetz wurde nicht vorgenommen.

Seit 1998 bestand im Bundesfinanzministerium eine Arbeitsgruppe mit den Länderaufsichtsbehörden, den Bundesaufsichtsämtern und der Bundesbank, die eine Neufassung der Kursmanipulation erarbeitet hat. Das Vierte Finanzmarktförderungsgesetz nimmt diesbezüglich u.a. eine Änderung von einem abstrakten Gefährdungsdelikt in ein konkretes Erfolgsdelikt vor. Ebenso wurde der Straftatbestand der Kursmanipulation aus dem Börsengesetz in das Wertpapierhandelsgesetz verlagert und findet sich nunmehr in § 20a WpHG wieder.

---

[526] BT-Drucks. 10/5058, S. 38; *Möhrenschlager, M.*, RegEntw. zum 2. WiKG, in: wistra 1982, 19.
[527] *Knauth, A.*, Kapitalanlagebetrug und Börsendelikte, in: NJW 1987, 32.
[528] BGBl. I 1994, S. 1749 ff; *Schröder, C.*, Aktienhandel und Strafrecht, S. 146.
[529] BT-Drucks. 12/6679, S. 1.

II. Geschütztes Rechtsgut

Die Norm des § 88 BörsG wurde durch das Zweite Gesetz zur Bekämpfung der Wirtschaftskriminalität[530] neu gefaßt und regelt nur noch die Kursmanipulation, während der früher ebenfalls erfaßte Prospektbetrug nunmehr durch § 264a StGB ersetzt wurde[531]. Die Intention des Gesetzgebers bei Einführung der Kursmanipulation bestand darin, allgemein die Zuverlässigkeit und Wahrheit der Preisbildung an den Börsen und Märkten zu gewährleisten, und damit deren ordnungsgemäße Funktionsfähigkeit gegen manipulative Eingriffe zu sichern[532]. Der Normzweck des § 88 BörsG geht also über den individuellen strafrechtlichen Vermögensschutz hinaus und will im Interesse des Gemeinwohls die unredliche Beeinflussung der Preisbildung im Börsen- und Marktverkehr bekämpfen[533]. Die schwammige Bestimmung des überindividuellen Rechtsguts als „die Zuverlässigkeit und Wahrheit der Preisbildung an Börsen und Märkten, die für das Wirtschaftsleben von erheblicher Bedeutung ist“[534], steht systematisch für die Einordnung der Vorschrift als abstraktes Gefährdungsdelikt. Der Anlegerschutz wurde nur sekundär als schützenswert betrachtet, da lediglich das Vertrauen der Anleger betroffen sein kann, daß die Preise mit redlichen Mitteln zustande kommen[535]. Dementsprechend ist § 88 BörsG auch kein Schutzgesetz im Sinne von § 823 Abs. 2 BGB.

Eine überzeugende, greifbare Argumentation, warum dieses „Rechtsgut“ als schützenswert betrachtet wird, und vor allem was unter dem Begriff der „Wahrheit der Börsenpreisbildung“ zu verstehen ist, ist nicht ersichtlich. Auch die Eingrenzung des Tatbestandsmerkmals der bewertungserheblichen Umstände wird durch dieses Rechtsgut nicht zu präzisieren sein, um somit den Anforderungen des Art. 103 Abs. 2 GG zu genügen.

III. Börsenpreisfindung und Kursbeeinflussung einer Aktie

In § 88 BörsG wurde die Einwirkung auf den Börsenpreis unter verschiedenen Voraussetzungen strafrechtlich sanktioniert. Der Begriff des Börsenpreises war in § 11 Abs. 1 BörsG a.F. bzw. ist in § 24 Abs. 1 BörsG n.F.[536] legaldefiniert.

---

[530] BGBl. I 1986, S. 721.
[531] *Groß, W.*, § 88 BörsG, Rn 1.
[532] *Schäfer, F.*, WpGH, BörsG, VerkProspG, § 88 BörsG, Rn 1.
[533] BT-Drucks. 10/318, S. 45.
[534] *Scheu, U.-K.*, Das Börsenstrafrecht und seine Reform, S. 100; *Petersen, H.*, Der Schutz des Kapitalmarktes, in: Gropp, W, Wirtschaftskriminalität und Wirtschaftsstrafrecht, S. 126.
[535] BT-Drucks. 10/318, S. 45.
[536] Nach dem In-Kraft-treten des 4. FinMaFöG am 01.07.2002.

Als Voraussetzung normiert § 11 Abs. 2 BörsG a.F. bzw. § 24 Abs. 2 BörsG n.F., daß Börsenpreise ordnungsgemäß zustande kommen müssen. Dies ist der Fall, wenn der Börsenpreis gemäß § 29 Abs. 2 BörsG a.F. und § 27 Abs. 2 S. 1 BörsO FWB die tatsächliche Geschäftslage des Handels widerspiegelt. An diesem Punkt wird versucht, die sogenannte Kursmanipulation begrifflich zu definieren. Demnach sind hierunter Praktiken zu verstehen, die einen Preis herbeiführen, der nicht demjenigen entspricht, der bei einem „unbeeinflußten Spiel der Marktkräfte" erzielt worden wäre[537]. Die Marktkräfte richten sich nach den Bedürfnissen des Marktes, d.h. Güter werden gekauft oder verkauft. Wertpapierkurse richten sich folglich nach Angebot und Nachfrage, was wiederum durch die Erwartungen der Käufer und Verkäufer an die künftige Kursentwicklung bedingt ist[538]. Die zukünftige Kursentwicklung ist wiederum davon abhängig, welche Informationen über das Unternehmen gemeldet werden.

In der Finanzökonomie werden verschiedene Modelle zur Bewertung von Aktien herangezogen, u.a. die sogenannte *Efficient Market Hypothesis*[539]. Danach bestimmt sich die Qualität von Aktienpreisen auf der Basis von Informationsmengen, die von den Marktteilnehmern bei Angebot und Nachfrage berücksichtigt werden konnten, und somit in den Prozeß der Preisbildung eingeflossen sind. Sind zu jedem Zeitpunkt alle im Markt verfügbaren relevanten Informationen vollständig in den Kursen verarbeitet, so sind diese effizient und frei von Verzerrungen[540]. Da ein solcher, an Informationsfluß durch ideale Gleichmäßigkeit ausgeprägter Markt nicht besteht, kann man sagen, daß in der Praxis eine Kursbeeinflussung durch Informationsvorsprung stets hervorgerufen wird und zur Bewegung des Marktes sogar gewollt ist.

Der strafrechtliche Vorwurf im Sinne von § 88 Nr. 1 BörsG bezieht sich auf die Verbreitung bewertungserheblicher unrichtiger Angaben und ist zur Einwirkung auf den Börsenpreis durch eine entsprechend große Publizität bedingt. Im Gegensatz zu dem im WpHG geregelten Verbot des Insiderhandels, das durch eine Ausnutzung von Informationsungleichgewichten charakterisiert ist, wird beim Straftatbestand der Kursmanipulation ein derartiges Mißverhältnis an Informationen aktiv bzw. passiv geschaffen. Damit überhaupt eine Einwirkung auf den Börsenpreis stattfinden kann und nicht, wie z.B. eine private Äußerung von strafrechtlicher Bedeutungslosigkeit geprägt ist, muß die Falschmeldung über ein entsprechendes Medium verbreitet werden. Der Erfolg einer solchen Kursmanipulation hängt davon ab, daß die Nachricht möglichst vielen Anlegern zur Kenntnis gelangt, und diese sie für wahr halten[541]. Für eine wirkungsvolle Verbreitung der Falschmeldung kommen daher insbesondere Massenmedien wie Fernsehen und Tageszeitungen in Betracht. Seit Mitte der neunziger Jahre wird

---

[537] *Lenzen, U.*, Börsenkursmanipulation, in: WM 2000, 1131.
[538] *Weber, M.*, Kursmanipulationen, in: NZG 2000, 113.
[539] *Fama, E.F.*, „Efficient Capital Markets, The Journal of Finance 25, S. 383.
[540] *Fama, E.F.*, „Efficient Capital Markets, The Journal of Finance 25, S. 383.
[541] *Lenzen, U.*, Kursmanipulation, in: WM 2000, 1132.

aber auch das Internet zunehmend als Informationsquelle genutzt. Als besonders fachkompetent werden Nachrichten- und Wirtschaftsdienste angesehen, die im Vertrauen der Anleger besonders hohes Ansehen genießen.

Gemäß der weiteren und noch unbestimmteren Fassung des § 88 Nr. 2 BörsG macht sich schon derjenige strafbar, der zur Einwirkung auf einen Börsenpreis auf Täuschung berechnete Mittel anwendet. Hierbei muß es weder zu einem Schaden gekommen sein, noch muß eine tatsächliche Kursänderung stattgefunden haben. Die Vorverlagerung der Strafbarkeit dieses abstrakten Gefährdungsdeliktes läßt nahezu jegliche Subsumtion möglich erscheinen.

IV. Anwendungsbereich

Der Schutzbereich der Norm umfaßt die Börsen- bzw. Marktpreisbildung bei Wertpapieren, Bezugsrechten, ausländischen Zahlungsmitteln, Waren und Anteilen, die eine Beteiligung am Ergebnis eines Unternehmens gewähren sollen sowie bei Derivaten im Sinne des § 2 Abs. 2 WpHG. Der Tatbestand ist demnach kein ausschließlich börsenrechtlicher Tatbestand, sondern erfaßt auch außerbörsliche Wertpapier- und Warenmärkte[542].

1. Tatmittel

Da das Thema der Arbeit sich lediglich auf den IPO und den daraus resultierenden Handel mit Aktien bezieht, beschränkt sich die Untersuchung auf den Begriff der Wertpapiere und der Optionsscheine.

a) Wertpapiere

Der Wertpapierbegriff des § 88 BörsG entspricht der sehr weiten Wertpapierdefinition in § 264a StGB. Hiernach ist unter ein Wertpapier jede Urkunde zu subsumieren, die ein Recht in der Weise verbrieft, daß es ohne die Urkunde nicht geltend gemacht werden kann[543]. Die verbrieften Bezugsrechte werden dem Wertpapierbegriff zugerechnet, die unverbrieften Bezugsrechte sind ausdrücklich in die Vorschrift aufgenommen worden. Andere nicht verbriefte Rechte werden hiervon nicht erfaßt[544].

b) Optionsscheine

Der Begriff des Optionsscheins ist nicht eindeutig, sondern hängt von dessen Ausgestaltung ab. Optionsscheine können das Tatbestandsmerkmal „Derivat"

---

[542] *Schäfer, F.*, WpHG, BörsG, VerkProspG, § 88 BörsG, Rn 2.
[543] *Joecks, W.*, Anleger- und Verbraucherschutz, S. 144; *Worms, A.*, Anlageschwindel, in: wistra 1987, 247.
[544] *Schäfer, F.*, Kurspflege, in: WM 1999, 1352.

erfüllen[545]. Gleichzeitig verbriefen sie jedoch regelmäßig ein Recht des Inhabers und sind damit in jedem Fall Wertpapiere im Sinne des § 88 BörsG[546].

2. *Tathandlungen*

Der Straftatbestand des § 88 Nr. 1 BörsG erfaßt unrichtige Angaben, die für die Bewertung der im Tatbestand erwähnten Gegenstände erheblich sind[547], bzw. das Verschweigen solcher Umstände entgegen bestehender Rechtsvorschriften mit dem Ziel, auf den Börsen- und Marktpreis dieser Rechte und Waren einzuwirken. In § 88 Nr. 2 BörsG wird die Anwendung sonstiger auf Täuschung berechneter Mittel zur Einwirkung auf den Börsenpreis von Wertpapieren unter Strafe gestellt. Im Gegensatz zu § 264a StGB kann § 88 BörsG auch dann verwirklicht werden, wenn jemand nicht im Zusammenhang mit dem Vertrieb von Wertpapieren tätig ist, etwa indem er durch unrichtige Angaben andere Personen veranlaßt, ihre Wertpapiere zu verkaufen[548]. Das Verbot der Kursmanipulation ist als abstraktes Gefährdungsdelikt mit weit vorverlegter Strafbarkeit konzipiert, ohne daß es tatsächlich zu einer Kursänderung oder zu einem Schaden kommen muß[549].

a) Tatbestand des § 88 Nr. 1 BörsG

§ 88 Nr. 1 BörsG normiert den Tatbestand der Kursmanipulation durch aktives Tun.

aa) Unrichtige Angaben

Unrichtige Angaben sind nachprüfbare ernstgemeinte Aussagen. Der Angabenbegriff in § 88 BörsG ist identisch mit dem Tatsachenbegriff des § 263 StGB. Unrichtig sind die Angaben dann, wenn sie nicht den tatsächlichen Verhältnissen entsprechen. Nach der kapitalmarktrechtlichen Kommentierung[550] der Vorschrift soll der Begriff „Angaben" in § 88 BörsG weiter sein als der Tatsachenbegriff, da er auch Werturteile, künftige Tatsachen und Prognosen umfasse[551], die sich allerdings aus dem Tatsachenkern ableiten lassen und nicht schönfärben dürfen[552]. Reine Werturteile ohne entsprechenden Tatsachenkern fallen auch nach dieser Ansicht nicht unter den Begriff der Angaben im Sinne

---

545 BT-Drucks. 12/6679, S. 76.
546 *Schäfer, F.*, WpHG, BörsG, VerkProspG, § 88 BörsG, Rn 7.
547 BT-Drucks. 10/318, S. 46.
548 *Knauth, A.*, 2. WiKG, in: NJW 1987, 32.
549 *Benner, K.-D.*, in: Wabnitz / Janovsky, Kriminalität im Wertpapierhandel, S. 310.
550 Vgl. *Schwark, E.*, Börsengesetz, § 88, Rn. 5.
551 *Schäfer, F.*, WpHG, BörsG, VerkProspG, § 88 BörsG, Rn 8; *Schwark, E.*, § 88 BörsG Rn. 5 .
552 *Schwark, E.*, § 88 BörsG, Rn 5.

von § 88 BörsG. Eine plausible Begründung, warum der Angabenbegriff im Rahmen des Kursbetrugs nach § 88 BörsG weiter geht als der Tatsachenbegriff im allgemeinen Betrugstatbestand, ist auch hier nicht ersichtlich. Da unter den Angabenbegriff nahezu jegliche Aussage subsumiert werden kann, wäre die Norm aufgrund ihrer Unbestimmtheit nicht als verfassungskonform zu bezeichnen. An diesem Beispiel wird zum wiederholten Male deutlich, daß eine Tendenz im Strafrecht besteht, rechtlich flexible Grauzonen entstehen zu lassen. Durch schwammige Definitionen wird die Rechtsanwendung durch Subsumtion zum biegsamen Gestaltungsmittel für ordnungspolitisch unliebsames Verhalten. Die einzig vertretbare Lösung besteht darin, den Angabenbegriff durch den Tatsachenbegriff des § 263 StGB zu ersetzen, der durch die Rechtsprechung mittlerweile schon sehr weit gefaßt ist.

Unrichtig sind die Angaben dann, wenn sie nicht der Wahrheit entsprechen, also nicht vorhandene Umstände als vorhanden oder vorhandene Umstände als nicht vorhanden darstellen[553]. Nach Ansicht der Literatur liegt bei Werturteilen und Prognosen eine Unrichtigkeit dann vor, wenn sie auf einer unrichtigen oder unvollständigen Tatsachenbasis beruhen, sich aus diesen Tatsachen nicht plausibel ableiten lassen, oder Umstände verschweigen, welche die Angaben nachteilig beeinflussen würden[554]. Die Form der Angaben, d.h. ob sie schriftlich oder mit anderen Kommunikationsmitteln gemacht werden, ist für die Tatbestandsmäßigkeit irrelevant.

Den Tatbestand des § 88 Nr. 1 1.Alt. BörsG verwirklicht auch, wer durch unvollständige Angaben ein falsches Gesamtbild vermittelt[555]. Wer den wahren Gehalt der Angabe durch Weglassen der für die Bewertung erheblichen Umstände verfälscht, macht damit konkludent eine unrichtige Angabe im Sinne von § 88 Nr. 1 1.Alt. BörsG[556]. In diesen Fällen sollen Manipulationen durch lückenhafte Informationen, die in kumulativer Form ein falsches Gesamtbild vermitteln, sanktioniert werden. Hierbei bedarf das Verschweigen bestimmter Umstände keiner Offenbarungspflicht aufgrund bestehender Rechtsvorschriften. Im Gegensatz zu § 264a StGB kommt es bei § 88 BörsG nicht darauf an, ob die Angaben vorteilhaft oder nachteilig sind[557].

Diese Alternative der Tatbestandsverwirklichung stellt aus dogmatischer Sicht, § 13 StGB entlehnt, das Unterlassen einem aktiven Tun gleich, ohne jedoch eine Garantenpflicht vorauszusetzen. Die Unschärfe und mangelnde Bestimmtheit dieser Tatbestandsalternative lassen ihre Anwendung unter den Voraussetzungen eines verfassungsgemäßen rechtsstaatlichen Strafrechts unmöglich erscheinen.

---

553 *Schäfer, F.*, WpHG, BörsG, VerkProspG, § 88 BörsG, Rn 8.
554 *Groß, W.*, § 88 BörsG, Rn 3.
555 OLG Frankfurt, in: WM 1994, S. 291.
556 OLG Frankfurt, in: WM 1994, S. 291; *Schwark, E.*, § 88 BörsG, Rn 5.
557 BT-Drucks. 10/318, S. 46.

bb) Bewertungserheblichkeit

Der Erheblichkeitsbegriff findet sich nicht nur im Strafgesetzbuch, sondern auch in den Nebenstrafgesetzen. Im Bereich des sogenannten „Börsenstrafrechts" sind die Rechtsquellen das Börsengesetz und das Wertpapierhandelsgesetz. Eine Legaldefinition dessen, was der Gesetzgeber exakt mit dem Begriff der Erheblichkeit erfassen möchte, oder einen präzisen Auslegungsmaßstab, was als erheblich anzusehen ist, ist –wie bereits oben dargelegt- weder im Gesetz, noch in den Erläuterungen und Kommentierungen zum Gesetzestext festgelegt.

Die Norm des § 88 BörsG schreibt vor, daß sich die unrichtigen Angaben auf Umstände beziehen müssen, die für die Bewertung erheblich sind. Hierdurch sollen mögliche Bagatellfälle vom Straftatbestand ausgeschlossen werden[558]. Die inhaltliche Aussage der Angaben muß sich deshalb auf Umstände beziehen, die als solche geeignet und mindestens mitursächlich für die Ermittlung des Wertes der Gegenstände sind[559]. Für die Beurteilung der Erheblichkeit soll die Verkehrsauffassung maßgeblich sein[560]. Was präzise von der Verkehrsauffassung als erheblich im Sinne von § 88 BörsG angesehen wird, ist nicht bestimmt, aber die Gegebenheiten sollen dazu geeignet sein, auf die Investitionsentscheidung eines vernünftigen Anlegers von durchschnittlicher Vorsicht Einfluß zu nehmen[561]. Ob wiederum ein vernünftiger Anleger von durchschnittlicher Vorsicht eine Investitionsentscheidung an einem hochspekulativen Börsensegment wie dem Neuen Markt oder der Nasdaq treffen würde, ist sehr unrealistisch und zeigt einmal mehr das gesetzgeberische Dilemma solch unbestimmter Rechtsbegriffe zur flächendeckenden, flexiblen Lösung ungewollter Verhaltensweisen am Kapitalmarkt. Die zivilrechtliche Anleihe, die Verkehrsauffassung zur Bewertung der Erheblichkeit heranzuziehen, vermag den Anforderungen eines rechtsstaatlichen Strafrechts unter Zugrundelegung des Bestimmtheitsgebots nach Art. 103 Abs. 2 GG nicht gerecht zu werden. Die Vorhersehbarkeit eines strafrechtlichen Vorwurfs an der Verkehrsauffassung zu orientieren, führt zu Rechtsunsicherheit und Verwirrung bei Justiz und Rechtspflege und öffnet richterlicher Auslegungskreativität Tür und Tor. Eine Auslegungshilfe kann auch nicht durch einen Vergleich des Erheblichkeitsbegriffs in § 264a StGB gefunden werden, da die Norm des Kapitalanlagebetrugs, wie oben dargestellt, gerade aufgrund der gleichen Unbestimmtheit verfassungsrechtlich nicht tragbar ist. Kritisch hinterfragt kommt man zu dem Ergebnis, daß die Unbestimmtheit der Vorschriften nicht ein legislatives Versehen darstellt, sondern daß die Unbestimmtheit der Vorschriften durchaus auf einem System basiert. Die Normen sollen zu Lasten eines freiheitssichernden Strafrechts aufgrund ihrer flexiblen Anwendbarkeit

---

558 BT-Drucks. 10/318, S. 46.
559 BGHSt 30, 289.
560 *Knauth, A.*, Kapitalanlagebetrug und Börsendelikte, in: NJW 1987, 532.
561 *Schröder, C.*, Aktienhandel und Strafrecht, S. 59.

dem staatlichen Justizsystem ermöglichen, ohne weiteres auf wirtschaftspolitisch unliebsames Verhalten zu reagieren und somit Interessenpolitik justizförmig zu machen. Daß hierbei verfassungsrechtliche Vorschriften wie Art. 103 Abs. 2 GG umgangen werden, als seien sie nicht existent, wird kaum angeprangert, zu groß ist bereits der kriminalpolitische Einfluß auf die Strafgesetzlichkeit.

cc) Unterlassensalternative des § 88 Nr. 1 BörsG

Das Verschweigen bewertungserheblicher Umstände wird gemäß § 88 Nr. 1, 2. Alt. BörsG nur dann strafrechtlich sanktioniert, wenn der Täter dadurch gegen Rechtsvorschriften verstößt, die eine Offenbarung erfordern[562]. Die Tathandlung des § 88 Nr. 1, 2. Alt. BörsG ist ein echtes Unterlassungsdelikt, bei dem sich die Offenbarungspflicht allerdings nicht aus der generellen Garantenstellung im Sinne von § 13 StGB ableiten läßt, sondern nur förmliche Gesetze und Rechtsverordnungen diese Pflicht begründen können. In der Regel wird hierbei auf börsen-, wertpapier-, handels- oder gesellschaftsrechtliche Vorschriften Bezug genommen, wie z.B. die Bestimmungen über die Erstellung von Börsenzulassungsprospekten und Unternehmensberichten. Eine solche Offenbarungspflicht ergibt sich konkret aus der Verpflichtung von Ad-hoc-Mitteilungen gem. § 15 WpHG, aus der Entscheidung zur Abgabe eines Übernahmeangebots nach § 10 WpÜG oder dem Vorliegen eines Kontrollerwerbs nach § 35 WpÜG. Privatrechtliche Vereinbarungen, wie etwa das Regelwerk Neuer Markt, sind nicht ausreichend, um eine Offenbarungspflicht zu begründen[563].

Eine große Bedeutung kommt dem Unterlassungstatbestand des Verschweigens bewertungserheblicher Umstände nicht zu, da in der Regel die Angaben lediglich unvollständig sind und somit von § 88 Nr. 1 1.Alt. BörsG erfaßt werden sollen.

b) Tatbestand des § 88 Nr. 2 BörsG

§ 88 Nr. 2 BörsG enthält einen Auffangtatbestand, der ungerechtfertigte Strafbarkeitslücken schließen soll[564], jedoch durch seine Unschärfe befremdet[565] und den Anforderungen des Bestimmtheitsgebots nach Art. 103 Abs. 2 GG nicht gerecht wird. Der Gesetzgeber hat mit dieser Tatform die früher allein geltende, sehr weitgehende und in ihren Konturen nicht klare Tathandlung des Kursbetrugs nach § 88 Nr. 1 BörsG a.F. beibehalten. Strafbar macht sich danach, wer durch sonstige, auf Täuschung berechnete Mittel zur Einwirkung auf den Börsenpreis von Wertpapieren oder Optionen anwendet. Was hierunter

---

562 *Groß, W.*, § 88 BörsG, Rn 4.
563 *Rössner/Worms*, in: Assmann/Schütze, Handbuch des Kapitalanlagerechts, § 9 Rn 8.
564 BT-Drucks. 10/318, S. 46.
565 *Schwark, E.*, § 88 BörsG, Rn 6.

zu verstehen ist, erscheint höchst unklar. Die Bezugnahme auf *sonstige* Täuschungsmittel legt einen Zusammenhang mit § 88 Nr. 1 BörsG nahe, der sich auf das „Machen unrichtiger Angaben über bewertungserhebliche Umstände“, bzw. auf deren „Verschweigen entgegen bestehender Rechtsvorschriften“ bezieht. Demnach müssen die Täuschungsmittel mit den „unrichtigen Angaben“ vergleichbar sein. Man könnte weiter annehmen, daß die Mittel auf Täuschung berechnet sind, wenn sie eine fehlerhafte Vorstellung bei einem Dritten hervorrufen sollen[566]. Ferner müßten die Täuschungsmittel angewendet werden. Die generalklauselartige Formulierung des §°88 Abs. 2 BörsG ist mit dem Bestimmtheitsgrundsatz nicht zu vereinbaren und deshalb als nicht verfassungskonform abzulehnen. Da unwahre Angaben bereits durch § 88 Nr. 1 BörsG erfaßt werden, kommen vor allem Scheingeschäfte in Betracht, die jedoch durch das elektronische Handelssystem Xetra, welches bis zu achtzig Prozent des Handelsaufkommens bewältigt, fast ausgeschlossen sind[567].

c) Subjektiver Tatbestand

§ 88 BörsG setzt Vorsatz hinsichtlich aller objektiven Tatbestandsmerkmale voraus[568]. Ferner erfordert der subjektive Tatbestand des § 88 BörsG dolus directus ersten Grades hinsichtlich der Einwirkung des Täters auf den Börsen- oder Marktpreis; ein entsprechender Erfolg braucht nicht einzutreten[569]. Der hier in Betracht kommende Börsenpreis im Sinne von § 88 BörsG bezieht sich nicht nur auf den amtlich festgestellten Kurs gemäß § 29 BörsG, a.F. bzw. § 25 BörsG n.F., sondern auch auf die im Geregelten Markt, im Neuen Markt und im Freiverkehr an der Börse ermittelten Preise[570]. Ausreichend soll nach einer Ansicht sogar eine Beeinflussung des gesamten Preisniveaus an einer Börse sein[571]. Für die Verletzung von Informationspflichten des Emittenten gemäß § 15 WpHG stellt die absichtliche Beeinflussung des Börsenpreises auch ein Abgrenzungskriterium zu den Ordnungswidrigkeiten der §§ 90 BörsG a.F. bzw. 39 WpHG dar. Anders als die frühere Fassung erfordert § 88 BörsG keine Bereicherungsabsicht mehr, die unredliche Preisbeeinflussung reicht aus[572]. Im Rahmen der Tatbestandsalternative des Verschweigens von Umständen gemäß § 88 Nr. 1, 2. Alt. BörsG muß der Täter wissen, daß er aufgrund einer Vorschrift zur Offenbarung der Umstände verpflichtet ist und diese trotzdem verschweigen.

---

566 *Schwark, E.*, § 88 BörsG, Rn. 7.

567 *Rössner/Worms*, in: Assmann/Schütze, Handbuch des Kapitalanlagerechts, § 9 Rn 9; *Schwark*, § 88, Rn 7.

568 *Groß, W.*, § 88 BörsG, Rn 10; *Schwark, E.*, § 88, Rn 11.

569 In der Literatur mehren sich die Stimmen, die aufgrund der Nachweisprobleme und der Fälle, in denen es dem Täter nicht auf die Einwirkung auf den Börsenpreis ankommt, eine Strafbarkeit absichtsloser Kursmanipulation befürworten, vgl. *Weber, M.*, Kursmanipulationen, in: NZG 2000, 116.

570 *Schwark, E.*, § 88 BörsG, Rn 9.

571 *Möhrenschlager, M.*, RegEntw. zum 2. WiKG, in: wistra 1983, 19.

572 *Schwark, E.*, § 88 BörsG, Rn 1.

Absichtslos vorgenommene Kursmanipulationen werden im Börsengesetz und im Wertpapierhandelsgesetz unter bestimmten Voraussetzungen als Ordnungswidrigkeiten geahndet.

d) Täterschaft und Teilnahme

Die Tätereigenschaft des § 88 BörsG ist nicht von besonderen persönlichen Voraussetzungen abhängig, der Täter muß nicht als Bankkaufmann, Börsenmakler oder in sonstiger Weise an der Börse beschäftigt sein oder gewerblich mit dem Vertrieb von Wertpapieren seinen Lebensunterhalt erwirtschaften. Es gelten die allgemeinen Vorschriften des Strafgesetzbuchs über Täterschaft und Teilnahme nach den §§ 25 ff. StGB.

V. Generalklauselartige Fassung der Norm

Der theoretische Anwendungsbereich des § 88 BörsG ist aufgrund seiner generalklauselartigen Fassung sehr weit. Den Nachweis der kursbeeinflussenden Absicht vorausgesetzt, sollen nach einer Literaturansicht, die sich teilweise am US-amerikanischen Muster orientiert, folgende Handlungen gemäß § 88 BörsG als Kursmanipulationen strafbar sein :

> Die Verbreitung falscher, irreführender oder unvollständiger Nachrichten oder Gerüchte durch die Unterdrückung von Tatsachen oder durch die Kundgabe von Werturteilen, Meinungen oder Prognosen, sowie das „Heraufloben“ oder „Herunterreden“ von Kursen durch Kauf- oder Verkaufsempfehlungen[573].

Hierunter würden z. B. fingierte Unternehmensmeldungen über Nachrichtenagenturen oder Chat-Foren im Internet fallen. Nach US-amerikanischem Muster, das sehr oft als Vorbild für eine effiziente Kapitalmarktregulierung herangezogen wird, sollen noch weitere Verhaltensweisen strafbar sein.

1. Fingierte Unternehmensmeldungen über Nachrichtenagenturen

Der Bereich der fingierten Unternehmensmeldungen über Nachrichtenagenturen wie z.B. Reuters oder Bloomberg ist zwar theoretisch eine der möglichen Manipulationstechniken, bei denen § 88 BörsG Anwendung finden soll, jedoch ist die tatsächliche Anwendung in solchen Fällen als marginal zu bezeichnen und wird ebenfalls vom allgemeinen Betrugstatbestand des § 263 StGB abgedeckt. Die Möglichkeit, daß dieser Tatbestandsverwirklichung in der Zukunft größere Bedeutung zukommt, ist nahezu ausgeschlossen[574]. Die Wahrscheinlichkeit, daß Unternehmen, die vor einem Aktienrückkaufprogramm, welches öffentlich publik gemacht werden muß, den Kurs manipulieren, um die

[573] *Lenzen, U.*, Börsenkursmanipulation, in: WM 2000, 1137.
[574] Vgl. *Benner,K.-D.*, in Wabnitz/Janovsky, Krimianalität im Wertpapierhandel, S. 312.

Aktien zu einem günstigen Kurs zurückzukaufen, besteht nicht. Zu groß wäre die Gefahr negativer Presse und einem dauerhaften Verlust der Unternehmenskapitalisierung durch einen Kursverfall.

2. Chat-Foren als Informationsmedium im Internet

Das Internet wird für den Bereich der Kursmanipulation als besonders geeignet angesehen. Hierdurch können schnell, anonym und ohne großen Aufwand Falschmeldungen verbreitet werden und einem großen Publikum zugeführt werden[575]. Die für den Bereich Internet geltende Regelung muß nach dem Umfeld differenziert werden, in welchem die Nachricht publiziert wird. Für den Bereich der Nachrichtenagenturen, die ihre Dienste auch im World Wide Web anbieten, kann nichts anderes gelten als für den alten Nachrichtenticker in den Anfangsjahren der Dow Jones Company. Hier ist der allgemeine Betrugstatbestand anzuwenden.

Für sogenannte Chat-Foren (to chat = schwatzen) im Internet, wie z. B. das Finanzportal wallstreet:online oder andere Finanzdienstleister, die ein solches Diskussionsforum zur Verfügung stellen, muß eine andere, eigenverantwortliche und außerstrafrechtliche, Regelung gefunden werden. Allein von der Begrifflichkeit ist das Chat-Forum von einer offiziellen, ernstzunehmenden Nachrichtenfunktion, mit deren Hilfe ein Betrug begangen werden könnte, weit entfernt. Vielmehr trifft sich dort ein Kreis von Gleichgesinnten, die ihre teilweise seriösen Informationen auch anderen Personen zur Verfügung stellen und dabei nicht selten versuchen, den Kurs von Wertpapieren, die sie bereits in ihrem Depot halten, zu „pushen“. Hierbei haben sich teilweise selbsternannte Börsengurus großen Einfluß verschafft, indem so viele Kleinanleger ihren Empfehlungen gefolgt sind, daß dies tatsächlich den Aktienkurs veränderte. Solche Handlungen unterbinden zu wollen, wie es die Securities and Exchange Commission in den Vereinigten Staaten handhabt, ist verfehlt. Wer weiß, daß er sich in einem Bereich befindet, der anonym ist und keinerlei Verbindlichkeit besitzt, kann hiervon keinen strafrechtlichen Schutz erwarten. Eine andere Ansicht zu vertreten ist nur unter der Prämisse möglich, daß man das Strafrecht als Freiheitsbeschränkungsinstrument des Staates zur Steuerung unliebsamen Verhaltens sieht und es nicht als ein Mittel der Freiheitssicherung zwischen den Bürgern betrachtet.

3. Amerikanische Muster

Weiterhin sollen vom Tatbestand der Kursmanipulation noch andere Verhaltensweisen am Kapitalmarkt erfaßt werden. Durch die Weite und Unbestimmtheit der Vorschriften lassen sich eine Vielzahl von Handlungskonstellationen finden. Exemplarisch sollen einige

---

[575] *Lenzen, U.*, Börsenkursmanipulation, in: WM 2000, 1132.

Fallkonstellationen dargestellt werden, die in der Literatur besprochen werden und in der US-amerikanischen Kapitalmarktregulierung durch die SEC ihren Ursprung haben. Hierbei handelt es sich zum einen um fiktive Transaktionen und zum anderen um tatsächliche Handelsaktivitäten. Diesen Ansätzen ist gemeinsam, daß alle Praktiken umfaßt sind, die einen Aktienkurs herbeiführen, der nicht demjenigen entspricht, der bei einem unbeeinflußten Zusammenspiel von Angebot und Nachfrage zustande gekommen wäre[576]. Die Frage, ob in einer Marktwirtschaft jemals ein unbeeinflußtes Zusammenspiel von Angebot und Nachfrage zustande kommt, oder ob nicht immer eine gewisse Beeinflussung durch den Anbieter, der die abzugebende Menge und somit auch den Preis kontrolliert, stattfindet, wäre zu weitgehend. Interessant ist in diesem Zusammenhang allerdings, daß niemand darin ein Fehlverhalten sieht, wenn die Europäische Zentralbank durch Stützungskäufe das Preisniveau des Euro stabilisieren will, obwohl hierdurch wesentlich bedeutendere volkswirtschaftliche Bedingungen für die Funktion einer Marktwirtschaft manipuliert werden.

a) Fiktive Transaktionen

Die fiktiven Transaktionen umfassen sogenannte *wash sales, matched orders* und *circular trading*. Die Differenzierung dieser Handelspraktiken orientiert sich an der Anzahl der Handelsteilnehmer.

(1) Wash sales

Bei dem Vorwurf sogenannter „*wash sales*“ handelt es sich um Wertpapiergeschäfte, bei denen Käufer und Verkäufer zumindest wirtschaftlich identisch sind[577]. Im Jahre 1996 erließ das Amtsgericht München einen Strafbefehl, der auf dem Vorwurf des § 88 Abs. 2 BörsG basierte und sich unter den Begriff eines sogenannten *wash sale* subsumieren läßt[578]. In dem genannten Fall hatte ein Freimakler, der verdeckt eine marktfern limitierte Verkaufsorder erteilte, die er dann selbst durch eine unlimitierte Kauforder neutralisierte, ohne dem Kursmakler die Kompensation anzuzeigen, nach Ansicht des AG München den Kurs der Aktie manipuliert[579]. Eine Entscheidung zu § 88 BörsG ist bis heute nicht ergangen. Die Bedeutung solcher *wash sales* sollen im Zeitalter von elektronischen Handelssystemen an der Börse darin liegen, daß Marktteilnehmer durch die Abgabe von zwei sich entsprechenden Eigengeschäftsorder den Börsenkurs manipulieren[580]. Ein empirisch nachvollziehbarer Beleg für diese These fehlt allerdings.

576 *Lenzen, U.*, Unerlaubte Eingriffe in die Börsenkursbildung, S. 9.
577 *Lenzen, U.*, Unerlaubte Eingriffe in die Börsenkursbildung, S. 10.
578 Amtsgericht München, 1138 Cs 302 Js 23676/95.
579 Der Strafbefehl ist abgedruckt in : *Benner, K.-D.*, in: Wabnitz / Janovsky, Kriminalität im Wertpapierhandel, S. 310.
580 *Lenzen, U.*, Unerlaubte Eingriffe in die Börsenkursbildung, S. 11.

Das strafbare Verhalten wird bei den sogenannten *wash sales* allein schon darin erblickt, daß das „natürliche Spiel der Marktkräfte" verletzt wird. Das nach § 181 BGB verbotene In-Sich-Geschäft wird somit im Rahmen des Börsengesetzes in strafrechtliche Formen gegossen. Ein Vermögensschaden entsteht bei einem solchen Geschäft nicht, die Verletzungshandlung besteht lediglich in dem gleichzeitigen Verkauf und Rückkauf der Wertpapiere.

(2) Matched orders

Das unter dem Begriff sogenannter *matched orders* zusammengefaßte Verhalten besteht darin, daß sich Verkäufer und Käufer als wirtschaftlich unterschiedliche Personen vor Abgabe ihrer Aufträge abgesprochen haben, korrespondierende gegenläufige Order mit im wesentlichen gleichen Volumina und Preisen zur selben Zeit in den Markt zu geben[581]. Bei den *matched orders* handelt es sich folglich um tatsächliche Handelsaktivitäten, bei denen der Eigentümer der Wertpapiere zunächst wechselt, und der Käufer die Papiere zu einem späteren Zeitpunkt an den ursprünglichen Verkäufer zurückverkauft. Durch den hierdurch generierten Handel soll das Interesse der Anleger geweckt werden, ebenso diese Wertpapiere zu kaufen.

Die Vermutung, daß Anleger durch ein hohes Handelsaufkommen zu einem Kauf von Wertpapieren bewegt werden, erscheint sehr vage. Vielmehr sind es Unternehmensmeldungen oder das fundamentale Profil und Geschäftsfeld eines Unternehmens, das die Investition in Wertpapiere bedingt. Der außerbörsliche Verkauf von größeren Mengen von Wertpapieren zwischen zwei oder mehreren Investoren, wie dies z.B. beim sogenannten Paketverkauf[582] der Fall ist, wird hiervon nicht erfaßt.

(3) Circular trading

Bei dem sogenannten *circular trading* handelt es sich um vorarrangierte Transaktionen zwischen einer ganzen Reihe von Marktteilnehmern, bei denen der erste Käufer auch der letzte Käufer oder Verkäufer ist[583]. Die Zielsetzung besteht auch hier wiederum darin, anderen Marktteilnehmern vorzuspiegeln, daß von diesem Wertpapier große Umsätze gehandelt werden, um ihr Interesse zu wecken.

---

[581] *Lenzen, U.*, Unerlaubte Eingriffe in die Börsenkursbildung, S. 11.

[582] Ein sogenannter Paketverkauf liegt vor, wenn sehr große Mengen von Aktien außerbörslich über eine dritte Person an einen Investor vermittelt werden.

[583] *Lenzen, U.*, Unerlaubte Eingriffe in die Börsenkursbildung, S. 11.

b) Tatsächliche Transaktionen

Auch sollen tatsächliche Transaktionen, also der eigentliche Kauf von Wertpapieren unter bestimmten, oder -im Sinne von Art. 103 Abs. 2 GG betrachtet- vielmehr unbestimmten Voraussetzungen nach § 88 BörsG strafbar sein. Im Gegensatz zu den fiktiven Transaktionen bestehen bei den tatsächlichen Handelsaktivitäten keine abgesprochenen, sich gegenseitig aufhebenden Kauf- bzw. Verkauforder. Da eine Absicherung durch ein geplantes Gegengeschäft nicht stattfindet, trägt der Marktteilnehmer das Risiko, die Wertpapiere nicht zum geplanten Kurs wieder abstoßen zu können, selbst.

Da eine Abgrenzung gegenüber den Handelspraktiken, die keine äußerlich erkennbar manipulativen Intentionen haben, sehr schwierig ist, soll nach US-amerikanischem Vorbild durch das subjektive Kriterium der Absicht, in der jemand eine Transaktion vornimmt, differenziert werden[584]. Teilweise wird sogar vorgeschlagen, Personen mit besonders starken Manipulationsanreizen den Handel insgesamt zu verbieten oder den Handel zumindest so zu begrenzen, daß er nur noch eingeschränkt zu Manipulationszwecken verwendbar ist[585].

Leerverkäufe von Wertpapieren sind nicht als manipulative Handlung im Sinne von § 88 BörsG anzusehen. Unter einem Leerverkauf versteht man den Kauf von Wertpapieren, die weder im Eigentum des Verkäufers stehen, noch von diesem in Kommission veräußert werden[586]. Der Aktienverkäufer verkauft also Wertpapiere, ohne daß diese in seinem Eigentum stehen. Um die geschuldeten Wertpapiere später liefern zu können, muß der Leerverkäufer nach den Geschäftsbedingungen der deutschen Börsen spätestens am zweiten Werktag nach dem Verkaufstag die Wertpapiere auf dem Markt nachgekauft haben, um sie liefern zu können. Der Verkäufer setzt hierbei auf fallende Kurse, um die Wertpapiere später zu einem günstigeren Kurs kaufen zu können. Im Zuge der verstärkten Akzeptanz von Hedge Fonds sind Leerverkäufe eine gängige Praxis am Kapitalmarkt.

Ebenso sollen nach einer Literaturansicht Wertpapierkäufe per se einen manipulativen Charakter haben, wenn sie während der Laufzeit von Übernahmeangeboten getätigt werden[587]. Da der Wertpapierkauf in einer solchen Zeit dazu geeignet sei, den Kurs zu manipulieren, falle dieses Verhalten ebenso unter § 88 BörsG. Daß dies in der Realität zum Beispiel bei dem Übernahmekampf von Mannesmann und Vodafone Tausende von Wertpapierkäufern zu Straftätern gemacht hätte, darüber hinaus dies einem Aussetzen des Wertpapierhandels gleichkommen würde und somit

---

584 Vgl. Sec. 9 (a) (2) SEA.
585 *Lenzen, U.*, Unerlaubte Eingriffe in die Börsenkursbildung, S. 13.
586 *Schröder, Ch.*, Aktienhandel und Strafrecht, S. 75.
587 *Lenzen, U.*, Unerlaubte Eingriffe in die Börsenkursbildung, S. 21.

kontraproduktiv für den Kapitalmarkt wäre, geht im Eifer der Überregulierung des Marktes unter. Es verbleibt hierbei lediglich die Hoffnung, daß die Gerichte solche Entwicklungen stoppen, bzw. die Staatsanwaltschaft derartiges Verhalten nicht als einen Gesetzesverstoß ansieht.

VI. Die interpretatorische Bestimmtheit des § 88 BörsG

Die Bestimmtheit der Vorschrift entspricht nicht dem Maßstab des Art. 103 Abs. 2 GG. Das Bundesverfassungsgericht hat festgelegt, daß die Verwendung unbestimmter Rechtsbegriffe dann unbedenklich ist, wenn sich mit Hilfe anderer Vorschriften desselben Gesetzes und durch Berücksichtigung des Normenzusammenhangs eine zuverlässige Auslegung gewinnen läßt, so daß der einzelne die Möglichkeit hat, den durch die Strafnorm geschützten Wert sowie das Verbot bestimmter Verhaltensweisen zu erkennen, und die staatliche Reaktion vorauszusehen ist[588].

Das Strafrecht kann nach höchstrichterlicher Rechtsprechung zwar nicht völlig darauf verzichten, allgemeine Begriffe zu verwenden, die nicht eindeutig allgemeingültig umschrieben werden können und die im besonderen Maße der Auslegung durch den Richter bedürfen[589], jedoch geht das anzuwendende Maß bei § 88 BörsG über den verfassungsrechtlich zulässigen Rahmen hinaus. Die Tatsache, daß sowohl bei der Staatsanwaltschaft als auch bei Gericht große Unsicherheit über die Auslegung von zentralen Tatbestandsmerkmalen der börsenstrafrechtlichen Vorschriften herrscht, zeigt die verfassungsrechtliche Problematik. Wie soll der Bürger in der Lage sein, eine eventuelle Strafbarkeit im voraus zu erkennen, wenn Berufsjuristen dazu nicht in der Lage sind?!

VII. Praktische Bedeutungslosigkeit

Die praktische Bedeutung des § 88 BörsG ist bisher sehr gering[590]. In den vergangenen Jahrzehnten sind keine Verurteilungen aufgrund dieser Vorschrift bekannt geworden[591]. In der aktuellen Fassung stellt § 88 BörsG einen höchst überflüssigen Tatbestand dar, der kaum geeignet ist, den mittelbar von der Vorschrift bezweckten Anlegerschutz zu gewährleisten, sondern allenfalls einen Scheinschutz bietet[592].

---

588 BVerfGE 45, 363 (371ff.).

589 BVerfGE 26, 41, 42; 45, 363, 371ff.; 48, 48, 56 f..

590 *Petersen, H.*, Der Schutz des Kapitalmarktes, in: Gropp, W., Wirtschaftskriminalität und Wirtschaftsstrafrecht, S. 130; *Rössner/Worms,* in: Assman/Schütze, Handbuch des Kapitalanlagerechts, § 9 Rn 1.

591 *Lenzen, U.*, Börsenkursmanipulation, in: WM 2000, 1163.

592 *Rössner/Worms*, in: Assmann/Schütze, Handbuch des Kapitalanlagerechts, § 9, Rn 4.

Verwunderung ruft diese Tatsache allerdings nur bei denjenigen hervor, die die Wahrheit des Börsenpreises als Rechtsgut von § 88 BörsG anerkennen und die Unbestimmtheit der Vorschrift als Vorteil und nicht als verfassungsrechtliches Problem ansehen. Ansonsten vermittelt die Norm in ihrer Form als abstraktes Gefährdungsdelikt ohne die Voraussetzung eines tatsächlich entstandenen Schadens teilweise eher den Eindruck einer populistischen Jagd auf ein Phantom, dessen Existenz im Handel von wirtschaftlichen Gütern begründet ist.

VIII. Abgrenzung Kurspflege – Kursmanipulation

Die Einflußnahme auf den Börsenkurs eines Wertpapiers kann viele verschiedene Formen annehmen, von denen einige durch Strafvorschriften inkriminiert werden, und andere, die auch das „Rechtsgut" der Zuverlässigkeit und Wahrheit des Börsenpreises „verletzen", als legal angesehen werden. Hieraus ergibt sich die Frage, ob bei diesem Rechtsgut mit zweierlei Maß gemessen wird, oder ob nicht vielmehr das Rechtsgut an sich untauglich ist, um vom strafrechtlichen Schutz umfaßt zu sein. Um dies zu untersuchen, wird die sogenannte Kurspflege[593], als legales Instrument des Kapitalmarkts mit der sogenannten Kursmanipulation verglichen.

Unter Kurspflege versteht man den Erwerb und die Veräußerung von Aktien der Gesellschaft in der Absicht, auf deren Börsenkurs Einfluß zu nehmen[594]. Begrifflich wird der Terminus Kurspflege mit dem Begriff Marktpflege synonym verwandt[595]. Die sogenannte Kurspflege soll der stetigen und stabilen Kursentwicklung durch marktausgleichende An- und Verkäufe dienen, um ein Abgleiten der Kurse oder auch unerwünschte künstliche Kurssteigerungen zu vermeiden[596]. Teilweise wird auch von einer Kursstützung gesprochen, deren Einwirkung auf das Marktgeschehen jedoch wesentlich nachhaltiger sein soll[597]. Kurspflege kann von dem Emittenten selbst, einer Bank im Auftrag und auf Rechnung des Emittenten oder von einer Bank oder Bankengruppe für eigene Rechnung betrieben werden. Die rechtliche Zulässigkeit von Kurspflegemaßnahmen wird zum Teil aus der EG-Insider-Richtlinie[598] geschlossen. Auch die Erwähnung der Kurspflege als Instrument des Finanzmarkts in der Regierungsbegründung zum Zweiten Finanzmarktförderungsgesetz[599] sowie dem Gesetz zur Kontrolle und

---

593 In der Praxis der Emissionsbanken wird auch der englische Terminus *stabilisation* verwandt.

594 *Weber, M.*, Kursmanipulationen, in: NZG 2000, 113.

595 *Schäfer, F.*, Kurspflege, in: WM 1999, 1345.

596 *Schäfer, F.*, Kurspflege, in: WM 1999, 1345.

597 *Schäfer, F.*, Kurspflege, in: WM 1999, 1345.

598 Richtlinie des Rates der Europäischen Gemeinschaften vom 13. 11. 1989 zur Koordinierung der Vorschriften betreffend Insidergeschäfte, Abl. EG Nr. L 334/30 vom 18.11.1989.

599 BT-Drucks. 12/6679, S. 47.

Transparenz im Unternehmensbereich[600] sollen deren Zulässigkeit begründen.

Weiterhin soll durch das Vierte Finanzmarktförderungsgesetz der Bereich der Kurspflege rechtlich fixiert werden, indem eine dem anglo-amerikanischen Regulierungsprinzip entnommene *Safe-Habour* Regelung geschaffen wird. Durch die Einfügung einer Ermächtigungsnorm in das Wertpapierhandelsgesetz, die dem BAFin die Kompetenz verleiht, per Richtlinie positiv festzulegen, welche Kursbeeinflussungen rechtlich zulässig sind, sollen zukünftige Unklarheiten ausgeschlossen sein[601].

Die unrichtige Publikation anlageentscheidungserheblicher Tatsachen, die Manipulation von Börsenkursen und die Weitergabe von kurserheblichen Tatsachen sollen durch die Straftatbestände des Kapitalanlagebetrugs gem. § 264a StGB, des Kursbetrugs gem. § 88 BörsG und des Insiderhandels gem. §§ 38, 14 WpHG begrenzt werden. Die rechtsgeschäftliche Einflußnahme des Emittenten auf das Marktangebot mit dem Ziel einer Angebotsveränderung, was wiederum zu einer Preisveränderung der Wertpapiere führt, ist demgegenüber nicht Gegenstand des Strafrechts, sondern wird als Kurspflege im Rahmen sogenannter Investor Relations bezeichnet[602]. Im Wert nachlassende Papiere werden über dem „ungepflegten Kurs“ liegend aufgekauft. Bei steigenden Kursen werden die im Wert wachsenden Papiere abgestoßen, jeweils um den Kurs zu stabilisieren. Die Einflußnahme des Emittenten kann vielerlei Formen annehmen, z.B. sogenannte *Standstill-Agreements*, Verträge, bei denen sich der Aktionär verpflichtet, seine Aktie für eine gewisse Zeit nicht zum Verkauf anzubieten, um den Preis hoch zu halten. Andere Instrumente der Kurspflege sind Rückkäufe von Aktienpaketen durch das Unternehmen selbst oder im Rahmen des IPO in der ersten Woche durch die Emissionsbanken, um den Aktienkurs nicht unter eine bestimmte Preisschwelle sinken zu lassen oder zur Abwehr von feindlichen Übernahmeangeboten. Diese manipulierenden Kurspflegemaßnahmen werden grundsätzlich als positiv beurteilt[603] und werden nicht als strafbar im Sinne von § 88 BörsG angesehen, gleichwohl sie unter dessen Tatbestand zu subsumieren sind und der Gesetzgeber in § 71 Abs. 1 Nr. 8 S. 2 AktG den Handel mit Aktien des eigenen Unternehmens ausgeschlossen hat. Diese positive Regelung soll insbesondere für nicht gezielt kursmanipulierende Kurspflegemaßnahmen von Bedeutung sein[604]. Als Beispiele für Kurspflegemaßnahmen wird die Preisglättung vor einer Wertpapieremission angeführt, um die Aufnahmebereitschaft des Anlegerpublikums zu fördern oder Leerverkäufe im Rahmen von Eigengeschäften der Kursmakler angenommen[605].

---

600 KonTraG, BR-Drucks. 872/97, S. 30.
601 *Ekkenga, J.*, Investor Relations, in: NZG 2001, 8.
602 *Ekkenga, J.*, Investor Relations, in: NZG 2001, 1.
603 *Weber, M.*, Kursmanipulationen, in: NZG 1999, 115.
604 *Weber, M.*, Kursmanipulationen, in: NZG 1999, 115.
605 *Weber, M.*, Kursmanipulationen, in: NZG 1999, 115.

Eine klar erkennbare Argumentation, warum gezielt kursmanipulierende Kurspflegemaßnahmen nicht von der Strafbarkeit des § 88 BörsG umfaßt sein sollen, verschließt sich einer kritischen Analyse dieses Tatbestands. Eine deutliche Differenzierung, die auch im Gesetz ihre Verankerung gefunden hat, besteht nicht. Grundsätzlich kann davon ausgegangen werden, daß Kurspflegemaßnahmen börsenrechtlich als positiv beurteilt werden, da in ihnen dem Kapitalmarkt förderliche Effekte beinhaltet sind. So wird z.B. durch die Kursglättung im Vorfeld einer Emission das Vertrauen der Anleger gestärkt, indem nicht zu große Preisschwankungen auftreten oder durch andere Maßnahmen die Volatilität des Marktes erhalten oder verbessert wird. Dies kann jedoch aus strafrechtsdogmatischer Sicht keine andere Bewertung herbeiführen als bei Fallkonstellationen, die ansonsten unter die Vorschrift des § 88 Nr. 2 BörsG subsumiert werden können. Wer, um darüber hinwegzutäuschen, daß der Preis im Rahmen einer Aktienemission sehr stark schwankt, Wertpapiere aufkauft – lediglich um den Preis stabil zu halten - täuscht die Anleger über die tatsächliche Marktlage. Da somit ein künstlicher Preis geschaffen wird, der dem natürlichen Spiel von Angebot und Nachfrage entgegensteht, und die Wahrheit der Preisbildung an Börsen und Märkten hierdurch verletzt wird, ist dieses Verhalten nach Auffassung des Gesetzgebers zu sanktionieren. Wenn der objektive Tatbestand erfüllt ist, stellt sich die Frage, ob der Täter um die Auswirkungen seines Handeln wußte und dieses auch wollte. Dies kann in der Regel bei Personen und Institutionen, die professionell am Kapitalmarkt agieren, bejaht werden, insbesondere, wenn dies ein Teil ihrer täglichen Arbeit darstellt. Aus dogmatischer Sicht müßte demnach, um eine Strafbarkeit zu umgehen, ein Rechtfertigungsgrund vorliegen. In der Förderung von wirtschaftlich positiven und vom Kapitalmarkt fördernd aufgenommenen Effekten kann jedoch kein von Fallkonstellation zu Fallkonstellation unterschiedlicher Rechtfertigungsgrund innewohnen. Hieran wird deutlich, daß staatlich unliebsames Verhalten am Kapitalmarkt, welches das Vertrauen der Anleger verletzen soll, nicht durch eine der Strafrechtsdogmatik unterliegende Vorschrift unterbunden werden kann. Es kann nur ein einheitlicher Maßstab angelegt werden. Eine Beurteilung des Falles von politischer und wirtschaftlicher Opportunität abhängig zu machen, sprengt die bereits sehr weit überdehnten Grenzen unserer Verfassung und macht somit ein rechtsstaatliches Strafrecht zur Fiktion.

IX. Überwachung des Börsenhandels

Die Überwachung des Börsenhandels wird nicht von der Staatsanwaltschaft übernommen, wie dies bei § 264a StGB der Fall ist, sondern obliegt den Börsenaufsichtsbehörden, die bei entsprechendem Verdacht den Fall an die Staatsanwaltschaft weiterleiten[606].

[606] Seit dem 01.07.2002 obliegt die Überwachung des Tatbestands der BAFin.

1. Nationale Überwachung des Verbots der Kursmanipulation

Der Handel an den Börsen, der durch die Börsenordnungen und Geschäftsbedingungen der Börsen geregelt ist, unterliegt in erster Linie der Aufsicht durch die jeweiligen Handelsüberwachungsstellen und zuständigen Börsenaufsichtsbehörden der Länder. Diesen obliegt insbesondere die Aufgabe, die Preisfindung, die Einhaltung börsenrechtlicher Vorschriften, Geschäftsbedingungen und Anordnungen durch die Handelsteilnehmer zu überwachen und gemäß §§ 1a Abs. 2, 1b Abs. 5 BörsG a.F. bzw. §§ 2 Abs. 2, 3 BörsG n.F. sonstige Mißstände zu beseitigen und zu verhindern[607]. Die Aufsicht durch das 1994 neu geschaffene Bundesaufsichtsamt für den Wertpapierhandel beschränkte sich bis zum 01.07.2002 noch auf die ihm zugewiesene Überwachung des Insiderhandels, wurde danach jedoch auch zur Überwachung von Börsenkursmanipulationen ermächtigt. Durch das Finanzministerium wurden diese Aufgaben in eine neu zu gründende Bundesanstalt für Finanzdienstleistungsaufsicht integriert[608].

2. Internationalisierung der Börsenüberwachung

Die Internationalisierung der Überwachung des Börsenhandels und des Verbots der Kursmanipulation wird durch die *International Organisation of Securities Commissions* (IOSCO) betrieben. In der IOSCO, der internationalen Vereinigung der Wertpapier- und Börsenaufsichtbehören, sind Prinzipien entwickelt worden, um die internationale Zusammenarbeit der Aufsichtbehörden zu erleichtern. In dieser Organisation mit über einhundertfünfzig Mitgliedern werden internationale Standards und Prinzipien der Aufsicht über Wertpapiermärkte erstellt, die in sogenannten *Memoranda of Understanding* festgeschrieben werden. Maßgeblichen Einfluß in diesem Komitee übt die US-amerikanische Aufsichtsbehörde SEC aus, die im Rahmen der IOSCO versucht, auch international ihre Aufsichtsstandards durchzusetzen.

C. Verleiten zu Börsenspekulationen gemäß § 89 BörsG

Das 2. WiKG brachte im Bereich der Wirtschaftskriminalität einige neue bzw. modifizierte Strafvorschriften, wie z.B. das Verleiten zu Börsenspekulationsgeschäften nach § 89 BörsG[609]. Die ordnungspolitische Intention des Gesetzgebers bestand darin, verbesserte Rahmenbedingungen für den strafrechtlichen Schutz von Kapitalanlegern und Verbrauchern zu schaffen[610].

---

[607] *Lenzen, U.*, Börsenkursmanipulationen, in: WM 2000, 1136.
[608] F.A.Z. vom 28.03.2001, S. 17.
[609] Eine Übersicht zu den Straftatbeständen bietet *Achenbach, H.*, Das Zweite Gesetz zur Bekämpfung der Wirtschaftskriminalität, in: NJW 1986, 1835.
[610] BT-Drucks. 10/318, S. 24.

Das Verleiten zu Börsenspekulationen war in der Fassung vor dem 2. WiKG nur strafbar, wenn der Täter gewohnheitsmäßig, in gewinnsüchtiger Absicht handelnd die Unerfahrenheit oder den Leichtsinn des Opfers ausbeutete und das Opfer außerhalb seines Gewerbebetriebs handelte. Die Modifizierung der Vorschrift nach dem 2. WiKG veränderte sowohl in objektiver als auch in subjektiver Hinsicht die Anforderungen an die Norm.

§ 89 BörsG

1. *Wer gewerbsmäßig andere unter Ausnutzung ihrer Unerfahrenheit in Börsenspekulationsgeschäften zu solchen Geschäften oder zur unmittelbaren oder mittelbaren Beteiligung an solchen Geschäften verleitet, wird mit Freiheitsstrafe bis zu drei Jahren oder mit Geldstrafe bestraft.*

2. *Börsenspekulationsgeschäfte i.S.d. Absatzes 1 sind insbesondere*
   (1) An- oder Verkaufsgeschäfte mit aufgeschobener Lieferzeit, auch wenn sie außerhalb einer inländischen oder ausländischen Börse geschlossen werden,
   (2) Optionen auf solche Geschäfte,

   die darauf gerichtet sind, aus dem Unterschied zwischen dem für die Lieferzeit festgelegten Preis und dem zur Lieferzeit vorhandenen Börsen- oder Marktpreis einen Gewinn zu erzielen.

I. Genese der Vorschrift

Die durch das Zweite Gesetz zur Bekämpfung der Wirtschaftskriminalität[611] konkretisierte Vorschrift soll dazu dienen, das Verleiten zu Terminspekulationen an und außerhalb der Börse wirksam zu bekämpfen[612]. Durch die Neufassung des Tatbestands sollten Strafbarkeitslücken, insbesondere im Bereich der Warenterminspekulationen und der Optionsgeschäfte an ausländischen Märkten, geschlossen werden[613]. Die verminderten Anforderungen des § 89 BörsG sind aber auch eine Reaktion des Gesetzgebers auf die im Vergleich wesentlich bestimmteren und damit schwieriger nachweisbaren Anforderungen des Betrugstatbestands gemäß § 263 StGB. Eine Bestrafung nach § 263 StGB würde voraussetzen, daß ungewöhnlich hohe Gebühren und Aufschläge gefordert und nicht ausgewiesen werden, über sonstige wesentliche Umstände der Geschäftsabwicklung getäuscht wird oder Börsenspekulationsgeschäfte unzutreffend als sichere Vermögensanlage angepriesen werden[614]. Durch die sehr weite Fassung des § 89 BörsG wird allerdings den Ermittlungsbehörden die Annahme eines Anfangsverdachts mit entsprechenden Ermittlungsbefugnissen

---

[611] BGBl. I 1986 S. 721.
[612] *Otto, H.*, Strafrechtliche Aspekte der Anlageberatung, in: WM 1988, 736; *Schwark, E.*, § 89 BörsG, Rn. 1.
[613] *Schwark, E.*, § 89 BörsG, Rn. 1.
[614] *Schwark, E.*, § 89 BörsG, Rn. 1.

sehr erleichtert. § 89 BörsG erfaßt insbesondere Warentermingeschäfte und Wertpapiertermingeschäfte, auch wenn diese nicht mit einem Terminmarkt an der Börse in Verbindung stehen. Mit der Neufassung des § 89 BörsG ist auch die bis 1986 vertretene Rechtsprechung des BGH, wonach das Verleiten zu Spekulationsgeschäften außerhalb einer amtlichen Börse nicht unter § 89 BörsG alter Fassung fiel und somit nicht strafbar war, geändert worden[615].

II. Verleiten zu Börsenspekulationsgeschäften

Nach der Verminderung der Anforderungen der Norm macht sich strafbar, wer gewerbsmäßig andere zu Börsenspekulationsgeschäften oder zu unmittelbaren oder mittelbaren Beteiligungen an solchen Geschäften verleitet. Der Begriff des Börsenspekulationsgeschäfts wird in § 89 Abs. 2 BörsG in Anlehnung an § 764 BGB legaldefiniert.

1. Börsenspekulationsgeschäfte

Da die Legaldefinition der Börsenspekulationsgeschäfte nicht abschließend ist, werden in der kapitalmarktrechtlichen Literatur noch weitergehende Definitionen vertreten. Hiernach sind Börsenspekulationsgeschäfte An- und Verkaufsgeschäfte, die zu dem Zweck abgeschlossen werden, aus den zwischenzeitlichen Preisunterschieden einen Gewinn zu erzielen, der dann durch ein Gegengeschäft realisiert werden soll[616]. Eine Option ist das gegen sofortige Zahlung des Optionspreises erworbene Recht, Wertpapiere, Waren oder andere handelbare Rechte innerhalb einer vereinbarten Frist jederzeit zu einem bestimmten Preis zu kaufen oder zu verkaufen[617]. Erfaßt werden damit jedenfalls sämtliche Termin- und Optionsgeschäfte, nicht aber die sogenannten *Hedge-Geschäfte*[618], da deren Zweck die Sicherung von Engagements ist, deren effektive Erfüllung beabsichtigt wird[619]. Ebenso fallen spekulative Kassageschäfte, wie etwa Leerverkäufe, sogenannte *short-sales*, in den Anwendungsbereich der Vorschrift[620]. Geschäfte, die nur einer kurzfristigen Kapitalanlage dienen, sind jedoch nicht als Börsenspekulationsgeschäfte zu klassifizieren[621]. Neu entstehende Formen von Börsenspekulationsgeschäften sollen einbezogen werden, wenn nach Art des Geschäfts aus zeitlichen Preisunterschieden Gewinn erzielt werden soll, und ein Güteraustausch nicht beabsichtigt ist[622]. Dieser Ansatz ist unter der Berücksichtigung des

---

615 BGHSt 29, 152, 158; *Knauth, A.*, Kapitalanlagebetrug und Börsendelikte, NJW 1987, 33.
616 *Schäfer, F.*, § 89 BörsG, Rn. 1; vgl. auch *Schwark, E.*, § 89 BörsG Rn. 2.
617 *Erbs/Kohlhaas*, § 89 BörsG, Rn. 6.
618 *Joecks, W.*, Anleger- und Verbraucherschutz, in: wistra 1986, 149
619 *Schwark, E.*, § 89 BörsG, Rn. 4.
620 *Schäfer, F.*, § 89 BörsG, Rn. 1.
621 BT-Drucks. 10/318, S. 46.
622 *Schwark, E.*, § 89 BörsG, Rn. 4.

Bestimmtheitsgebots aus Art. 103 Abs. 2 GG nicht tragbar, da die Vorhersehbarkeit eines eventuellen strafrechtlichen Vorwurfs nicht gegeben ist.

2. Verleiten

Der Begriff des Verleitens in § 89 BörsG ist schwammig, und auch aus dem Strafgesetzbuch läßt sich keine vergleichbare Vorschrift finden[623]. Ebenso wie für den Begriff der Börsenspekulation wird der Begriff des Verleitens in der Literatur unterschiedlich definiert. Das Verleiten wird teilweise als die erfolgreiche Willensbeeinflussung im Sinne einer kausalen Einwirkung[624] oder auch als das Bestimmen durch Willensbeeinflussung im Sinne des Anstiftens[625] definiert. Nach einer restriktiven Auslegung des Begriffs muß die Beeinflussung über die Merkmale und Intensität von reiner Werbung hinausgehen und ein Element der unlauteren Willensbeeinflussung enthalten, also den Bereich übersteigen, der nach den Anschauungen eines reellen Geschäftsverkehrs zulässig ist[626]. Ein solches Verleiten kann in einem unerlaubten telefonischen Erstkontakt bei einem unerfahrenen Anleger bestehen, das sogenannte *cold calling*[627], oder auch dem häufigen Wechsel von Positionen, ohne auf die Erfolgsaussichten des Kunden zu achten, sondern im eigenen Gewinninteresse an den anfallenden Kommissionen zu verdienen, das sogenannte *churning*[628]. Tatbestandsmäßig ist auch die Verleitung zur unmittelbaren oder mittelbaren Beteiligung an Spekulationsgeschäften gemäß § 89 Abs. 1 Alt. 2 BörsG. Damit ist die unseriöse Vermittlung von Geschäften gemeint, bei denen der Investor nicht für sich allein einen Kontrakt oder eine Option erwirbt, sondern dies gemeinsam mit anderen unternimmt[629]. Mit der mittelbaren Beteiligung werden Fondskonstruktionen erfaßt, deren Kapital zu den geschäftsplanmäßig beschriebenen Spekulationsgeschäften verwendet werden soll, wobei für den Investor nur schuldrechtliche Ansprüche begründet werden[630]. Die extensive Auslegung des Begriffs „Verleiten" öffnet die Grenzen für eine sehr weite Grauzone. Mit Sicherheit kann man nur sagen, daß sie ihre Grenze dort findet, wo eine Person bereits aus eigenem Willen zu einem Börsenspekulationsgeschäft fest entschlossen ist.

III. Unerfahrenheit

Weiterhin setzt eine Strafbarkeit nach § 89 BörsG voraus, daß die Tathandlung unter Ausnutzung der Unerfahrenheit des Anlegers erfolgt ist. Nicht mehr

---

[623] Vgl. §§ 144, 160, 357, 323b StGB.
[624] *Groß, W.*, § 89 BörsG, Rn. 2.
[625] *Schwark, E.*, § 89, Rn. 5.
[626] *Achilles-Baumgärtel, J.*, § 89 BörsG, in: NStZ 1998, 604.
[627] *Groß, W.*, § 89, Rn. 2.
[628] *König, M.*, Anlegerschutz im Investmentrecht, S. 93; *Schäfer, F.*, § 89 BörsG, Rn. 5.
[629] BT-Drs. 10/318, S. 49.
[630] *Schwark, E.*, § 89 BörsG, Rn. 6.

erforderlich ist die Ausbeutung der Unerfahrenheit oder der Leichtsinn des Verleiteten. Auch dieses Tatbestandsmerkmal ist in der Literatur nicht einheitlich definiert. Nach der Rechtsprechung liegt Unerfahrenheit vor, wenn es dem Verleiteten an Geschäftskenntnis und Erfahrung in Börsenspekulationsgeschäften mangelt mit der Folge, daß er die Tragweite seines Handelns nicht richtig beurteilen kann[631]. Insbesondere wird hierbei auf die Lebensumstände und den beruflichen und persönlichen Werdegang des Anlegers abgestellt[632]. Von einem erfahrenen Anleger wird man also nur dann ausgehen können, wenn er verläßliche generelle Kenntnisse über Funktionsweise, Chancen und Risiken besitzt und außerdem die Tragweite des Geschäfts im Einzelfall ausreichend zu überblicken vermag[633]. Dies bedeutet, daß selbst Personen, die schon über Jahre spekulieren, als unerfahren eingestuft werden können, wenn sie im Einzelfall die Grundlagen der Geschäfte nicht verstehen.

Dieser sehr weitgehende Anlegerschutz, der die Mündigkeit und Verantwortlichkeit einer geschäftsfähigen Person aus zivilrechtlicher Sicht verdrängt, ist mit der ultima ratio-Funktion und dem fragmentarischen Charakter des Strafrechts nicht in Einklang zu bringen. Allein der Begriff des Spekulationsgeschäfts läßt die Unerfahrenheit eines Anlegers zweifelhaft erscheinen. Wer um den spekulativen Charakter eines Geschäfts weiß, also die Möglichkeit, daß er sein Geld wie bei einem Wettgeschäft verlieren kann, kann nicht mehr als unerfahren im Sinne des § 89 BörsG bezeichnet werden[634]. Das Tatbestandsmerkmal der Unerfahrenheit bei Börsentermingeschäften ist in der strafrechtlichen Norm des § 89 BörsG weiter gefaßt als in § 53 Abs. 2 BörsG, der bei Nichtkaufleuten entsprechende zivilrechtliche Aufklärungspflichten vorschreibt. Schließlich stellt sich die Frage, was mit dem Merkmal der Unerfahrenheit in § 89 BörsG von Seiten des Gesetzgebers intendiert wurde. Mit der veränderten, sehr viel weiteren und schwammigeren Fassung der Norm nach dem 2. WiKG sollte wegen der Gefährlichkeit solcher Spekulationsgeschäfte für den Börsenunerfahrenen ein strafrechtlicher Schutz notwendig sein[635]. Wenn der Schutz über die zivilrechtliche Aufklärungspflicht des § 53 BörsG a. F. hinausgeht, stellt sich allerdings die Frage, ob andere Teilbereiche des täglichen Wirtschaftslebens nicht ebenso geschützt werden müßten. So zum Beispiel der unerfahrene Gebrauchtwagenkäufer, dessen durchschnittliches Risiko, einen mangelbehafteten Wagen zu kaufen, aufgrund der Nachfrage im Kfz- Bereich wesentlich höher ist. Kritisch betrachtet wird gerade an diesem Beispiel deutlich, daß der Gesetzgeber bei § 89 BörsG den strafrechtlichen Schutz des Anlegers aus rechtsstaatlicher Sicht zum wiederholten Mal überfrachtet hat.

---

631 BGHSt 13, 233; OLG Düsseldorf in: WM 1989, 175 (180).

632 *Martin, S.*, Kapitalanlageschwindel, in: wistra 1994, 129.

633 *Groß, W.*, § 89 BörsG, Rn. 3.

634 *Martin, S.*, Kapitalanlageschwindel, in: wistra 1994, 129.

635 *Achenbach,H.,* Das 2. Gesetz zur Bekämpfung der Wirtschaftskriminalität, in: NJW 1986, 1839.

IV. Gewerbsmäßigkeit

Nach dem 2. WiKG stellt die Vorschrift des § 89 BörsG nicht mehr darauf ab, daß der Täter gewohnheitsmäßig in gewinnsüchtiger Absicht zu Spekulationsgeschäften verleitet hat, sondern es genügt, daß er lediglich gewerbsmäßig handelt[636]. Das Tatbestandsmerkmal der Gewerbsmäßigkeit ist daran festzustellen, daß eine einzige Tat mit dem Plan begangen wird, die Begehung gleichartiger Taten zu einem wiederkehrenden Bestandteil der Beschäftigung zu machen[637]. Nicht erforderlich ist ein ausgebildeter, selbständig fortwirkender Hang zur Tatverwirklichung[638].

Wer nicht gewerbsmäßig handelt, kann nur Anstifter oder Gehilfe sein. Dies ergibt sich aus der Klassifizierung der Vorschrift als echtes Sonderdelikt und den damit verbundenen Eigenschaften des Täters, welche die Voraussetzungen eines strafbegründenden persönlichen Merkmals nach § 28 Abs. 1 StGB erfüllen[639].

V. Subjektiver Tatbestand

Das Merkmal der gewinnsüchtigen Absicht wurde aus dem subjektiven Tatbestand der Norm gestrichen, der hiernach lediglich dolus eventualis fordert. Demnach ist schon derjenige strafbar, der sein gewerbsmäßiges Handeln lediglich mit bedingtem Vorsatz vornimmt[640], d.h. mit der mangelnden Erfahrung des Kunden bei Spekulationsgeschäften gerechnet und diesen Umstand billigend in Kauf genommen hat.

VI. Vermögensverwaltungsvertrag mit einer Bank

In Bezug auf den Vermögensverwaltungsvertrag mit einer Bank ist die praktische Bedeutung der Vorschrift mit der Umsetzung des WpHG und der Neufassung des Kreditwesengesetzes durch die 6. KWG-Novelle in der strafrechtlichen Praxis noch unbedeutender als sie zuvor ohnehin schon war. Mit der Richtlinie des Bundesaufsichtsamtes für den Wertpapierhandel vom 26.05.1997 zur Konkretisierung der §§ 31 und 32 WpHG für das Kommissions-, Festpreis- und Vermittlungsgeschäft der Kreditinstitute weiß der Anbieter, was er in seinen Prospekten mitzuteilen hat, um durch Aufklärung die Unerfahrenheit des Kunden auszuschließen.

---

636 *Knauth, A.*, Kapitalanlagebetrug und Börsendelikte, in: NJW 1987, 33.
637 *Schäfer, F.*, § 89 BörsG, Rn. 4.
638 BT-Drucks. 10/318, S. 48.
639 *Erbs/Kohlhaas*, § 89 BörsG, Rn. 5.
640 *Joecks, W.*, Anleger- und Verbraucherschutz, in: wistra 1986, 149.

Die einzige Legitimation der Norm besteht in der Funktion als Schutzgesetz im Sinne des § 823 Abs. 2 BGB. Die zivilrechtliche Schadensersatzforderung auf eine strafrechtliche Norm zu stützen, vermag jedoch nicht deren strafrechtliche Existenz zu rechtfertigen. Das Strafrecht ist darauf ausgelegt, in seiner *ultima ratio*- Funktion als letzte Instanz das gesellschaftliche Zusammenleben durch den Staat mit seinem Gewaltmonopol zu regulieren. Das Strafrecht lediglich zu einem zivilrechtlichen Beiwerk zu instrumentalisieren, würde den auf Freiheitssicherung ausgerichteten Charakter dieses Rechtsgebietes konterkarieren.

D. Insiderstrafrecht

Das sogenannte Insiderstrafrecht ist aus dem Bereich des Nebenstrafrechts der wissenschaftlich, gemessen an der Anzahl der Publikationen, am ausgiebigsten untersuchte Teilbereich des Börsenstrafrechts. Im Gegensatz zum Tatbestand der Kursmanipulation, bei dem ein manipulierter Kurs aktiv herbeigeführt wird, kommt es beim Tatbestand des Insiderhandels darauf an, ob jemand privilegiertes kursrelevantes Wissen zu seinen Gunsten oder zugunsten Dritter ausnutzt.

Der Straftatbestand und die Strafandrohung des Insiderstrafrechts sind nicht in einer Norm zusammengefasst, sondern als Blankettstrafgesetz ausgestaltet. Die Strafandrohung wird durch § 38 WpHG normiert, der in erster Linie auf § 14 WpHG und zur weiteren Ausgestaltung der Strafnorm auf die §§ 12, 13 WpHG rekurriert.

§ 14 WpHG

(1) Einem Insider ist es verboten,

1. *unter Ausnutzung seiner Kenntnis von einer Insidertatsache Insiderpapiere für eigene oder fremde Rechnung oder für einen anderen zu erwerben oder zu veräußern,*
2. *einem anderen eine Insidertatsache unbefugt mitzuteilen oder zugänglich zu machen,*
3. *einem anderen auf der Grundlage seiner Kenntnis von einer Insidertatsache den Erwerb oder die Veräußerung von Insiderpapieren zu empfehlen.*

(2) Einem Dritten, der Kenntnis von einer Insidertatsache hat, ist es verboten, unter Ausnutzung dieser Kenntnis Insiderpapiere für eigene oder fremde Rechnung oder für einen anderen zu erwerben oder zu veräußern.

§ 38 WpHG

(1) Mit Freiheitsstrafe bis zu fünf Jahren oder mit Geldstrafe wird bestraft, wer

1. *entgegen einem Verbot nach § 14 Abs. 1 Nr. 1 oder Abs. 2 ein Insiderpapier erwirbt oder veräußert,*
2. *entgegen einem Verbot nach § 14 Abs. 1 Nr. 2 eine Insidertatsache mitteilt oder zugänglich macht, oder*
3. *entgegen einem Verbot nach § 14 Abs. 1 Nr. 3 den Erwerb oder die Veräußerung eines Insiderpapiers empfiehlt.*

(2) Einem Verbot im Sinne des Absatzes 1 steht ein entsprechendes ausländisches Verbot gleich.

I. Genese des Insiderstrafrechts

Die Nutzung von Informationsvorsprüngen zur Erzielung von Erträgen im Wertpapierhandel hat einen historisch weit zurückreichenden Ursprung. Der erste Fall, der in der Literatur Erwähnung findet, geht in das Jahr 1887 zurück. Zu dieser Zeit verbot Bismarck der Reichsbank, russische Wertpapiere zu beleihen, was einen rapiden Kursverfall derselben zur Folge hatte[641]. Mit der Information des Verbots vor dem allgemeinem Bekanntwerden vertraut, nutzte ein Mitarbeiter des Auswärtigen Amtes diesen Informationsvorsprung und informierte einen Bankier, der daraufhin seinen Bestand an diesen Wertpapieren verkaufte und einen großen Gewinn realisierte. Eine Regulierung dieser Handelspraktiken gab es zu diesem Zeitpunkt nicht, vielmehr waren solche Praktiken im Kreis der Marktteilnehmer bekannt und als Anreizsystem verstanden.

Die ersten rechtlichen Vorläufer einer Insiderregelung in Europa reichen bis Anfang des 20. Jahrhunderts zurück und finden ihre Wurzeln im Vereinigten Königreich von England. Durch die starke Verflechtung der anglo-amerikanischen Rechtssysteme und die starke Bindung an den US-amerikanischen Kapitalmarkt führte Großbritannien im Jahr 1947 die erste Registrierungspflicht für Wertpapiergeschäfte von Unternehmensangehörigen ein[642].

Die ersten legislativen Maßnahmen zur Regulierung des Insiderhandels in Deutschland sind historisch mit dem beginnenden Wirtschaftsaufschwung der siebziger Jahre verbunden. Ein formelles Gesetz, das mit strafrechtlichen Sanktionen den Insiderhandel zu unterbinden versuchte, bestand zu diesem Zeitpunkt nicht. Es finden sich jedoch mit den 1970 verabschiedeten und 1976

---

[641] Weitere Nachweise hierzu bei *Hopt/Will*, Europäisches Insiderrecht, S. 19.
[642] U.K Companies Act of 1947.

und 1988 neu gefaßten Insiderhandelsrichtlinien erste Vorläufer zur Verhinderung des Handels von Wertpapieren infolge von Informationsvorsprüngen.

II. Einführung des Insiderstrafrechts in das Wertpapierhandelsgesetz

Entscheidend für die Kodifizierung eines Insiderstrafrechts in einem formellen Gesetz waren nicht eventuelle Unzulänglichkeiten der Insiderhandelsrichtlinie, sondern die Maßnahmen der Europäischen Union zur Schaffung eines gemeinsamen Marktes und zur Verwirklichung des europäischen Binnenmarktes. Die Initiative zur Implementierung des deutschen Insiderstrafrechts geht demnach nicht von nationalen Bedürfnissen aus, sondern wurde durch europäisches Recht bedingt. Die EG-Insider-Richtlinie[643] wurde am 13.11.1989 erlassen. Sie verpflichtet die Mitglieder der Europäischen Wirtschaftsgemeinschaft, den Insiderhandel unter Strafe zu stellen. Durch Artikel 14 der Richtlinie wurde festgelegt, daß ihre Umsetzung in nationales Recht spätestens bis zum 01.07.1992 erfolgen müsse. Das hieraus hervorgegangene Wertpapierhandelsgesetz mit dem Verbot des Insiderhandels trat in Deutschland am 26.07.1994 in Kraft. Die Einführung des Wertpapierhandelsgesetzes im Rahmen des Zweiten Finanzmarktförderungsgesetzes sollte der Attraktivität und Wettbewerbsfähigkeit des Finanzplatzes Deutschland dienen, um somit das Interesse ausländischer Anleger und den Bedarf an Eigenfinanzierung am deutschen Kapitalmarkt zu decken. Diese vordergründig positive Darstellung des Zweiten Finanzmarktförderungsgesetzes kann jedoch nicht darüber hinwegtäuschen, daß durch supranationales Recht mit dem Insiderstrafrecht ein weiterer Fremdkörper in der nationalen Strafrechtsgesetzgebung verankert wurde.

III. Geschütztes Rechtsgut des Insiderhandelsverbots

Das zu schützende Rechtsgut ist nicht nur der Maßstab für Inhalt und Auslegung einer Strafvorschrift und ihrer einzelnen Tatbestandsmerkmale, sondern erlangt auch Bedeutung im Hinblick auf die Beurteilung der Rechtfertigungsgründe und die damit verbundenen Wertungskollisionen[644]. Die Verletzungshandlung im Rahmen des Insiderhandels besteht im Ausnutzen von Informationsvorsprüngen. Demzufolge muß der Schaden, der hierdurch hervorgerufen wird, in einem Nachteil bestehen, der aus einem Informationsrückstand besteht. Somit stellt sich die Frage, ob es sich hierbei um ein individuelles oder ein überindividuelles Rechtsgut handelt, das durch das Insiderhandelsverbot geschützt werden soll.

---

[643] AblEG Nr. L 1989, 334/30.
[644] *Peters, P.*, Das deutsche Insiderstrafrecht, S. 17.

1. Individuelles Rechtsgut

Ein individuelles Rechtsgut, das durch ein Insiderhandelsverbot geschützt werden soll, ist nicht erkennbar. In der Literatur wird der Schutz jedes einzelnen Anlegers hervorgehoben[645], wobei sich die Frage stellt, welches individuelle Rechtsgut verletzt sein sollte. Ein Vermögensschaden ist durch Insiderhandel nicht entstanden, und auch andere individuelle Rechtsgüter können durch das Ausnutzen von Informationsvorsprüngen nicht verletzt werden. Ein Schaden eines einzelnen Anlegers ist zu verneinen, da durch den Insiderhandel lediglich die Informationseffizienz des Kapitalmarkts verbessert wurde und somit später erscheinende Unternehmensnachrichten bereits frühzeitig in den Aktienkursen enthalten sind. Ein bezifferbarer Schaden eines Anlegers wird hierdurch nicht verursacht, sondern der Aktienkurs wird seinem tatsächlichen Niveau entsprechend angenähert. Gegen den Schutz eines individuellen Rechtsguts durch das Insiderhandelsverbot sprechen ebenfalls die Gesetzesbegründung zum Regierungsentwurf sowie die Präambel zur EU-Richtlinie, die den Anlegerschutz nicht als Zielbestimmung nennen, sondern auf überindividuelle Rechtsgüter abstellen. Demzufolge kann nur von einem überindividuellen Rechtsgut ausgegangen werden, das durch ein Insiderhandelsverbot geschützt werden soll.

2. Überindividuelles Rechtsgut

Für die Annahme eines überindividuellen Rechtsguts, das durch den Insiderhandel geschützt wird, sprechen die im Regierungsentwurf aufgeführten Rechtsgüter, wie z. B. die Funktionsfähigkeit des Kapitalmarkts, das Vertrauen der Anleger in die Integrität des Börsenhandels und die Chancengleichheit der Wettbewerber[646]. Diese sehr ungenauen und schwammigen Rechtsgüter spiegeln die Fremdartigkeit des Insiderhandelsverbots in Form von Strafvorschriften wider. Nur hierüber kann eine Schutzwürdigkeit eines „Rechtsguts" konstruiert werden, ohne daß eine tatsächliche Verletzungshandlung stattgefunden hat. Auch spricht die Auswirkung eines Verstoßes gegen das Insiderhandelsverbot für den Schutz eines überindividuellen Rechtsguts, da sich keine unmittelbaren zivilrechtlichen Verantwortlichkeiten hieraus ableiten lassen. Folglich liegt dem Insiderhandelsverbot der Schutz eines überindividuellen Rechtsguts zugrunde, was die Strafwürdigkeit des Insiderhandels im Hinblick auf die ultima-ratio-Funktion des Strafrechts zweifelhaft erscheinen läßt.

---

645 *Hopt,* Europäisches und deutsches Insiderrecht, in: ZGR 91, 26.
646 BT-Drucks. 12/6679, S. 33.

IV. Insider und Insidertatsachen

1. Insider

Der Insiderbegriff bezieht sich im deutschen Strafrecht auf Personen, die aufgrund ihrer beruflichen Stellung, durch Dritte oder durch Zufall Kenntnis von Tatsachen haben, die noch nicht öffentlich bekannt geworden sind, aber bei öffentlichem Bekanntwerden den Börsenkurs des Wertpapiers erheblich beeinflussen können, die sogenannte Insidertatsache. Die gesetzliche Grundlage zum Insiderbegriff und zur Insidertatsache findet sich in den §§ 13, 14 WpHG.

§ 13 WpHG

(1) Insider ist, wer

> *1. als Mitglied des Geschäftsführungs- und Aufsichtsorgans oder als persönlich haftender Gesellschafter des Emittenten oder eines mit dem Emittenten verbundenen Unternehmens,*
> *2. aufgrund seiner Beteiligung am Kapital des Emittenten oder eines mit dem Emittenten verbundenen Unternehmens oder*
> *3. aufgrund seines Berufs oder seiner Tätigkeit oder seiner Aufgabe bestimmungsgemäß*

Kenntnis von einer nicht öffentlich bekannten Tatsache hat, die sich auf einen oder mehrere Emittenten von Insiderpapieren oder auf Insiderpapiere bezieht und die geeignet ist, im Falle ihres öffentlichen Bekanntwerdens den Kurs der Insiderpapiere erheblich zu beeinflussen.

(2) Eine Bewertung, die ausschließlich aufgrund öffentlich bekannter Tatsachen erstellt wird, ist keine Insidertatsache, selbst wenn sie den Kurs von Insiderpapieren erheblich beeinflussen kann.

Der Insider weiß aufgrund besonderer Kenntnisse um eine Kursveränderung der Aktie in einem unmittelbaren Zeitraum und will seinen Informationsvorsprung dazu nutzen, um von der Kursdifferenz zu profitieren. Hierbei unterscheidet man zwischen Insidern und Dritten, die in der Literatur auch als Sekundärinsider bezeichnet werden. Die unterschiedliche Einordnung ergibt sich zum einen aus der Terminologie des Gesetzestextes, andererseits werden in der Gesetzesbegründung[647] die Begriffe des Primär- und Sekundärinsiders verwendet.

a) Primärinsider

Die Klassifizierung als Primärinsider ergibt sich aus den in § 13 Abs. 1 WpHG enumerativ aufgeführten Personengruppen. Der Gruppe der sogenannten

---

[647] BT-Drucks. 12/6679, S. 33 f..

Primärinsider ist gemeinsam, daß die Personen unmittelbar Zugang zu Insiderinformationen haben oder über diese verfügen[648]. Die Kenntnis erlangt der sogenannte Primärinsider durch seine berufliche Stellung oder aufgrund einer Kapitalbeteiligung an einem Unternehmen des Emittenten. Als Primärinsider kommen demnach neben den in § 13 Abs. 1 Nr. 1 WpHG genannten Personen vor allem Analysten, Investmentbanker, Rechtsanwälte und Notare, Wirtschaftsprüfer, Unternehmensberater und Mitarbeiter von Vermögensbeteiligungsgesellschaften in Betracht.

b) Sekundärinsider

Die Gruppe der sogenannten Sekundärinsider ergibt sich aus der Bezeichnung als Dritte im Sinne von § 14 Abs. 2 WpHG. Hierunter fallen alle Personen, die ohne Primärinsider zu sein, Kenntnis von Insidertatsachen haben. Ausgeschlossen sind allerdings die Fälle, in denen die Insidertatsache durch Zufall oder bei Gelegenheit zur Kenntnis gelangt.

Hinsichtlich der Umsetzung europäischer Richtlinien ist erwähnenswert, daß der deutsche Gesetzgeber über die Vorgaben hinaus die Strafnorm gefaßt hat. Die in Art. 4 EG-Insiderrichtlinie vorgesehene Beschränkung auf Informationen, die aus der Sicht des Sekundärinsiders unmittelbar oder mittelbar von einem Primärinsider abstammen, wurde im Rahmen der deutschen Gesetzgebung nicht übernommen. Es wurde vielmehr von Art. 6 EG-Insiderregelung Gebrauch gemacht. Hiernach hat der nationale Gesetzgeber die Möglichkeit, den Straftatbestand weiter zu fassen als dies in der Richtlinie vorgegeben ist.

2. Insidertatsache

Mit der Definition der Insidertatsache erfolgt die Umschreibung des eigentlichen Bezugsobjekts der Insiderhandlungen. Der Begriff der Insidertatsache ist in § 13 Abs. 1 WpHG legaldefiniert. Danach ist die Insidertatsache eine nicht öffentlich bekannte Tatsache, die sich auf einen oder mehrere Emittenten von Insiderpapieren oder auf Insiderpapiere bezieht und geeignet ist, im Falle ihres öffentlichen Bekanntwerdens den Kurs der Wertpapiere erheblich zu beeinflussen. Durch den Begriff der Insidertatsache hat der Gesetzgeber zum Ausdruck gebracht, daß er bloße Meinungsäußerungen bei subjektiver Wertung nicht in den strafrechtlichen Rahmen des Insiderhandels einbeziehen möchte und folglich Gerüchte und Werturteile ausgeschlossen sind[649]. Die in der EG-Richtlinie gewählte Formulierung einer „präzisen Information“ wurde vom deutschen Gesetzgeber nicht übernommen.

---

[648] *Dierlamm, A.*, Das neue Insiderstrafrecht, in: NStZ 1996, 520.
[649] BT-Drucks. 12/6679, S. 46.

Die Insidertatsache darf nicht öffentlich bekannt sein. Öffentlich bekannt ist eine Tatsache im Rahmen des Insidervorwurfs, wenn eine Bereichsöffentlichkeit hergestellt ist und Marktteilnehmer von der Tatsache Kenntnis nehmen können[650]. Der Begriff der Bereichsöffentlichkeit sollte allerdings durch die Möglichkeit der öffentlichen Kenntnisnahme ersetzt werden, da die Definition der Bereichsöffentlichkeit sehr unterschiedliche Auslegungen hervorbringen kann.

3. Erheblichkeit der Kursbeeinflussung durch Insidertatsachen

Der Gesetzgeber verwendet im Rahmen der Insiderstrafbarkeit in § 13 WpHG, ebenso wie beim Tatbestand der Kursmanipulation nach § 88 BörsG und dem Kapitalanlagebetrug nach § 264a StGB, das Tatbestandsmerkmal der Erheblichkeit. Die Insidertatsache, die sich auf einen oder mehrere Emittenten von Insiderpapieren oder auf Insiderpapiere bezieht, muß geeignet sein, im Falle ihres öffentlichen Bekanntwerdens den Kurs der Wertpapiere *erheblich* zu beeinflussen. Eine Legaldefinition im Wertpapierhandelsgesetz oder ein genauer Auslegungsmaßstab des Erheblichkeitsbegriffs in den Erläuterungen zum Gesetzestext wird jedoch auch hier - im Einklang mit den anderen Vorschriften des sogenannten Börsenstrafrechts - nicht festgelegt. Auch besteht in der Literatur keine Einigkeit, nach welchem Maßstab die Erheblichkeit der Kursbeeinflussung im Sinne von § 13 WpHG zu bestimmen ist.

Bei der Auslegung des Erheblichkeitsmerkmals im Sinne von § 13 WpHG könnte man zur Konkretisierung die Erheblichkeitsmerkmale der Vorschriften des Strafgesetzbuches heranziehen. Dies würde aber der autonomen Stellung des Erheblichkeitsmerkmals im WpHG widersprechen. Denn die Verwendung des Merkmals in anderen Straftatbeständen, wie etwa § 265 b StGB, mag bei der Auslegung mit zu berücksichtigen sein, kann aber schon deshalb nicht unbesehen zum Maßstab werden, weil der deutsche Gesetzgeber den entsprechenden Wortlaut der nicht als Strafgesetz angelegten EG-Richtlinie übernommen hat[651]. Insofern ist es sehr zweifelhaft, ob dem Merkmal der Erheblichkeit in § 13 WpHG die gleiche Bedeutung zugeschrieben werden kann, wie diesem Tatbestandsmerkmal in den anderen Straftatbeständen, die diesbezüglich auch keine Einheitlichkeit aufweisen. In der Literatur hat sich hinsichtlich des Erheblichkeitsbegriffs beim Insiderhandel eine Vielzahl der Stimmen auf eine weniger rechtliche, als eher wirtschaftswissenschaftliche Bestimmung der Erheblichkeitsgrenze festgelegt.

Zur Erheblichkeitsbestimmung haben sich zwei unterschiedliche Ansätze entwickelt. Der eine plädiert für die Herausbildung fixer Grenzwerte zur Bestimmung der Erheblichkeitsschwelle, während der andere starren

[650] BT-Drucks. 12/6679, S. 46.
[651] *Assmann/Schneider*, WpHG, S. 264.

Schwellenwerten ablehnend gegenüber steht und anderweitige Kriterien zur Bestimmung des Erheblichkeitsmaßstabs heranzieht[652]. Beiden Theorien ist gemeinsam, daß sich das Merkmal der Erheblichkeit auf die Höhe des zu erwartenden Kursausschlags bezieht.

a) Fixierung von Schwellenwerten

Nach dem Inkrafttreten des WpHG hat sich relativ schnell eine Ansicht als führend herausgebildet, die mit Bezug auf die Ausführungen in der Begründung zum Regierungsentwurf des Zweiten Finanzmarktförderungsgesetzes, jede zum Zeitpunkt der Vornahme des Insidergeschäftes zu erwartende Kursänderung von mindestens 5 % als erheblich betrachtete[653]. Aufgrund der praktisch schwierigen Trennung der Erheblichkeitsgrenze und der Unschärfe dieser Art der Bestimmung stellte man auf eine Relativierung durch den Vergleich mit der Entwicklung des Marktindex ab. Auch sollen die üblichen Volatilitätsgrenzen, die die Kursschwankung des Wertpapiers zum Ausdruck bringen, herangezogen werden[654]. Anhand dieser beiden Ansätze zur Bestimmung einer Erheblichkeitsgrenze wurde bereits deutlich, daß hierdurch nur ein rechtsstaatlich bedenkliches Tatbestandsmerkmal durch wirtschaftswissenschaftliche Konkretisierungsversuche, die praktisch schwer handhabbar und unsicher sind, abgelöst werden sollte. Auch wurde versucht, den Erheblichkeitsbegriff im Rahmen eines fixen Schwellenwertes durch das DVFA/SG-Ergebnis je Aktie zu ermitteln[655]. Hierbei handelt es sich um ein Verfahren, das durch die Deutsche Vereinigung für Finanzanalyse und Anlageberatung entwickelt wurde. Danach soll eine Tatsache dann als kurserheblich anzusehen sein, wenn diese unter Zugrundelegung des Prinzips der Stetigkeit der Rechnungslegung geeignet ist, eine Veränderung des DVFA-Ergebnisses je Aktie im laufenden Jahr oder im Folgejahr um über 5 % gegenüber dem Vorjahr, in den darauffolgenden fünf Jahren zusammen um über 10 %, basierend auf dem Ergebnis des laufenden Jahres, herbeizuführen[656]. Kritisch zu betrachten ist dieses auch aus wirtschaftswissenschaftlicher Sicht komplexe Verfahren, da es von den freiwilligen, über den Inhalt der Bilanz hinausgehenden Zusatzangaben der bilanzierenden Aktiengesellschaft, abhängt[657]. Ein weiterer Ansatz zur Bestimmung der Erheblichkeitsgrenze sieht die Renditeentwicklung als entscheidenden Parameter an[658]. Hiernach soll durch

---

652 *Assmann/Schneider*, WpHG, S. 264.

653 Vgl. *Assmann*, Das künftige deutsche Insiderrecht, in: AG 1994, 244*; Hopt, K.*, Grundsatz- und Praxisprobleme nach dem Wertpapierhandelsgesetz, in: ZHR 1995, 154 f.; *Weber, U.*, Das neue deutsche Insiderrecht, in: BB 1995, 164.

654 *Loesche/Eichner/Stute*, Erheblichkeitsgrenzen in den Insiderhandelsverboten, in: AG 1999, 309; *Assman/Schneider*, WpHG, S. 277; Leitfaden Deutsche Börse AG, in: WM 1996, 2045.

655 *Loesche, M.*, Die Eignung zur erheblichen Kursbeeinflussung, S. 141.

656 *Assmann/Schneider*, WpHG, S. 267.

657 *Loesche, M.*, Die Eignung zur erheblichen Kursbeeinflussung, S. 141.

658 *Loesche, M.*, Die Eignung zur erheblichen Kursbeeinflussung, S. 149 ff..

Überschreitung der üblichen Volatilitätsgrenzen, gemessen an der Renditeentwicklung aus einer ex ante Betrachtung, das Tatbestandsmerkmal der Erheblichkeit bejaht werden, wenn die Kursveränderung den für den Zeitpunkt des Insiderhandels ermittelten üblichen Renditeschwankungsbereich des Insiderpapiers wahrscheinlich überschreitet. Doch scheint auch diese Methode mit ihrem wissenschaftlichen Ansatz nicht in der Lage, eine Strafbarkeit als im voraus bestimmt erscheinen zu lassen. Eine Erheblichkeitsgrenze durch eine Fixierung eines starren Schwellenwertes zu bestimmen, ist aufgrund einer möglichen Rechtssicherheit grundsätzlich zu begrüßen. Voraussetzung hierfür wäre allerdings ein Aktienmarkt, der stetig und ohne Konjunkturabhängigkeiten nach einem strikten Muster auf Unternehmensnachrichten reagiert und keine analytisch nicht messbaren Parameter beinhaltet. Die Reaktionen des Aktienmarkts sind aber gerade nicht immer aufgrund rationaler Überlegungen nachvollziehbar. Demnach sind die wissenschaftlichen Modelle zur Erheblichkeitsbestimmung, insbesondere solche, die eine ex-ante Bestimmung vornehmen wollen, nicht mit dem tatsächlichen Geschehen des Aktienmarkts vereinbar, und eine Strafbarkeit müßte von einer vagen Wahrscheinlichkeit abhängig gemacht werden.

Vor allem erscheint dieses Verfahren unter rechtsstaatlichen Gesichtspunkten untragbar, da die Vorhersehbarkeit der Strafbarkeit nicht gegeben ist. Eine ex-ante Berechnung von Renditeentwicklungen zum tragenden Element eines strafrechtlichen Vorwurfs zu machen, geht an der Rechtswirklichkeit vorbei und läßt den gebildeten Bürger in Unwissenheit darüber, ob er sich mit seinem Verhalten strafbar macht. Insofern ist eine wirtschaftswissenschaftliche Berechnung des Erheblichkeitskriteriums mit fixen Schwellenwerten abzulehnen.

b) Erheblichkeitskriterium ohne fixe Schwellenwerte

Neben den fixen Schwellenwerten werden von Teilen der Literatur auch flexiblere Erheblichkeitskriterien aufgezeigt, die eine Erheblichkeit der Kursbeeinflussung meßbar machen sollen. Neben verschiedenen anderen Bewertungsansätzen[659] sind diesbezüglich die sogenannten materiality-Erwägungen zu nennen. Hierbei handelt es sich um einen Ansatz aus dem US-amerikanischen Recht zur Bestimmung der Erheblichkeit von ad-hoc-publizitätspflichtigen Tatsachen. Danach sollen Tatsachen als kurserheblich gelten, die so beachtlich sind, daß der vernünftige Investor nicht umhinkommen würde, sie in seine Anlagestrategie mit einzubeziehen[660]. Unter dem Gesichtspunkt der Bestimmtheit und der Rechtssicherheit ist hierdurch allerdings nichts gewonnen. Die Konsequenz aus diesem Vorschlag ist, daß ein unbestimmter Rechtsbegriff - die Erheblichkeit - durch einen anderen unbestimmten Rechtsbegriff - die Beachtlichkeit - ersetzt wird.

---

[659] Vgl. statt aller *Assmann/Schneider*, WpHG, S. 269.

[660] *Assmann/Schneider*, WpHG, S. 269.

Eine ebenso unbestimmte und deshalb zu flexible Formulierung wird beim Bundesaufsichtsamt für den Wertpapierhandel in Ansatz gebracht. Nach der dort vorherrschenden Ansicht müsse die Kurserheblichkeit einer nicht öffentlich bekannten Tatsache danach beurteilt werden, welchen Kauf- oder Verkaufsanreiz diese Tatsache auf einen die besonderen Verhältnisse des Marktes und des fraglichen Insiderpapiers berücksichtigenden Anleger ausübt[661]. Ob es sich aber nun für eine Person lohnt, seinen Informationsvorsprung zum Kauf von Insiderpapieren auszunutzen, kann nicht als objektives Kriterium herangezogen werden. Vielmehr ist es von der einzelnen Person abhängig, was als lohnenswert angesehen wird. Ein Widerspruch zu Art. 103 Abs. 2 GG ist auch hier offensichtlich.

c) Würdigung der Erheblichkeitskriterien

Insgesamt läßt sich bezüglich der Frage, welche Tatsache zur Kursbeeinflussung als erheblich angesehen werden kann, kein geeigneter Ansatz finden. Weder die Versuche, durch einen fixen Schwellenwert Rechtssicherheit herbeizuführen, noch die Ansätze, die eine Lösung ohne fixe Schwellenwerte bevorzugen, entsprechen den Anforderungen eines rechtsstaatlichen Strafrechts. Unter Berücksichtigung des Bestimmtheitsgrundsatzes aus Art. 103 Abs. 2 GG kann keiner der genannten Ansätze zur Bestimmung dessen, was als erheblich im Sinne von § 13 Abs. 1 WpHG definiert werden soll, herangezogen werden.

Weiterhin stellt sich die generelle Frage, ob wirtschaftswissenschaftliche Berechnungsansätze zur Bestimmung von Rechtsbegriffen dienen können. Anhand der Problematik zum Erheblichkeitsbegriff ist erkennbar, daß die Vorhersehbarkeit des strafrechtlichen Vorwurfs noch schwieriger ist als bei den Rechtsbegriffen. Demzufolge ist ein wirtschaftswissenschaftlicher Bewertungsansatz abzulehnen. Somit verbleibt nur die Möglichkeit, durch bestimmte Strafgesetze, die Art. 103 Abs. 2 GG entsprechen, den strafrechtlichen Vorwurf vorhersehbar zu machen. Der Versuch des Gesetzgebers, durch eine flexible Ausgestaltung der Vorschriften den Strafverfolgungsbehörden eine Art dehnbare Generalklausel an die Hand zu geben, um somit flexibel auf politisch oder wirtschaftlich unliebsames Verhalten zu reagieren, ist verfassungsrechtlich nicht möglich. Die Unbestimmtheit der Rechtsbegriffe muß sich spätestens durch die Auslegung dahingehend bestimmen lassen, daß sie mit Art. 103 Abs. 2 GG in Einklang zu bringen ist, ansonsten ist der Rechtsbegriff, wie im Rahmen der §§ 264a StGB und § 88 BörsG, als verfassungswidrig zu bezeichnen.

---

[661] *Wittich, G.*, Erfahrungen mit der Ad-hoc-Publizität in Deutschland, in: AG 1997, 3; *Assmann/Schneider*, WpHG, S. 270.

V. Insiderpapiere

Der Begriff des Insiderpapiers ist in § 12 WpHG normiert. Der Begriff der Insiderpapiere umfaßt Wertpapiere, Finanzderivate und Rechte auf Wertpapiere, welche an der deutschen Börse zum amtlichen Handel, zum geregelten Markt oder zum Freiverkehr zugelassen sind.

§ 12 WpHG

(1) Insiderpapiere sind Wertpapiere, die

1. *an einer inländischen Börse zum Handel zugelassen oder in den Freiverkehr einbezogen sind, oder*
2. *in einem anderen Mitgliedstaat der Europäischen Union oder einem anderen Vertragsstaat des Abkommens über den Europäischen Wirtschaftsraum zum Handel an einem organisierten Markt zugelassen sind.*

Der Zulassung zum Handel an einem organisierten Markt oder der Einbeziehung in den Freiverkehr steht gleich, wenn der Antrag auf Zulassung oder Einbeziehung gestellt oder öffentlich angekündigt ist.

(2) Als Insiderpapiere gelten auch

1. *Rechte auf Zeichnung, Erwerb oder Veräußerung von Wertpapieren,*
2. *Rechte auf Zahlung eines Differenzbetrages, der sich an der Wertentwicklung von Wertpapieren bemisst,*
3. *Terminkontrakte auf einen Aktien- oder Rentenindex oder Zinsterminkontrakte (Finanzterminkontrakte) sowie Rechte auf Zeichnung, Erwerb oder Veräußerung von Finanzterminkontrakten, sofern die Finanzterminkontrakte Wertpapiere zum Gegenstand haben oder sich auf einen Index beziehen, in den Wertpapiere einbezogen sind,*
4. *sonstige Terminkontrakte, die zum Erwerb oder zur Veräußerung von Wertpapieren verpflichten,*

wenn die Rechte oder Terminkontrakte in einem Mitgliedstaat der Europäischen Union oder einem anderen Vertragsstaat des Abkommens über den Europäischen Wirtschaftsraum zum Handel an einem organisierten Markt zugelassen oder in den Freiverkehr einbezogen sind und die in den Nummern 1 bis 4 genannten Wertpapiere in einem Mitgliedstaat des Abkommens über den Europäischen Wirtschaftsraum zum Handel an einem organisierten Markt zugelassen oder in den Freiverkehr einbezogen sind. Der Zulassung der Rechte oder Terminkontrakte zum Handel an einem organisierten Markt oder ihrer Einbeziehung in den Freiverkehr steht gleich, wenn der Antrag auf Zulassung oder Einbeziehung gestellt oder öffentlich angekündigt ist.

Hinsichtlich der Normierung der Insiderpapiere gemäß § 12 WpHG ist festzuhalten, daß der Begriff des Wertpapiers weit gefaßt ist und sowohl Wertpapiere im originären Sinn, wie auch Derivate von Wertpapieren mit einbezieht. Die Insiderregelung greift damit in alle wichtigen Segmente des möglicherweise von Insiderhandlungen betroffenen Wertpapierhandels am Finanzmarkt ein[662].

1. Positive Auswirkungen des Insiderhandels auf die Wertpapiermärkte

Entgegen der Stigmatisierung des Insiderhandels und dem hierdurch hervorgerufenen Bild in der breiten Öffentlichkeit werden dem Insiderhandel aus wissenschaftlich-ökonomischer Sichtweise auch positive Auswirkungen auf den Wertpapiermarkt zugesprochen.

a) Effizienztheorie nach E. Fama

Die positiven Auswirkungen des Insiderhandels liegen nach der von Eugene Fama begründeten Effizienzhypothese in der Erhöhung der Informationseffizienz in den Wertpapiermärkten[663]. Grundlage dieser These ist, daß alle Informationen zu einem Unternehmen in dessen Aktienkurs enthalten sind und die Aktienkurse sich nach dem Zugang einer Information ohne zeitliche Verzögerung anpassen. Dies bedeutet, daß positive Nachrichten den Kurs der Aktie nach oben ziehen und negative Meldungen den Kurs nach unten drücken. Durch Insiderhandel spiegeln sich Informationen im Aktienkurs vor der Veröffentlichung wider. Somit liegt der Aktienkurs nach den, durch den Insider getätigten Transaktionen, dem wirklichen Marktwert näher als vor den Transaktionen des Insiders. Hieraus folgt, daß durch Insiderhandel eine bessere Allokation des Investitionskapitals entsteht als in einem Marktgeschehen, in dem keine Insiderinformationen in den Wertpapierkurs einfließen[664].

b) Volatilitätssenkung

Ebenso positiv zu bewerten ist die Tatsache, daß sich durch Handelsaktivitäten von Insidern aufgrund ihres Informationsvorsprungs in der Öffentlichkeit nicht bekannte Ereignisse bereits teilweise in den Wertpapierkursen widerspiegeln. Diese vorweggenommene Einpreisung der Informationen führt zu geringeren Kurssprüngen im Zeitpunkt der Veröffentlichung und senkt hierdurch die zukünftige Volatilität der Aktienkurse durch eine Glättung der Preisentwicklung[665]. Hierdurch wird der Aktienkurs stetig und nachhaltig ansteigen oder fallen. Eine Überreaktion des Marktes wird nicht entstehen, was letztendlich zu einer ähnlichen Reaktion wie im Rahmen der Kurspflege führt. Da eine solch stetige und konstante Preisentwicklung bei der Kurspflege als positiv beurteilt wird, ist nicht ersichtlich, weshalb die Volatilitätssenkung durch Insiderhandel negativ beurteilt werden sollte.

---

[662] *Nerlich, H.*, Insiderhandelsverbot, S. 70.
[663] *Fama, E.*, Efficient Capital Markets II, The Journal of Finance, S. 1603.
[664] *Gerke/Arneth*, Wirkung von Insiderinformationen, S. 168.
[665] *Gerke/Arneth*, Wirkung von Insiderinformationen, S. 168.

c) Insiderhandel als Mitarbeitermotivation

Ein weiterer positiver Aspekt für die Zulässigkeit des Insiderhandels soll die Tatsache sein, daß sich durch den legitimierten Insiderhandel für die Unternehmensführung die Motivation ergebe, gute Ergebnisse für das Unternehmen zu erzielen, um dann als erster davon profitieren zu können[666]. Dies sei auch insofern vorteilhaft, da wesentliche Innovationen und Impulse für die Entwicklung eines Unternehmens von provisionsabhängigen Mitarbeitern zu erwarten seien, da sie naturgemäß ein erhebliches Eigeninteresse an guten Geschäftsverläufen hätten[667].

Diese Möglichkeit einer sekundären Provisions-erzielung durch den Kapitalmarkt ist jedoch abzulehnen. Grundlegend ist ein Anreizsystem für Mitarbeiter in Form eines Bonus zu begrüßen, aber die Möglichkeit, dies über den Insiderhandel zu steuern, erscheint zweifelhaft. Zunächst steht nicht jedem Leistungsträger eines Unternehmens das notwendige Spekulationskapital zur Verfügung, um sein Gehalt durch Provisionen aufzubessern[668]. Vielmehr aber gilt, daß der Mitarbeiter nicht nur durch gute, sondern auch durch besonders schlechte Leistung mit Wertpapieren verdienen kann. Treibt ein Mitarbeiter ein Unternehmen in die Verlustzone, so wird er durch entsprechenden Aktienverkauf genauso viel Gewinn oder durch Aktienoptionen in Form eines *Put* noch mehr Gewinn erzielen können als nur durch den Aktienkauf mit Informationsvorsprung. Da das Insiderwissen sowohl bei positiven als auch bei negativen Unternehmensnachrichten einen Vorteil verschafft, kann es nicht als Mitarbeitermotivation angesehen werden.

2. Negative Effekte des Insiderhandels

Die Angst vor den möglichen negativen Auswirkungen des Insiderhandels findet sich in dem durch die §§ 38, 14 WpHG geschützten Rechtsgut wieder. Das Vertrauen der Anleger in die Funktionsfähigkeit des Kapitalmarktes könnte durch den Insiderhandel verletzt werden. Dies hätte zur Folge, daß die Anleger ohne Informationsvorsprung weniger Interesse haben, an dem Marktgeschehen teilzunehmen, was zu weniger Liquidität im Markt führen würde.

VI. Insiderhandelsverbot gemäß §§ 38 WpHG i.V.m. 14 WpHG

Die Bedeutung des Insiderhandelsverbots gemäß §§ 38, 14 WpHG für die forensische Praxis läßt sich als marginal bezeichnen.

---

[666] *Manne, H.*, Insider Trading and the Stock Market, S. 110
[667] *Manne, H.*, Insider Trading and Stock Market, S. 141.
[668] *Lücker, V.*, Missbrauch von Insiderinformationen, S. 15.

1. Insiderhandlungen

Die Strafwürdigkeit des Insiderhandels aus der Sicht einer Schadensverursachung zu begründen, ist nicht möglich. Rein technisch gesehen, liegt Insiderhandel dann vor, wenn eine Person ihren Informationsvorsprung am Wertpapiermarkt zu einer Verwertung führt und somit für sich oder andere gewinnbringend ausnutzt. Ein Informationsvorsprung wird dann ausgenutzt, wenn ein Insider eine Handlung in der Absicht vornimmt, entweder sich selbst oder einem Dritten einen wirtschaftlichen Vorteil zu verschaffen[669].

2. Praktische Bedeutung der Norm

Die praktische Bedeutung der strafrechtlichen Sanktionierung des Insiderhandels anhand der Statistiken aus den Jahresberichten des Bundesaufsichtsamtes für den Wertpapierhandel zu bestimmen, würde ein verzerrtes, nicht der Realität entsprechendes Bild vermitteln. Da die Angaben sich auch auf Verfahren beziehen, die bereits in der Statistik der vorhergehenden Jahre enthalten waren, ist das tatsächliche Aufkommen pro Jahr kaum zu ermitteln. Das tatsächliche Aufkommen an Ermittlungsverfahren ist verschwindend gering, die Bedeutung der Verfahren, die mit einem Urteil enden, ist sogar als marginal zu bezeichnen. Nach Einführung der strafrechtlichen Sanktionierung des Insiderhandels im Jahre 1994 wurden hierzu lediglich zwei Verurteilungen ausgesprochen.

a) Seit Einführung der Norm

Die praktische Bedeutung des Insiderhandelsverbots seit Einführung der Vorschriften im Wertpapierhandelsgesetz läßt sich maßgeblich durch die vorherrschende Einstellungspraxis der Staatsanwaltschaften beschreiben. Der Großteil der Verfahren wird eingestellt. Hervorzuheben ist hierbei, daß das BAWe von 1995 bis 2002 insgesamt 356 Insideruntersuchungen aufgenommen hat, von denen in 177 Fällen die Staatsanwaltschaft ein Ermittlungsverfahren wegen Insiderhandels eröffnet hat. Von diesen 177 Ermittlungsverfahren hat die Staatsanwaltschaft 161 Verfahren innerhalb eines Zeitraumes von acht Jahren wieder eingestellt. Erstaunlicherweise sind von den 161 eingestellten Verfahren lediglich 43 Verfahren gegen Zahlung einer Geldauflage nach § 153a StPO eingestellt worden.

---

[669] *Haouache, G.*, Börsenaufsicht durch Strafrecht, S. 18.

Insideruntersuchungen des BAWe bzw. BAFin

	Neu aufgenommene Untersuchungen	Einstellungen	Abgabe an Staatsanwalt-schaften	Offene Untersuchungen am Ende des Berichtszeitraumes
1995	24	16	7	1
1996	59	27	17	16
1997	55	40	22	9
1998	58	21	16	30
1999	39	27	13	45
2000	51	24	22	50
2001	55	19	25	61
2002	15	1	4	71
ins-gesamt	356	175	126	

Quelle: Jahresbericht des Bundesaufsichtsamtes für den Wertpapierhandel 2002

Mitteilungen der Staatsanwaltschaften zu abgeschlossenen Insiderverfahren

	Insgesamt	Einge-stellte Verfahren p.a.	davon Einstell-ungen gegen Zahlung einer Geldauf-lage	Gerichts-entscheid-ung mit Strafbefehl	Gerichts-entscheid-ung mit rechts-kräftigen Verurteil-ungen	Gerichts-entscheid-ung mit rechts-kräftigen Frei-sprüchen
1995	4	2	0	2	0	0
1996	7	3	1	4	0	0
1997	18	15	6	3	0	0
1998	25	21	13	4	0	0
1999	46	46	10	0	0	0
2000	38	37	4	0	1	0
2001	55	37	9	1	1	0
2002	23	23	4	0	0	0
ins-gesamt	177	161	43	14	2	0

Quelle : ermittelnde Staatsanwaltschaften, erfasst lediglich im Jahresbericht des Bundesaufsichtsamtes für den Wertpapierhandel; Statistik 2002.

b) Neue Tendenzen

Das gesetzlich normierte Verbot des Insiderhandels wurde durch neue Tendenzen in der Strafverfolgung, deren Ursprung wiederum in den Vereinigten Staaten zu finden sind, erweitert. Begrifflich werden diese neuen Tendenzen als *Scalping* und *Frontrunnig* bezeichnet. Beiden Begriffen liegen Verhaltensweisen zugrunde, bei denen absehbare Reaktionen auf eine starke Ordervolumenänderung vom Insider zu vorherigen Geschäften genutzt werden.

aa) Scalping

Eine besonders interessante und zugleich erschreckende Konstellation juristischer Kreativität, die unter den Tatbestand des Insiderhandels subsumierbar sein soll, ist das sogenannte *Scalping*. Unter dem Begriff des *Scalpings* sollen die Fälle zu verstehen sein, in denen die handelnde Person den Entschluß gefaßt hat, ein bestimmtes Insiderpapier über ein Medium zum Kauf oder Verkauf zu empfehlen und davor eigene Kauf- oder Verkaufsaktivitäten in dem zur Empfehlung vorgesehenen Wertpapier zu tätigen[670]. Der vermeintliche Insider kauft oder verkauft also Wertpapiere in Kenntnis der Tatsache, daß er selbst die Absicht hat, mit einer Bewertung oder Empfehlung an die Öffentlichkeit zu treten[671]. Der Täter nutzt demnach eine Information aus, die von ihm selbst geschaffen wurde. Potentielle Täter des *Scalping* sind Analysten und Wirtschaftsjournalisten[672]. Im Rahmen der Insidereigenschaft kommt für diese Berufsgruppe somit lediglich § 13 Abs. 1 Nr. 3 WpHG in Betracht, wonach derjenige Insider ist, der aufgrund seines Berufs oder seiner Tätigkeit oder seiner Aufgabe bestimmungsgemäß Kenntnis von einer nicht öffentlich bekannten Tatsache hat. Nach Auffassung der Strafverfolgungsbehörden ist das *Scalping* gemäß §§ 38 Abs. 1 Nr. 1, 14 Abs. 1 Nr. 1 WpHG strafbar. Begründet wird dies mit der Auffassung, daß auch die eigene Empfehlungs- bzw. Bewertungsabsicht als innere Tatsache im Sinne des § 14 Abs. 1 WpHG ausgenutzt werden kann.

Praktische Relevanz erhielt diese juristisch fragwürdige Auffassung durch das Strafverfahren gegen den Börsenanalysten Egbert Prior[673]. Der Vorwurf des Insiderhandels in Form des *Scalpings* gegen Prior entstand durch die Teilnahme des Analysten an einem Börsenspiel des Fernsehsenders 3sat, in dessen Rahmen er Empfehlungen für Aktien aussprach, die sich auch in seinem Aktiendepot befanden. Zwar lehnte das LG Frankfurt mit Beschluß vom 9.11.1999 die Eröffnung des Hauptverfahrens mangels hinreichenden Tatverdachts ab, jedoch

[670] *Heise, D.*, Insiderhandel, S. 156; *Petersen, H.*, Die Strafbarkeit des „Scalping“, in: wistra 1999, 328.
[671] *Volk, K.*, Scalping strafbar? In: ZIP 1999, 787.
[672] *Petersen, H.*, Die Strafbarkeit des „Scalping“, in: wistra 1999, 328.
[673] Das Verfahren vor dem LG Frankfurt kommentiert *Weber, M.*, Scalping - Erfindung und Folgen eines Insiderdelikts, in: NJW 2000, 562 f..

wurde eine materiell-rechtliche Strafbarkeit von eigennützigen Wertpapierempfehlungen grundsätzlich anerkannt. Die sofortige Beschwerde der Staatsanwaltschaft wurde durch Beschluß des OLG Frankfurt vom 15.3.2000 verworfen.

Das Korrektiv, mit dem das Gericht die verfassungswidrige Konstruktion des *Scalpings* im Rahmen des Insiderhandels entfallen ließ, wurde im „Ausnutzen" der Insidertatsache gesehen. Dies ist jedoch zu weitgehend. Richtigerweise handelt es sich bei selbstgeschaffenen Empfehlungen von Börsenanalysten schon gar nicht um Insidertatsachen im Sinne des § 13 WpHG. Tatsachen sind dem Beweis zugängliche, konkrete äußere oder innere Geschehnisse oder Zustände der Vergangenheit oder Gegenwart[674]. Bei den Empfehlungen eines Analysten, daß sich der Kursverlauf einer Aktie in eine bestimmte Richtung entwickeln werde, handelt es sich jedoch um eine Meinungsäußerung. Werturteile und Meinungsäußerungen fallen nicht unter den Begriff der Tatsache, auch nicht den der Insidertatsache. Dies folgt aus dem Willen des Gesetzgebers, der anstelle der Insiderinformation den Begriff der Insidertatsache gewählt hat[675]. Dementsprechend kann es sich bei der Absicht einer Meinungsäußerung ebenso wenig um eine Insidertatsache handeln. Nur durch diese Reduktion des Tatbestands kann, so man von der Annahme des *Scalpings* als Straftatbestand ausgehen möchte, die uferlose Weite des Insiderhandels begrenzt werden.

bb) Frontrunning

Beim sogenannten *Frontrunning* erfährt eine Person von einer Order, die durch ihre Transaktionsgröße zu einer Kursveränderung führen wird und nutzt diesen Informationsvorsprung, um vor der Transaktionsdurchführung eigene Käufe oder Verkäufe in diesem Wertpapier durchzuführen. Als Tätergruppe des *Frontrunning* werden Bankangestellte, Börsenmakler und Händler genannt. Bei einem derartigen Verhalten soll ein Verstoß gegen das Insiderhandelsverbot aus § 14 Abs. 1 Nr. 1 WpHG vorliegen, da eine extreme Ordergröße eine Tatsache sei, die die Kursbildung durch eine starke Nachfrage- und Angebotsänderung ohne weiteres erheblich beeinflussen können soll und als Marktdaten im Sinne von Wertpapierhandelsdaten eine Emittentenbezogenheit aufweisen soll[676]. Da die Transaktion mit dem Ziel erfolge, die absehbare Kursveränderung gewinnbringend zu verwerten, werde die Insidertatsache vom Insider ausgenutzt.

---

[674] LK-*Lackner* § 263, Rn 11.
[675] BT-Drucks. 12/6679, S. 46.
[676] *Heise, D.*, Insiderhandel, S. 156.

VII. Subjektiver Tatbestand

Für die subjektive Tatseite gelten über Art. 1 Abs. 1 EGStGB die Vorschriften des Allgemeinen Teils des Strafgesetzbuchs mit der aus § 15 StGB herzuleitenden Folge, daß § 38 WPHG nur vorsätzlich verwirklicht werden kann[677]. Der Vorsatz muß sich also auf sämtliche Merkmale des objektiven Tatbestands beziehen[678]. Der subjektive Tatbestand des Insiderhandelsverbots setzt also voraus, daß das Wertpapiergeschäft vorsätzlich und unter Ausnutzung der Kenntnis des Täters von einer Insidertatsache erfolgen muß.

In der Literatur herrscht Uneinigkeit darüber, welche Vorsatzform der Tatbestand voraussetzt. Da § 14 Abs. 1 WpHG die Kenntnis einer Insidertatsache voraussetzt, kann dolus eventualis zur Begründung einer strafrechtlichen Verantwortlichkeit nicht ausreichen. Denn der Vorsatz muß sich auf die den Tatbestand ausfüllenden Normen beziehen, also auf die Kenntnis über eine Insidertatsache. Kenntnis allerdings bedeutet Wissen um eine Insidertatsache, mit einem bloßen „für möglich halten“ ist dies nicht zu vereinbaren. Folglich ist die Vorsatzform des Eventualvorsatzes im Rahmen des Insiderhandelsverbots ausgeschlossen.

VIII. Kompetenzbereich des Bundesaufsichtsamts für den Wertpapierhandel (BAWe) bzw. BAFin

Die deutsche Börsenaufsicht und –überwachung hat einen dreistufigen Aufbau und besteht aus dem Bundesaufsichtsamt für den Wertpapierhandel (BAWe), den Börsenaufsichtsbehörden der Länder und den Handelsüberwachungsstellen der einzelnen Börsen[679].

Das Bundesaufsichtsamt für den Wertpapierhandel ist nach §§ 3 ff. WpHG a.F. bzw. § 4 WpHG n.F. als selbständige Bundesoberbehörde errichtet und hat ihren Sitz in Frankfurt am Main. Das BAWe hat nach § 7 WpHG internationale Kompetenzen und ist Ordungswidrigkeitenbehörde.

1. Entstehungsgrund des BAWe

Das BAWe wurde auf der Basis des Wertpapierhandelsgesetzes vom 26.07.1994 gegründet und nahm seine Tätigkeit am 01.01.1995 auf. Nach §§ 1, 4 Abs. 1, 16 Abs. 1 WpHG übt das BAWe bzw. BAFin nach den Vorgaben des Wertpapierhandelsgesetzes die Aufsicht über den börslichen und

[677] *Schröder, Ch.*, Aktienhandel und Strafrecht, S. 142.
[678] *Peters, P.*, Das deutsche Insiderstrafrecht, S. 69.
[679] *Becker / Peppmeier*, Bankbetriebslehre, S. 226.

außerbörslichen Handel mit Wertpapieren und Derivaten aus und soll dadurch den Mißbrauch von Insiderwissen im Vorfeld verhindern bzw. im Nachhinein aufdecken[680].

2. Tätigkeitsbereiche und Kompetenzen des BAWe

Die Aufgabe des BAWe ist es, die Funktionsfähigkeit der deutschen Märkte für Wertpapiere und Derivate sicherzustellen. Die vom BAWe verursachten Kosten werden zu 90 % durch die Marktteilehmer und die börsennotierten Aktiengesellschaften getragen, die restlichen 10 % übernimmt der Bund. Seine wichtigsten Rechtsgrundlagen sind das Wertpapierhandelsgesetz und das Verkaufsprospektgesetz.

Für die strafrechtliche Untersuchung sind die Funktion und die Kompetenzen des BAWe als Verwaltungsbehörde von besonderer Bedeutung. Das Bundesaufsichtsamt für den Wertpapierhandel ist die zentrale Aufsichtsinstanz des Bundes. Das BAWe ist eine selbständige, dem Bundesministerium der Finanzen als oberster Bundesbehörde nachgeordnete Bundesoberbehörde[681]. Der örtliche Zuständigkeitsbereich erstreckt sich nach § 3 Abs. 1 WpHG a.F. bzw. § 4 WpHG n.F. auf das gesamte Bundesgebiet. Seine Hauptaufgabe ist es, Mißständen entgegenzuwirken[682], die den Wertpapierhandel beeinträchtigen oder den Wertpapiermarkt schädigen können, § 4 WpHG. Dies erfolgt vor allem durch Überwachung und Verfolgung von Insidergeschäften, Überwachung der Veröffentlichungspflichten von Emittenten, Kontrolle der Einhaltung von Verhaltensregeln im Kundengeschäft und durch internationale Zusammenarbeit mit Wertpapieraufsichtsbehörden[683].

Die Aufgaben des BAWe bzw. BAFin regelt § 4 WpHG in der Weise, daß die Aufsichtstätigkeit des BAWe ausschließlich nach den Vorschriften des WpHG bestimmt wird, so daß Kompetenzüberschneidungen mit den Börsenaufsichtsbehörden der Länder grundsätzlich ausgeschlossen sind[684].

---

680 Regierungsentwurf, BT-Drucksache 12 / 6679, S. 47 ff.
681 *Eilenberger, G.*, Bankbetriebswirtschaftslehre, S. 114.
682 *Rauscher, R.*, Das BAWe und seine Kompetenzen, S. 82.
683 *Becker / Peppmeier*, Bankbetriebslehre, S. 226.
684 *Eilenberger, G.*, Bankbetriebswirtschaftslehre, S. 114.

Der Schwerpunkt der Aufgaben des BAWe besteht in:

- der Verhinderung und Aufdeckung des Mißbrauchs von Insiderinformationen,
- seit dem 01.07.2002 auch bzgl. der Verhinderung von Kursmanipulationen,
- der Überwachung der Ad-hoc-Berichterstattungspflicht,
- der Überwachung von bedeutenden Beteiligungen an börsennotierten Gesellschaften,
- und der internationalen Zusammenarbeit auf dem Gebiet der Wertpapierhandelsaufsicht.

Zusätzlich ist das BAWe die zuständige Hinterlegungsstelle für Verkaufsprospekte, § 8 VerkProspG, und hat nach § 8a Abs. 2 S. 1 VerkProspG die Kompetenz zur Überprüfung der Vollständigkeit des Verkaufsprospekts. Eine Überprüfung der inhaltlichen Richtigkeit von Verkaufsprospekten ist nicht vorgesehen[685].

Die Wahrnehmung der dem BAWe zugewiesenen Aufgaben und Befugnisse erfolgt ausschließlich im öffentlichen Interesse. Die Aufsicht in Insiderangelegenheiten und die Überwachung von Melde- und Informationspflichten bei Erwerb und Veräußerung von bedeutenden Beteiligungen beruhen auf der Umsetzung der EG-Insider-Richtlinie und der EG-Transparenz-Richtlinie.

Wie das Bundesaufsichtsamt für das Kreditwesen gemäß § 9 Abs. 1 KWG kann sich auch das BAWe bei der Durchführung seiner Aufgaben anderer Personen und Einrichtungen bedienen (§ 6 Abs. 1 WpHG). Diese Vorschrift ermöglicht es dem BAWe, bei Bedarf Spezialisten, wie z. B. Wirtschaftsprüfer, hinzuzuziehen.

3. Internationalisierung der Wertpapieraufsicht

Das BAWe ist nach § 7 WpHG dazu befugt, mit den im Ausland zuständigen Stellen zusammenzuarbeiten. Im Bereich der Internationalisierung der Wertpapieraufsicht ist besonders das Committee of European Securities Regulators (CESR) hervorzuheben. Sämtliche Vereinbarungen und Standards des Forum of European Securities Commission (FESCO) wurden von der CESR übernommen. Die Zielsetzung dieser Vereinigung besteht darin, den Anlegerschutz zu verbessern und die Integrität und Transparenz der Kapitalmärkte zu gewährleisten. Durch die Zusammenarbeit und den Erfahrungsaustausch soll ein effizienter europäischer Finanzmarkt geschaffen

---

685 *Schmid, W.*, Kapitalbeschaffung, in: Müller-Gugenberger/Bieneck, Wirtschaftsstrafrecht, S. 137.

werden. Dies hat dazu geführt, daß zahlreiche nationale Aufsichtsbehörden untereinander sogenannte *Memoranda of Understanding* abgeschlossen haben[686].

4. Verwaltungsbehörde als Strafverfolger ?

Die weitreichenden Kompetenzen des Bundesaufsichtsamtes für den Wertpapierhandel bzw. BAFin lassen dessen Stellung als eigenständige Verwaltungsbehörde, die dem Bundesministerium der Finanzen zugeordnet ist, in einer nicht klar abgrenzbaren Grauzone erscheinen, die auf funktionaler Ebene einzig den Strafverfolgungsbehörden obliegen sollte. Dem Bundesaufsichtsamt für den Wertpapierhandel sind für die Überwachung des Insiderhandels durch § 16 WpHG weitreichende Überwachungskompetenzen und Auskunftsrechte zugeschrieben. Ebenso werden durch das Vierte Finanzmarktförderungsgesetz die für die Überwachung der Einhaltung des Verbotes der Kursmanipulation vorgesehenen Auskunftsrechte und Überwachungskompetenzen in § 20b WpHG geregelt. Diese Kompetenzen sind beim Verbot des Insiderhandels und beim Verbot der Kursmanipulation so weitreichend, daß das Grundrecht der Unverletzlichkeit der Wohnung, Art. 13 GG, zu Ermittlungstätigkeiten der Verwaltungsbehörde eingeschränkt wurde.

Aus rechtsstaatlicher Sicht besonders problematisch ist die Frage der Wirkung von Beweiserhebungs- und Beweisverwertungsverboten, die sich durch die Ermittlungstätigkeit des Bundesaufsichtsamts bzw. der Bundesanstalt ergeben. Im Rahmen der Ermittlungstätigkeit der Staatsanwaltschaft[687] ist die Abgrenzung von Beweiserhebungsverboten und Beweisverwertungsverboten mittlerweile durch die Rechtsprechung sehr weit entwickelt. Da bezüglich des sogenannten Börsenstrafrechts die Überwachung der Einhaltung der Verbote zunächst vom BAWe, bzw. BAFin übernommen wird, und erst wenn ein Verdacht besteht, die Unterlagen an die Staatsanwaltschaft weitergeleitet werden, die dann entscheidet, ob ein Ermittlungsverfahren aufgenommen wird, ist nicht sicher, ob die gewonnenen Erkenntnisse den Beweiserhebungsverboten unterfallen. Hinsichtlich des nemo tenetur-Grundsatz normiert § 16 Abs. 6 Satz 2 WpHG, daß der zur Auskunft Verpflichtete über sein Recht zur Verweigerung der Auskunft durch die Mitarbeiter des BAWe zu belehren ist. Nach § 20b Abs. 7 S. 1 WpHG ist die Vorschrift des § 16 Abs. 6 WpHG auch in Bezug auf den Kursmanipulationstatbestand anzuwenden. Ob für die im Verwaltungsverfahren erlangten Kenntnisse eine entsprechende Unverwertbarkeit der entgegen den Beweiserhebungsverboten gewonnenen

---

[686] *Eilenberger, G.*, Bankbetriebswirtschaftslehre, S. 115.

[687] Sämtliche Insiderverstöße und Kursmanipulationen in Hessen sollen künftig von einer zentralen Staatsanwaltschaft verfolgt werden. Noch nicht sicher ist, ob hierfür eine eigene Schwerpunktstaatsanwaltschaft eingerichtet werden soll.

Beweismittel entsteht, wird der Klärung durch die Rechtsprechung bedürfen. Ansatzpunkt hierfür kann nur der strafprozessuale Anfangsverdacht sein.

5: Die Integration des BAWe in die neue Bundesanstalt für Finanzdienstleistungsaufsicht (BAFin)

Durch das Gesetz über die integrierte Finanzdienstleistungsaufsicht vom 25. April 2002 wurde am 1. Mai 2002 die Bundesanstalt für Finanzdienstleistungsaufsicht (BAFin) gegründet. Unter dem Dach der neuen Anstalt sind die Aufgaben der ehemaligen Bundesaufsichtsämter für das Kreditwesen (BAKred), das Versicherungswesen (BAV) und den Wertpapierhandel (BAWe) zusammengeführt worden. Hierdurch wurde eine sektorübergreifende Finanzaufsicht geschaffen. Das BAFin ist eine rechtsfähige bundesunmittelbare Anstalt des öffentlichen Rechts im Geschäftsbereich des Bundesministeriums der Finanzen mit Dienstsitz in Bonn und Frankfurt am Main und beschäftigt über 1000 Mitarbeiter.

Als Gründe für die Schaffung einer sog. Allfinanzaufsicht werden tiefgreifende Veränderungen auf den Finanzmärkten angeführt, so z.B. die sektorübergreifende Konzernbildung von Banken, Finanzdienstleistungsinstituten und Versicherungsunternehmen, die auch eine einheitliche Regulierung erfordert. Als übergeordnetes Ziel wird die Sicherstellung der Funktionsfähigkeit des gesamten Finanzsektors in Deutschland genannt. Eine Änderung des materiellen Rechts wurde im Zuge der Neuordnung der Aufsichtsstruktur nicht vorgenommen.

Am 03.09.2002 meldete die Bundesanstalt für Finanzdienstleistungsaufsicht die Schaffung von 24 neuen Stellen im Bereich Marktüberwachung sowie Insider- und Marktmanipulationsuntersuchungen. Als Begründung für die Kapazitätserweiterung führt der Präsident des BAFin, Jochen Sanio, an, daß die Dreistigkeit der Marktteilnehmer zugenommen habe[688].

Gleichzeitig nimmt die neue EU-Finanzmarktaufsicht Gestalt an. Finanzministerien, Notenbanken und nationale Aufsichtsbehörden werden ihre Arbeit ab 2003 in neuen EU-Ausschüssen eng koordinieren. Vier Ausschüsse sollen zukünftig die technische EU-Gesetzgebung für die Finanzmärkte beschließen und ständig aktualisieren. Der für die Wertpapiermärkte zuständige vierte Ausschuß (CESR) hat seine Arbeit bereits aufgenommen und wird durch die EU-Kommission geleitet. Neben der technischen Gesetzgebung soll künftig auch die Aufsicht über die Finanzmärkte in Brüssel koordiniert werden. Dafür werden drei weitere neue EU-Ausschüsse entstehen, jeweils verantwortlich für die Aufsicht über Banken-, Versicherungs- und Finanzkonglomerate. Dem EU-Ausschuss für die Bankenaufsicht werden Vertreter aller 15 nationalen

---

688 Börsen-Zeitung vom 03.09.2002, S. 17.

Notenbanken angehören. Zentralbanken ohne federführende Zuständigkeit für die nationale Bankenaufsicht bekommen in dem Ausschuss auch einen Sitz, allerdings keine Stimme. Für die Deutsche Bundesbank bedeutet dies, daß sie sich mit der Bundesanstalt für Finanzdienstleistungsaufsicht (BAFin) arrangieren muß, um sich vor dem neuen EU-Bankenausschuß Gehör zu verschaffen[689].

E. Das Vierte Finanzmarktförderungsgesetz in der kriminal-politischen Diskussion

Das Bundesministerium der Finanzen hat am 04. September 2001 den Entwurf eines „Gesetzes zur weiteren Fortentwicklung des Finanzplatzes Deutschland (Viertes Finanzmarktförderungsgesetz)“ vorgelegt, welches am 01. Juli 2002 in Kraft getreten ist. Ziel dieses Gesetzes ist es, durch die Veränderung von rechtlichen Rahmenbedingungen die Attraktivität und die internationale Wettbewerbsfähigkeit des Finanzplatzes Deutschland zu verbessern. Insbesondere soll hierdurch der Anlegerschutz gestärkt werden, die Handlungsmöglichkeiten der am Kapitalmarkt Beteiligten verbessert und die Funktion des Kapitalmarktes als Motor für Wachstum und Beschäftigung fortentwickelt werden.

Die strafrechtliche Regulierung des Kapitalmarktes wird hierbei von dem Finanzministerium als probates Mittel zur Lösung wirtschaftspolitischer Probleme angesehen. In einer Stellungnahme zum Entwurf des Vierten Finanzmarktförderungsgesetzes hebt das Finanzministerium sogar das Strafrecht als Problemlösung wirtschaftspolitischer Mängel besonders hervor:

„Vor dem Hintergrund der Börsenturbulenzen der letzten Zeit zielen die Verbesserungen im Bereich des Anlegerschutzes in erster Linie auf eine Erhöhung der Marktintegrität und der Markttransparenz. So erfolgt beispielsweise eine umfassende Novellierung des Verbots der Kurs- und Marktpreismanipulation. Durch eine Präzisierung der Tatbestandsmerkmale, die Schärfung der Eingriffsrechte und eine zentrale Verfolgungszuständigkeit des Bundes wird es in Zukunft möglich sein, Kurs- und Marktpreismanipulationen wirksam zu ahnden.“[690]

I. Veränderungen im Börsengesetz

Die Veränderungen durch das Vierte Finanzmarktförderungsgesetz, die sich auf die Strafvorschriften auswirken, betreffen das Börsengesetz und das Wertpapierhandelsgesetz. Im Börsengesetz wurden dem Entwurf entsprechend die Straf- und Bußgeldvorschriften in einem neuen Abschnitt zusammengefaßt. Dieser sechste Abschnitt des Börsengesetzes enthält nur noch die Straf- und Bußgeldvorschriften. Die zuvor in § 89 BörsG gefaßte Norm des Verleitens zu Spekulationsgeschäften wurde in § 23 BörsG festgeschrieben. Inhaltlich ist bei

[689] Börsen-Zeitung vom 04.09.2002, S. 15.
[690] Homepage des Bundesministeriums für Finanzen www.bundesfinanzministerium.de abrufbar.

dieser Vorschrift keine Änderung vorgenommen worden. Die Vorschrift der Kursmanipulation nach § 88 BörsG wurde entsprechend aus dem Börsengesetz herausgenommen und im Wertpapierhandelsgesetz verankert.

§ 23 BörsG Verleiten zu Spekulationsgeschäften

(1) Es ist verboten,
gewerbsmäßig andere unter Ausnutzung ihrer Unerfahrenheit in Börsenspekulationsgeschäften zu solchen Geschäften oder zur unmittelbaren oder mittelbaren Beteiligung an solchen Geschäften zu verleiten.

(2) Börsenspekulationsgeschäfte im Sinne des Absatzes 1 sind insbesondere
1. An- und Verkaufsgeschäfte mit aufgeschobener Lieferzeit, auch wenn sie außerhalb einer inländischen oder ausländischen Börse abgeschlossen werden,
2. Optionen auf solche Geschäfte, die darauf gerichtet sind, aus dem Unterschied zwischen dem für die Lieferzeit festgelegten Preis und dem zur Lieferzeit vorhandenen Börsen- und Marktpreis einen Gewinn zu erzielen

Die hierzu korrespondierende Strafvorschrift ist nunmehr in § 61 BörsG, im Rahmen der Straf- und Bußgeldvorschriften, festgelegt.

§ 61 BörsG - Strafvorschriften

Mit Freiheitsstrafe bis zu drei Jahren oder mit Geldstrafe wird bestraft, wer entgegen § 23 Abs. 1 andere zu Börsenspekulationsgeschäften oder zu einer Beteiligung an einem solchen Geschäft verleitet.

Die Veränderung des Tatbestands durch die Neufassung ist lediglich aus gesetzessystematischer Sicht eine Novellierung, inhaltlich hat sich der Tatbestand hierdurch nicht geändert.

II. Veränderungen im Wertpapierhandelsgesetz

Die Veränderungen im Wertpapierhandelsgesetz sind sowohl aus strafrechtlicher als auch aus zivilrechtlicher Sicht weitreichend. Während die Veränderung der Strafvorschriften und der Kompetenzen bezüglich der Überwachung aus rechtsstaatlicher Sicht bedenklich sind, ist die zivilrechtliche Implementierung einer Schadensersatzklage zur Regulierung des Kapitalmarktes zu begrüßen .

1. Veränderungen bezüglich der Strafvorschriften und Kompetenzen

Der Straftatbestand der Kursmanipulation gem. § 88 BörsG wurde im Börsengesetz gestrichen und im Wertpapierhandelsgesetz in modifizierter Form eingefügt. Dort ist im vierten Abschnitt des Wertpapierhandelsgesetzes die Überwachung des Verbots der Kurs- und Marktpreismanipulation normiert. Durch die Herausnahme der Vorschrift aus dem Börsengesetz und die Einfügung der Neuregelung in das Wertpapierhandelsgesetz soll der Tatsache

Rechnung getragen werden, daß sich das Manipulationsverbot sowohl auf Manipulationshandlungen an Börsen, als auch auf außerbörsliche Transaktionen erstreckt[691]. Gemeint sind hierbei insbesondere börsenähnliche oder sonstige Handelsplätze. In § 20a WpHG ist das Verbot der Kurs- und Marktpreismanipulation geregelt und in § 20b WpHG die Überwachung der Einhaltung des Verbotes nach § 20a WpHG beschrieben. Durch die geplante Verankerung des Verbots der Kursmanipulation im Wertpapierhandelsgesetz verschiebt sich dementsprechend auch die Kompetenz zur Überwachung der Vorschrift. Die bisherige Kontrolle des Verbots der Kursmanipulation oblag den Börsenaufsichtsbehörden der Länder, die bei Verdacht einer Straftat nach § 88 BörsG dies der Staatsanwaltschaft mitteilten. Nach dem neuen Gesetz werden die Kontrollen nunmehr durch die Bundesanstalt für Finanzdienstleistungsaufsicht wahrgenommen, wodurch auch der Richtlinie zur aufsichtsrechtlichen Behandlung des Marktmißbrauches auf europäischer Ebene Rechnung getragen wird[692]. Demzufolge sind auch die Vorschriften, die den Kompetenzbereich der Bundesanstalt beschreiben, geändert worden. So z.B. in § 6 WpHG, nach dessen Absatz 2 die Börsenaufsichtsbehörden im Wege der Organleihe für das BAFin nicht nur für die Überwachung von Insiderverstößen, sondern auch der Verbote der Kurs- und Marktpreismanipulation nach § 20a WpHG tätig werden. Ebenso ist nach dem neuen Recht das Auskunftsverlangen der Bundesanstalt gegenüber der Deutschen Bundesbank nicht auf die Verfolgung von Insidergeschäften beschränkt, sondern bezieht sich auch auf das Verbot der Kursmanipulation, gemäß § 6 Abs. 4 WpHG. In § 16 Absatz 2 Satz 4 WpHG wird das Recht auf Auskunft bei dem Verdacht einer Insiderstraftat über das Depot des Auskunftspflichtigen hinaus auf andere, bei der Depotbank geführte, Konten erweitert. Zusätzlich wurde § 16b WpHG aufgenommen, der das BAFin ermächtigt, bei Anhaltspunkten auf einen Verstoß nach den §§ 14 oder 20a WpHG von den Wertpapierdienstleistungsunternehmen die Aufbewahrung von Aufzeichnungen über die Telekommunikation und die Verbindungsdaten der Teilnehmer zu verlangen.

Die Neufassung der §§ 20a und 20b WpHG werden im folgenden dargestellt :

---

[691] *Lenzen, U.*, Das Recht der Kursmanipulation, ZBB, 281
[692] Börsen-Zeitung vom 28.03.2001

§ 20a WpHG : Verbot der Kurs- und Marktmanipulation

(1) Es ist verboten,

unrichtige Angaben über Umstände zu machen, die für die Bewertung eines Vermögenswertes erheblich sind, oder solche Umstände entgegen bestehenden Rechtsvorschriften zu verschweigen, wenn die Angaben oder das Verschweigen geeignet sind, auf den inländischen Börsen- oder Marktpreis eines Vermögenswertes oder auf den Preis eines Vermögenswertes an einem organisierten Markt in einem Mitgliedstaat der Europäischen Union oder in einem anderen Vertragsstaat des Abkommens über den Europäischen Wirtschaftsraum einzuwirken oder

sonstige Täuschungshandlungen vorzunehmen, die geeignet sind, auf den inländischen Börsen- oder Marktpreis eines Vermögenswertes oder auf den Preis eines Vermögenswertes an einem organisierten Markt in einem anderen Mitgliedstaat der Europäischen Union oder einem anderen Vertragsstaat des Abkommens über den Europäischen Wirtschaftsraum einzuwirken.

Vermögenswerte im Sinne des Satzes 1 sind Wertpapiere, Geldmarktinstrumente, Derivate, Rechte auf Zeichnung, ausländische Zahlungsmittel im Sinne des § 63 Abs. 2 Börsengesetz und Waren, die

1. *an einer inländischen Börse zum Handel zugelassen oder in den Freiverkehr einbezogen sind oder,*
2. *in einem anderen Mitgliedstaat der Europäischen Union oder einem anderen Vertragsstaat des Abkommens über den Europäischen Wirtschaftsraum zum Handel an einem organisierten Markt zugelassen sind.*

(2) Das Bundesministerium der Finanzen kann durch Rechtsverordnung, die der Zustimmung des Bundesrates bedarf, nähere Bestimmungen erlassen über

1. *Umstände, die für die Bewertung von Vermögenswerten erheblich sind,*
2. *das Vorliegen einer sonstigen Täuschungshandlung und*
3. *Handlungen und Unterlassungen, die in keinem Fall einen Verstoß gegen das Verbot des Absatzes 1 Satz 1 darstellen.*

Das Bundesministerium der Finanzen kann die Ermächtigung durch Rechtsverordnung, die der Zustimmung des Bundesrates bedarf, auf die Bundesanstalt übertragen. Diese erläßt die Vorschriften im Einvernehmen mit den Börsenaufsichtsbehörden der Länder.

§ 20b WpHG : Überwachung

(1) Die Bundesanstalt überwacht die Einhaltung des Verbotes nach § 20a WpHG.

(2) Hat die Bundesanstalt Anhaltspunkte für einen Verstoß gegen das Verbot nach § 20a, kann sie von den Beteiligten Auskünfte und die Vorlage von Unterlagen verlangen, die für die Überwachung der Einhaltung des Verbots erforderlich sind. Sie kann von den Beteiligten insbesondere die Angabe der Bestandsveränderungen in den Vermögenswerten im Sinne des § 20a Abs. 1 Satz 2 sowie der Identität weiterer Beteiligter, insbesondere der Auftraggeber und der aus den Geschäften berechtigten oder verpflichteten Personen verlangen. Die Befugnisse nach den Sätzen 1 und 2 stehen der Bundesanstalt auch gegenüber Beteiligten zu, deren Identität nach Satz 2 mitgeteilt worden ist.

(3) Während der üblichen Arbeitszeit ist Bediensteten der Bundesanstalt und den von ihr beauftragten Personen, soweit dies zur Wahrnehmung ihrer Aufgaben erforderlich ist, das Betreten der Grundstücke und Geschäftsräume der Beteiligten zu gestatten. Das Betreten außerhalb dieser Zeit, oder wenn die Geschäftsräume sich in einer Wohnung befinden, ist ohne Einverständnis nur zulässig und insoweit zu dulden, wenn dies zur Verhütung von dringenden Gefahren für die öffentliche Sicherheit und Ordnung erforderlich ist und bei diesem Beteiligten Anhaltspunkte für einen Verstoß gegen das Verbot nach § 20a vorliegen. Das Grundrecht der Unverletzlichkeit der Wohnung wird insoweit eingeschränkt.

(4) Widerspruch und Anfechtungsklage gegen Maßnahmen nach den Absätzen 2 und 3 haben keine aufschiebende Wirkung.

(5) Handelt es sich bei einem Beteiligten um ein Wertpapierdienstleistungsunternehmen oder ein Unternehmen mit Sitz im Inland, das an einer inländischen Börse zur Teilnahme am Handel zugelassen ist, darf der Beteiligte die Auftraggeber oder die berechtigten oder verpflichteten Personen oder Unternehmen nicht von einem Auskunftsverlangen nach Absatz 2 oder einem daraufhin eingeleiteten Ermittlungsverfahren in Kenntnis setzen.

(6) Die Bundesanstalt hat Tatsachen, die den Verdacht einer Straftat nach § 38 Abs. 1 Nr. 4 oder Abs. 2 begründen, der zuständigen Staatsanwaltschaft anzuzeigen.

(7) § 16 Abs. 6 ist anzuwenden. § 18 Satz 2, §§ 19 und 20 gelten für das Verbot der Kurs- und Marktpreismanipulation entsprechend.

Ferner wurde in § 38 WpHG eine Nr. 4 eingefügt werden, wonach sich strafbar macht, wer eine in § 39 Abs. 1 WpHG bezeichnete Handlung begeht und dadurch auf den inländischen Börsen- oder Marktpreis eines Vermögenswertes einwirkt.

§ 38 WpHG : (Strafvorschriften)

(1) Mit Freiheitsstrafe bis zu fünf Jahren oder mit Geldstrafe wird bestraft, wer

1. (...)
2. (...)
3. (...)
4. eine in § 39 Abs. 1 Nr. 1 oder 2 bezeichnete Handlung begeht und dadurch auf den inländischen Börsen- oder Marktpreis eines Vermögenswertes oder auf den Preis eines Vermögenswertes an einem organisierten Markt in einem anderen Mitgliedstaat der Europäischen Union oder in einem anderen Vertragsstaat des Abkommens über den Europäischen Wirtschaftsraum einwirkt.

(2) Einem Verbot im Sinne des Absatzes 1 Nr. 1 bis 3 oder des Absatzes 1 Nr. 4 in Verbindung mit § 39 Abs. 1 steht ein entsprechendes ausländisches Verbot gleich.

§ 39 WpHG (Bußgeldvorschriften)

(1) Ordnungswidrig handelt, wer

1. entgegen § 20a Abs. 1 Satz 1 Nr. 1, auch in Verbindung mit einer Rechtsverordnung nach Abs. 2 Satz 1 Nr. 1, eine Angabe macht oder einen Umstand verschweigt oder

2. entgegen § 20a Abs. 1 Satz 1 Nr. 2, auch in Verbindung mit einer Rechtsverordnung nach Abs. 2 Satz 1 Nr. 2, eine Täuschungshandlung vornimmt.

(2) (...)
(3) (...)

(4) Die Ordnungswidrigkeit kann in den Fällen des Absatzes 1 (...) mit einer Geldbuße bis zu eineinhalb Millionen Euro, (...) oder mit einer Geldbuße bis zu fünfzigtausend Euro geahndet werden.

2. Kriminalpolitische Diskussion der neuen Gesetzeslage

Hervorzuheben ist, daß die Tathandlung des Kursbetrugs zunächst als Ordnungswidrigkeit ausgestaltet ist gemäß § 39 Abs. 1 WpHG und erst wenn durch eine in § 20a Abs. 1 WpHG beschriebene Tathandlung zudem auf den inländischen Börsen- und Marktpreis eines Vermögenswerts im Sinne des § 20a Abs. 1 Satz 2 WpHG eingewirkt wird, nach § 38 Abs. 1 Nr. 4 WpHG eine Straftat vorliegt.

Die Neuregelung des § 39 Abs. 1 WpHG enthält Ordnungswidrigkeiten, deren Verwirklichung voraussetzt, daß entgegen dem Verbotskatalog des § 20a WpHG, eine Angabe gemacht, ein Umstand verschwiegen oder eine Täuschungshandlung vorgenommen worden ist. Dabei sieht das Gesetz vor, daß die Tathandlungen durch eine Rechtsverordnung konkretisiert werden können. Die Tathandlungen sind demnach bei Straftatbeständen und

Ordnungswidrigkeiten fast identisch. Aus zivilrechtlicher Sicht werden manipulativ vorgenommene Rechtsgeschäfte gem. § 134 BGB grundsätzlich als nichtig zu betrachten sein.

Gegenüber der Ordnungswidrigkeit ist jedoch zur Erfüllung des Straftatbestands erforderlich, daß der Täter durch seine Handlung tatsächlich auf den Börsen- oder Marktpreis einwirkt. Dieses Tatbestandsmerkmal der tatsächlichen Einwirkung wurde von der alten Rechtslage vor dem 01. Juli 2002 für die Strafbarkeit nicht vorausgesetzt. Es genügte eine entsprechende Absicht des Täters. Das Gesetz sieht somit eine strukturelle Umgestaltung des Straftatbestands von einem abstrakten Gefährdungsdelikt in ein Erfolgsdelikt vor.

Fraglich ist allerdings, was unter dem Einwirken auf den Börsenpreis im Sinne der Vorschrift zu verstehen ist. Teilweise wird angenommen, daß die Einwirkung in jede Richtung stattfinden kann, d.h. nach oben, nach unten, aber auch zur Seite[693]. Unter einer Einwirkung zur Seite kann nur verstanden werden, daß der Börsenpreis sich trotz erhöhtem Handelsumsatz nicht verändert. Die Berücksichtigung der Handelsumsätze des Wertpapiers sind jedoch nicht relevant, da sich hieraus ein Einwirken auf den Börsenpreis nicht nachweisen läßt.

Der Börsenpreis ist in § 24 Abs. 1 BörsG legaldefiniert und bezieht sich nur auf den Preis für Wertpapiere. Auch spricht die Bestimmung des zu schützenden Rechtsguts, das als die Preiswahrheit des Börsenkurses definiert wird, gegen eine Bedeutung der Handelsumsätze. Die Einbeziehung des Handelsvolumens zum Börsenpreis ist weder nach grammatikalischer noch teleologischer Auslegung zu rechtfertigen.

Eine restriktiv gefasste Definition des Einwirkens setzt eine tatsächliche Börsenpreisveränderung voraus, die kausal durch die falschen Angaben und die hierdurch erzeugte Kauf- oder Verkaufsentscheidung des Anlegers hervorgerufen wurde. Da spekulative Aktienmärkte per se volatile Märkte sind, sollte eine wesentliche Veränderung in Abweichung zum jeweiligen Index gefordert werden.

Eine weitere, umfassendere Definition des Einwirkens i.S.v. § 20a WpHG setzt eine tatsächliche Kursveränderung des Börsenpreises nicht voraus, sondern läßt es ausreichend sein, daß aufgrund der falschen Angabe (z.B. Ad-hoc Mitteilung) über bewertungserhebliche Umstände eines Vermögenswertes (Wertpapier) bei ungehindertem Spiel der Marktkräfte eine tatsächliche Kursveränderung entsteht. Dieser Definition liegt also eine ex-post Hypothese zugrunde. Durch

693 Sorgenfrei, U., Kursmanipulation, in wistra 2002, 329.

dieses Korrektiv des „ungehinderten Spiels der Marktkräfte" werden künstliche Preisentstehungen aufgrund manipulativer Handlungen, die keine Veränderung des Börsenpreises zur Folge haben, in das Tatbestandsmerkmal des Einwirkens miteinbezogen. Der Schutz des sog. „natürlichen Spiels der Marktkräfte" soll ebenso den Vorwurf sog. „wash sales" begründen, die teilweise unter die alte Fassung des § 88 Nr. 2 BörsG subsumiert wurde

Die weite Fassung des Tatbestandsmerkmals des Einwirkens i.S.v. einer Börsenpreisveränderung bei ungehindertem Spiel der Marktkräfte ist aus rechtsstaatlicher Sicht aufgrund der Unbestimmtheit bedenklich. Zwar vermag die weite Definition eine praktikable Lösung für die Anwendung durch die Strafverfolgungsbehörden bieten, aus rechtsstaatlicher Sicht kann jedoch nur eine Einwirkung durch tatsächliche Börsenpreisveränderung bestehen.

Große Bedeutung hat diese Rechtsänderung durch das 4. Finanzmarktförderungsgesetz für diejenigen Fälle, mit denen sich die Gerichte und Staatsanwaltschaften bereits vor der Gesetzesänderung beschäftigt haben. Nach alter Rechtslage des § 88 BörsG lag eine Straftat vor, wenn in kursbeeinflussender Absicht manipulative Handlungen vorgenommen wurden, die den Börsen- oder Marktpreis nicht beeinflusst haben. Seit der Gesetzesänderung werden solche Handlungen nur noch als Ordnungswidrigkeiten sanktioniert. Entscheidend ist hierbei die Vorschrift des § 2 Abs. 3 StGB zu beachten. Danach ist das mildere Gesetz anzuwenden, wenn das Gesetz, das bei Beendigung der Tat gilt, vor der Entscheidung geändert wird. Diese Vorschrift ist entsprechend anzuwenden, wenn eine Straftat zu einer bloßen Ordnungswidrigkeit herabgestuft wird[694]. Als das mildere Gesetz ist die Ordnungswidrigkeit auch dann anzusehen, wenn die Geldbuße höher ist als die zuvor angedrohte Geldstrafe, weil die Ordnungswidrigkeit gegenüber dem strafrechtlichen Vorwurf aus qualitativer Sicht ein Minus darstellt[695].

Im Ergebnis hat dies zur Folge, daß eine vorgenommene Manipulation, durch die nicht auf den Börsen- oder Marktpreis eingewirkt wurde und auch noch nicht letztinstanzlich entschieden wurde, lediglich als Ordnungswidrigkeit geahndet werden kann.

Im Unterschied zu § 88 BörsG entfällt bei § 20a WpHG der Schutz nicht börslich gehandelter Waren. Die zuvor einbezogenen Unternehmensanteile sind nicht mehr geschützt, soweit diese nicht als Wertpapier zu qualifizieren sind. Aufgrund der Verweisung auf § 2 WpHG ist in Abkehr vom engen Wertpapierbegriff eine Verkörperung des geschützten Rechts in einer Urkunde nicht erforderlich.

---

[694] BGHSt 12, 148, 153ff..

[695] BGHSt 12, 148, 155.

Von dem Schrifttum fast unbeachtet, wurde auch der Strafrahmen der Vorschrift der Kursmanipulation von drei auf fünf Jahre angehoben. Die Strafandrohung entspricht nun dem Strafrahmen des Insiderhandelsverbots.

Oberflächlich betrachtet stellt der Gesetzesentwurf teilweise eine durchaus wünschenswerte Entwicklung dar. Aus dem abstrakten Gefährdungsdelikt ist ein Erfolgsdelikt entstanden, ansonsten verbleibt die Regelung im Ordnungswidrigkeitenrecht. Allerdings muß darauf hingewiesen werden, daß es sich an dieser Stelle auch um die verpaßte Chance handelt, die strafrechtliche Regulierung komplett aus dem Börsenbereich herauszunehmen und in das Recht der Ordnungswidrigkeiten und das Zivilrecht zu verlagern. Bei näherer Betrachtung verändert sich auch der zuerst teilweise positive Eindruck des Gesetzesentwurfs, da deutlich wird, wie sehr das Strafrecht für wirtschaftspolitische Ziele instrumentalisiert wird. Gemessen an dem erweiterten Umfang der Vorschrift des § 20a WpHG, stellt sich die Frage, welche Verbesserung, abgesehen von der Umgestaltung von einem Gefährdungs- in ein Erfolgsdelikt, der neue Entwurf enthält, die nicht schon in der Vorschrift des § 88 BörsG enthalten ist. Auffällig ist, daß hinsichtlich der unbestimmten Rechtsbegriffe keine Veränderung vorgenommen wurde. Der Erheblichkeitsbegriff findet sich in den Absätzen 1 und 2 des § 20a WpHG wieder. Von der Möglichkeit einer Legaldefinition des Erheblichkeitsbegriffs hat der Gesetzgeber wiederum keinen Gebrauch gemacht, so daß davon auszugehen ist, daß auf Seiten der Legislative trotz der Kenntnis der verfassungswidrigen Unbestimmtheit der Norm dieser Zustand gerade gewollt ist. Dies ergibt sich aus der Annahme, daß der Gesetzgeber versucht, durch ein sehr flexibles und unbestimmtes Strafrecht auf neu aufkommendes, wirtschaftspolitisch unliebsames Verhalten am Kapitalmarkt zeitnah reagieren zu können. Diese These wird durch den Wortlaut des Gesetzesentwurfs gestützt. In § 20a Abs. 2 Nr. 1 WpHG wird explizit darauf hingewiesen, daß das Bundesfinanzministerium ermächtigt wird, durch eine Rechtverordnung, die der Zustimmung des Bundesrates bedarf, nähere Bestimmungen über Umstände, die für die Bewertung von Vermögenswerten erheblich sind, zu erlassen. Hierdurch soll aus Sicht des Gesetzgebers die Zuständigkeit der Bewertung dessen, was als strafwürdig anzusehen ist, an das Ministerium der Finanzen delegiert werden und das übliche Gesetzgebungsverfahren im Rahmen eines formellen Gesetzes umgangen werden. Das Vorbild für eine derartige Ausgestaltung des Gesetzes findet sich im anglo-amerikanischen Gesetzessystem. Dort ist insbesondere die sogenannte „Safe-Habour-Regelung" in den Vorschriften des Sec. 119 Financial Services Market Act in England und der Sec. 10 b Securities Exchange Act in den U.S.A. zu erwähnen.

Durch die Möglichkeit der Subdelegation an die neue Bundesanstalt für Finanzdienstleistungsaufsicht (BAFin) ist es möglich, daß sogar die Aufsichtsbehörde den Inhalt strafbaren Verhaltens definieren kann. Der Gesetzgeber verspricht sich hiervon, auf neue Manipulationstechniken schneller reagieren zu können. Aussagen zum strafrechtlichen Bestimmtheitsgebot sind dem Entwurf leider nicht zu entnehmen. Die im Verordnungswege festgelegten strafrechtlichen Verbote widersprechen dem „Nulla poena sine lege“ -Grundsatz und sind für die Gerichte deshalb nicht bindend. Ebenso ist an diesem Entwurf zu bemängeln, daß die Gesetzgebungskompetenz für das Straf- und Ordnungswidrigkeitenrecht gemäß Art 74 GG beim Parlament und nicht bei einem Ministerium oder gar einer Bundesanstalt liegt. Ebenso würde eine Verurteilung zu einer Freiheitsstrafe gegen Art. 104 Abs. 1 S. 1 GG verstoßen, der als Grundlage für eine Freiheitsbeschränkung ein förmliches Gesetz vorsieht. Das Finanzministerium hat also keine Befugnis, die Auslegung eines Straftatbestandsmerkmals verbindlich vorzuschreiben, die Gerichte sind somit dadurch nicht gebunden. Diese Entwicklung der Strafgesetzgebung ist höchst bedenklich, da hierdurch blankettgesetzähnliche Zustände geschaffen werden, deren Konkretisierung nicht von einem formellen Gesetz abhängt, sondern einzig und allein im Kompetenzbereich des Bundesfinanzministeriums liegt. Hinzu kommt noch, daß die Behörde nicht nur selbst den Umfang der Strafbarkeit flexibel bestimmen kann, sondern auch noch für die Festsetzung der Geldbuße zuständig ist. Die Strafgesetzgebung wird somit zum Spielball des politischen Einflusses ohne Machtbegrenzung. Mit einem Bürgerstrafrecht, das durch eine demokratische Legitimation die Freiheitsrechte des Einzelnen garantiert, hat dies nichts zu tun.

3. Veränderungen bezüglich zivilrechtlicher Schadensersatzansprüche

Grundsätzlich begrüßenswert sind die neuen Möglichkeiten zur Erhebung von zivilrechtlichen Schadensersatzklagen. Im neu eingefügten Abschnitt 7 des Wertpapierhandelsgesetzes werden in den §§ 37b und 37c die Anspruchsvoraussetzungen normiert. Danach macht sich der Emittent schadensersatzpflichtig, wenn er es zum einen unterläßt, kursbeeinflussende Tatsachen unverzüglich zu veröffentlichen, und zum anderen, wenn er in einer Mitteilung über kursbeeinflussende Tatsachen unwahre Tatsachen veröffentlicht. Vor dem Hintergrund eines effektiven, gesetzlichen Anlegerschutzes ist das Zivilrecht das angemessene Mittel, um Fehlverhalten am Kapitalmarkt zu korrigieren. Die Flut der oftmals mißbrauchten Ad-hoc-Meldungen, die regelmäßig mit Übertreibungen und Halbwahrheiten gespickt waren, werden hierdurch in einem angemessenen Maß reguliert. Insbesondere § 37c WpHG, der eine Schadensersatzpflicht des Emittenten wegen Veröffentlichung unwahrer Tatsachen in einer Mitteilung über kursbeeinflussende Tatsachen normiert, könnte als Maßstab genommen werden, um eine dem Verbot der Kursmanipulation entsprechende zivilrechtliche Vorschrift zu entwickeln. Die zivilrechtliche Basis der Regulierung des Kapitalmarkts könnte somit als sinnvoller Ersatz dienen, um das Strafrecht von seiner Überfrachtung durch wirtschaftspolitische Steuerungsansprüche zu befreien.

4. Kapitel: Disfunktionalität des deutschen Strafrechts zur Steuerung des Kapitalmarktes

Die in der vorangestellten Untersuchung hervorgetretenen Mängel im Rahmen der strafrechtlichen Regulierung des Kapitalmarkts führen zu einer kriminalpolitischen Problematik, die sich um die grundsätzliche Frage nach den Aufgaben und den Grenzen des Strafrechts dreht. Der Gesetzgeber hat mit der strafrechtlichen Sanktionierung abweichenden Verhaltens am Kapitalmarkt bereits ein Zeichen gesetzt, in welcher Weise die Legislative die Aufgabe des Strafrechts verstanden wissen möchte.

Dennoch kann aus diesem Zustand nicht geschlossen werden, daß das Strafrecht zur Verfolgung von wirtschaftspolitischen Interessen instrumentalisiert werden darf. Die Untersuchung hat vielmehr gezeigt, daß unter rechtsstaatlichen Gesichtspunkten Vorgaben und Grenzen bestehen, die die staatliche Machtposition, die sich aus der Strafgesetzgebung ergibt, einschränken.

A. Verfassungsrechtliche Bestimmtheit als Maßstab eines rechtsstaatlichen Strafrechts

Nach der vorangestellten Untersuchung könnte man sagen, daß - bezogen auf den Bereich des Börsenstrafrechts - das Strafrecht als verlängerter Arm der Kriminalpolitik zu verstehen ist. Eine derartige Betrachtungsweise hätte aber zur Folge, daß das Strafrecht einem Flexibilisierungsprozeß zum Opfer gefallen ist, der starre rechtliche Grenzen ablehnt und der Kriminalpolitik ein schrankenloses Strafgesetz an die Hand gibt.

I. Art. 103 Abs. 2 GG als Schranke des rechtsstaatlichen Strafgesetzes

Das deutsche Grundgesetz enthält mit dem aus Art. 20 Abs. 3 hergeleiteten Rechtsstaatsprinzip einen zentralen und staatstragenden Grundsatz, aus dem unter anderem auch der öffentlich-rechtliche Gesetzesvorbehalt abgeleitet wird. Dieser besagt, daß staatliche Eingriffe in die Rechtssphäre des Bürgers grundsätzlich einer Legitimation in Form eines formellen Gesetzes bedürfen. Konsequenterweise muß daher das Strafrecht als Teilbereich des Öffentlichen Rechts strikt dem öffentlich-rechtlichen Gesetzesvorbehalt genügen. Als konkretisierende Ausgestaltung des Gesetzesvorbehalts beschreibt Art. 103 Abs. 2 GG, daß „eine Tat nur bestraft werden kann, wenn ihre Strafbarkeit gesetzlich bestimmt war, bevor die Tat begangen wurde“. Als Ausdruck der fundamentalen Bedeutung des Art. 103 Abs. 2 GG für das Strafrecht wurde dieses Verfassungsprinzip in § 1 StGB übernommen. Hierdurch soll die Möglichkeit der kriminalpolitischen Einflußnahme auf das Strafrecht grundlegend definiert werden. Das Strafrecht ist aus rechtsstaatlich-liberaler Sicht die unüberwindbare Schranke der Kriminalpolitik.

Art. 103 Abs. 2 GG gebietet als spezielle Ausgestaltung des Willkürverbots in der Strafgerichtsbarkeit die gesetzliche Bestimmtheit der Strafbarkeit[696]. Jedermann soll voraussehen können, welches Verhalten verboten und mit Strafe bedroht ist[697]. Diese grundlegenden Aussagen eines rechtsstaatlichen Strafrechts sind jedoch mit dem Großteil des sog. Börsenstrafrechts unvereinbar.

Wenn selbst unter Juristen über die Auslegung zentraler Tatbestandsmerkmale, wie z.B. dem Erheblichkeitsbegriff oder dem Angabenbegriff in den Vorschriften der §§ 264a StGB und 88 BörsG, Unklarheit herrscht, so stellt sich die Frage, wie der Bürger ohne juristische Vorbildung die Strafbarkeit seines Handelns im voraus erkennen soll. Die Beantwortung dieser Frage ist eng an die politische Funktion des Strafrechts gekoppelt. Der kriminalpolitische Spielraum des Gesetzgebers zur Setzung von Strafnormen ist sehr weit gefaßt und dient nicht nur der Regulierung des Zusammenlebens der Bürger, sondern wird teilweise auch zur Verwirklichung von wirtschaftspolitischen Interessen herangezogen. Die Vorhersehbarkeit einer strafrechtlichen Relevanz des Verhaltens von Individuen wird verdrängt. Um dies zu verhindern, muß staatliche Macht begrenzt werden. Die Begrenzung der demokratisch legitimierten staatlichen Gesetzeskompetenz kann sich nur aus der Verfassung ergeben. Nimmt man die Ewigkeitsklausel der Verfassung nach Art. 79 Abs. 3 GG ernst, so ergibt sich, daß einige fundamentale Prinzipien unseres Rechtsstaates politisch und rechtlich nicht relativierbar sein dürfen[698]. Art. 103 Abs. 2 GG muß als unüberwindbare Grenze der Gesetzgebung angesehen werden, vorausgesetzt, man nimmt einen verbindlichen – politisch und rechtlich nicht relativierbaren - Bestimmtheitsgrundsatz als Maßstab.

II. Rechtsstaatliche Bestimmtheit contra politisch opportuner Präventionspolitik

Von einem strengen Maßstab des Art. 103 Abs. 2 GG ausgehend muß festgestellt werden, daß die politische Opportunität den Anspruch an eine rechtsstaatliche Bestimmtheit der Strafvorschriften überwunden hat. Praktikabilität und Flexibilität des Rechts genießen Vorrang. Prävention ist zum geflügelten Wort mutiert, dessen Deckmantel alles umfassen kann. Die Politik instrumentalisiert das Strafrecht für gesellschafts- oder wirtschaftspolitische Zwecke. Die angeblich präventive Wirkung von Normen, deren Statistik sie zur Bedeutungslosigkeit degradiert, rechtfertigt allerlei populistische Strafgesetzgebung. So auch im Bereich des sogenannten Börsenstrafrechts. Überindividuelle Rechtsgüter, deren Verletzung nicht erfaßt werden kann, werden zur Implementierung von Präventionsvorschriften herangezogen, z.B. zum Schutz der Funktionsfähigkeit des Kapitalmarkts. Die Folgen einer

[696] BVerfGE 64, 389 ff; 86, 288.
[697] BVerfGE 28, 175ff.; 41, 314ff..
[698] *Braum, St.*, Geschichte der Revision, S. 242.

grenzenlosen staatlichen Einflußnahme auf der Basis politisch opportunen Verhaltens offenbarten sich jedoch auch in der Strafgesetzgebung des Dritten Reichs[699]. Dementsprechend muß es im Sinne eines Rechtsstaats sein, jede Rechtsanwendung auszuschließen, die über den Inhalt einer gesetzlichen Sanktionsnorm hinausgeht. Auslegungen, die den möglichen Wortsinn überschreiten, sind mit Art. 103 Abs. 2 GG unvereinbar[700]. Da diese Verfassungsbestimmung Erkennbarkeit und Voraussehbarkeit der Strafandrohung für den Normadressaten verlangt, muß der Wortsinn aus dessen Sicht bestimmt werden[701]. Diese Art der verfassungskonformen Auslegung von Normen kann zwar den kriminalpolitischen Einfluß nicht aus der Strafgesetzgebung endgültig verdrängen, aber dem Bürger die Vorhersehbarkeit von staatlich definiertem strafrechtlichen Verhalten ermöglichen. Die Instrumentalisierung des Strafrechts durch Überdehnung von Straftatbeständen zur Durchsetzung politisch opportuner Interessen wird somit zumindest teilweise limitiert.

B. Unangemessenheit des Einsatzes von strafrechtlichen Vorschriften zur Regulierung des Kapitalmarktes

I. Strafrecht - ultima ratio der staatlichen Sanktionsmöglichkeit und das Subsidiaritätsprinzip

Das Strafrecht ist ein Teilbereich der allgemeinen sozialen Kontrolle, welche auf abweichend definiertes Verhalten mit bestimmten Reaktionen antwortet. Dem Strafrecht bleibt dabei die Aufgabe vorbehalten, den Schutz der elementaren Werte des gesellschaftlichen Zusammenlebens zu gewährleisten[702]. Elementare Werte sind in diesem Zusammenhang das Leben, die Freiheit, die körperliche Unversehrtheit und das Eigentum. Der Einsatz der Kriminalstrafe als schärfste Sanktion, über die der Staat verfügt[703], kann wegen der Intensität des Eingriffs in die Sphäre des Einzelnen aber immer nur *ultima ratio* im staatlichen Sanktionsinstrumentarium sein[704]. Aus dem *ultima ratio*-Gedanken resultiert das strafrechtsspezifische Subsidiaritätsprinzip. Demnach darf die Kriminalstrafe erst dort einsetzen, wo weniger gravierende – staatliche – Eingriffe als die Pönalisierung keinen gleichen oder gar besseren Erfolg versprechen[705]. Der Einsatz von Kriminalstrafe muß also zum Schutz des Individuums gegen die als strafwürdig erkannten Angriffe nicht nur geeignet und erforderlich, sondern

---

699 Hinsichtlich des politischen Strafrechts vgl., *Schmidt-Bleibtreu/Klein*, Art. 103 Abs. 2 GG, Rn 7.

700 BVerfGE 64, 393; 71, 114; BVerfG, in: NJW 1998, 2589.

701 BVerfGE 71, 108 (115); 82, 236ff..

702 BVerfGE 45, 253.

703 BVerfGE 6, 389 (433).

704 Vgl. hierzu *Prittwitz, C.*, Der fragmentarische Charakter des Strafrechts, in: Herausforderungen an das Recht, S. 149.

705 *Hillenkamp, Th.*, Vorsatztat, S. 175.

darüber hinaus gleichsam das einzige Mittel sein[706]. Demnach besteht die Aufgabe des Strafrechts darin, aufgrund seiner weitreichenden Sanktionsmöglichkeiten im System der Sozialkontrolle auf die schwersten und gravierendsten Normverletzungen zu reagieren. Strafrecht kann durch Geld- und Freiheitsstrafe in grundrechtlich geschützte Freiheiten eingreifen. Es ist die schärfste Waffe im staatlichen Sanktionensystem[707].

1. Strafrechtsphilosophische Bestimmung eines rechtsstaatlichen Strafrechts

Strafrecht muß bestimmt sein. Dieser verfassungsrechtliche Anspruch an ein rechtsstaatliches Strafrecht sichert die Vorhersehbarkeit strafrechtlich relevanten Verhaltens ab. Zu einem geringen Teil wird das Strafrecht hierdurch auch inhaltlich begrenzt. Eine genaue inhaltliche Zielsetzung dessen, was vom Strafrecht erfaßt sein soll, fordert der Bestimmtheitsgrundsatz jedoch nicht. Zur Konkretisierung kann das Subsidiaritätsprinzip herangezogen werden. Die Frage, wie sich ein unpolitisches, absolut frei von gesellschaftlichen Einflüssen ausgestaltetes Strafrecht bestimmen läßt, beantwortet das positive Recht jedoch nicht. Die entsprechende Antwort findet sich in der Strafrechtsphilosophie. Kant, als Vertreter der absoluten Straftheorie, vermag durch seine strafrechtsphilosophische Konzeption des Vergeltungsstrafrechts ein von äußeren Einflüssen freies Strafrecht zu schaffen. Weder Beccaria, Feuerbach noch von Liszt konzipieren ein zweckfreies Strafrecht. Der Einfluß der Kriminalpolitik bleibt, wenngleich subtil, in deren strafrechtsphilosophischer Konzeption erhalten. Wenn man die Rechtsstaatlichkeit des Strafrechts auch davon abhängig macht, wie unerreichbar das Strafrecht für kriminalpolitischen Einfluß sein kann, so muß man, den Prinzipien entsprechend, das Vergeltungsstrafrecht in der Konzeption Kants als Maßstab nehmen. Die börsenstrafrechtlichen Vorschriften wären hierdurch ihrer Legitimation entzogen.

2. Ziel und Aufgabe des Strafrechts

Die vorrangige Aufgabe des Strafrechts besteht im Freiheitsschutz. Die rechtsstaatlich-liberale Konzeption des Rechtsgüterschutzes hat eine gesetzeskritische, entkriminalisierende Funktion. Das zentrale Kriterium einer gerechten Strafwürdigkeitsbestimmung ist dabei die Verletzung von Freiheitsrechten. Die Voraussetzung dafür, ein Verhalten mit Strafe zu belegen, ist folglich die Verletzung eines konkreten Freiheitsanspruchs. Die Bestimmung des Rechtsguts muß aus rechtsstaatlicher Sicht für den einzelnen Bürger nachvollziehbar sein. Der Gesetzgeber ist bei der Auswahl der möglichen Rechtsgüter demnach nicht frei, sondern hat zu entscheiden, inwieweit er

---

[706] *Jescheck, H.-H.*, Strafrecht AT, S. 2 f., 38.
[707] BVerfGE 39, 47.

anerkannte Rechtsgüter strafrechtlich schützen möchte. Hiervon getrennt müssen reine Staatsinteressen oder gesellschaftliche Moral- oder Wertvorstellungen betrachtet werden. Das Ziel des Strafrechts kann es nicht sein, wirtschaftspolitischen Steuerungsansprüchen zu entsprechen, um hierdurch volkswirtschaftliche Interessen zu vertreten. Nach rechtsstaatlich-liberaler Auffassung können wirtschaftspolitische Ziele, die den Schutz von individuellen Rechtsgütern übersteigen, nicht zur Begründung der Strafwürdigkeit eines bestimmten Verhaltens dienen. Das Strafrecht ist aus liberal-rechtsstaatlicher Sicht auf die Entscheidung von Individualkonflikten ausgelegt. Das Strafrecht hat keine präventiv–gestaltende Aufgabe, sondern ist der repressiv–limitierenden Funktion der Freiheit des Bürgers verpflichtet. Ausgehend von einer liberalen Staatskonzeption verhindern enge formale Grenzen einen staatlichen Eingriff in die Rechte der Bürger mit den Mitteln des Strafrechts. Eine entgegengesetzte Auffassung der Staatskonzeption hätte einen sozialen Interventionsstaat zur Folge[708]. Diese Prämisse vorausgesetzt, ist für die Entscheidung über die Schutzbedürftigkeit eines Rechtsguts und die Notwendigkeit der Inkriminierung eines bestimmten Verhaltens die Unterscheidung von individuellen und überindividuellen Rechtsgütern wichtig. Die Zuordnung von überindividuellen Rechtsgütern, wie z.B. dem Vertrauen der Anleger in die Funktionsfähigkeit des Kapitalmarktes, als schutzwürdiges Rechtsgut bezieht sich auf die Konzeption eines Staates, dessen wirtschaftspolitische Interessen auch mit den Mitteln des Strafrechts durchzusetzen sind. Es ist fraglich, ob und wie die Funktionsfähigkeit des Kapitalmarkts aufgrund der Vagheit und Konturenlosigkeit des Begriffs überhaupt konkret gefährdet oder sogar verletzt werden kann. Eine solche Verletzungs- und Gefährdungseignung ist aber Voraussetzung dafür, daß ein Gut das Rechtsgut eines abstrakten Gefährdungsdelikts sein kann, weil die abstrakte Gefahr lediglich ein Vorstadium der konkreten Gefahr und Verletzung ist[709]. Die Konnexität zwischen Rechtsgutverletzung und inkriminiertem Verhalten besteht bei den abstrakten Gefährdungsdelikten nicht mehr. Dies eröffnet dem Gesetzgeber weitreichende Möglichkeiten, politische Steuerungsziele und Wertvorstellungen in das Strafrecht zu übertragen. Die aus Sicht der Strafverfolgungsbehörden oftmals schwierige Beweisfrage wird hierdurch weitgehend umgangen. Im Gegensatz dazu kann einer rechtsstaatlich-liberalen Grundeinstellung nur eine Konzeption eines personalen Rechtsguts entsprechen, nach der die Rechtsgüter aufgrund der Zuordnung des Individuums her verstanden werden und dessen personaler Entfaltung dienen. Das rechtsstaatliche Strafrecht kann nur wenig aufnehmen; nur Taten gegen die Grundrechte der Person auf Leben, Freiheit, Gesundheit und persönlichen Besitz vermögen den Anforderungen zu entsprechen[710]. Demnach gibt es keine

---

[708] *Albrecht, P.-A.*, Prävention als problematische Zielbestimmung im Kriminaljustizsystem, in: KritV 1986, 58.

[709] *Krüger, M.*, Die Entmaterialisierungstendenz beim Rechtsgutsbegriff, S. 125.

[710] *Naucke, W.*, Über die Zerbrechlichkeit des rechtsstaatlichen Strafrechts, in: KritV 1990, 247.

überindividuellen Rechtsgüter, die ohne personalen Bezug die Verwendung des Strafrechts rechtfertigen können. Die Inkriminierung eines bestimmten Verhaltens ist nur dann zulässig, wenn dies zum Schutz eines konkreten personalen Rechtsguts notwendig ist. Unter dieser Voraussetzung muß der Rechtsgüterschutz mit dem Subsidiaritätsprinzip des Strafrechts kombiniert werden. Das Strafrecht darf nur dann zum Schutz bedeutender Rechtsgüter eingesetzt werden, wenn durch andere Mittel keine Abhilfe möglich ist[711]. Nur durch das Abstellen auf den Schutz konkreter Rechtsgüter wird eine Überprüfung des Gesetzgebers und somit eine transparente und nachvollziehbare Kriminalpolitik ermöglicht[712]. Die Konsequenz hieraus ist die Essenz eines liberal-rechtsstaatlichen Strafrechts: das Strafrecht ist ein Bürgerstrafrecht, das zur kriminalpolitischen Durchsetzung staatlicher Wirtschafts- oder Gesellschaftsinteressen unverfügbar ist.

II. Präventionsstrafrecht als politisches Steuerungsinstrument

Bedrohungspotentiale erzeugen nach Beliebigkeit Kriminalität. Nach diesem einfachen System läßt sich das Strafrecht in fast jeder Hinsicht instrumentalisieren: vorausgesetzt man sieht das Strafrecht als ein Präventionsrecht an.

Für den Gesetzgeber und dessen Kriminalpolitik ist diese Sicht der Dinge verführerisch. Der präventive Einsatz des Strafrechts zur Lösung wirtschaftspolitischer Probleme erfordert keinerlei weitergehende Legitimation. Die Inkriminierung eines politisch unliebsamen Verhaltens erzeugt Kriminalität. Am Beispiel der Börsendelikte ist abzulesen, daß es lediglich ein paar markiger Worte bedarf, um den Großteil der Bevölkerung davon zu überzeugen, daß man gegen die Börsenkriminalität härter vorgehen muß. Auf diesem Wege findet Interessenpolitik ihren Einzug in das Strafrecht. Nicht das repressive Verfolgen von begangenen Straftaten steht im Vordergrund, sondern die Abschreckung und Möglichkeit, gegen Personen vorzugehen, deren Handlungen auch ohne eingetretenen Schaden als gefährlich angesehen werden. Somit wird aus dem reaktiven und limitierend wirkenden Formalrecht ein material-zweckrationales Präventivrecht[713]. Die Folge hieraus ist, daß das Strafrecht zum Steuerungsinstrument für wirtschaftliche oder gesellschaftliche Störungen instrumentalisiert wird, um großflächige Prävention von Problemlagen zu erreichen[714]. Eine Kontrolle dieses Präventionsstrafrechts ist nur schwer möglich, zu gefügig ist sein Maßstab.

---

[711] *Roxin, C.*, Sinn und Grenzen staatlicher Strafe, S. 13.

[712] AK-*Hassemer*, Vor § 1 StGB Rn. 261.

[713] *Albrecht, P.-A.*, Das Strafrecht auf dem Weg vom liberalen Rechtsstaat zum sozialen Interventionsstaat, in: KritV 1988, 184.

[714] *Hassemer, W.*, Symbolisches Strafrecht und Rechtsgüterschutz, in: NStZ 1989, 558.

Das Strafrecht vermag zwar im Hintergrund mit rechtsstaatlich akzeptablen Normen, die es durchaus zur Verfügung stellen kann, die Grundwerte der Gesellschaft zu stabilisieren und zu manifestieren; es ist hingegen nicht dazu bestimmt, die soziale Kontrolle der marktwirtschaftlichen Ordnung zu gewährleisten[715]. Die Aufgabe des Strafrechts in einem Rechtsstaat darf nicht darauf hinauslaufen, als flexibles staatliches Interessenwerkzeug zu fungieren. Vielmehr hat nach liberal-rechtsstaatlicher Auffassung das Strafrecht eine repressiv-limitierende und keine präventiv-gestaltende Aufgabe[716]. Unter dieser Prämisse hat das Börsenstrafrecht keine Existenzberechtigung.

C. Inkompatibilität des Strafrechts mit der Notwendigkeit der Regulierung des Kapitalmarktes

An dem Bedürfnis der staatlichen Regulierung des Kapitalmarktes besteht aus der Sicht aller Fachleute Konsens. Dissens herrscht allerdings über die Mittel, mit denen die Regulierung umgesetzt wird. Der Gesetzgeber hat sich für die Regulierung durch Strafrecht entschieden und verfolgt diesen Weg auch mit dem Vierten Finanzmarktförderungsgesetz konsequent weiter. Anhand der Unsicherheiten, die im Rahmen der Rechtsanwendung des Börsenstrafrechts bestehen, stellt sich jedoch die Frage, ob das Strafrecht ein taugliches Mittel zur Regulierung des Kapitalmarkts sein kann. Die Schnittstelle zwischen Kapitalmarktaufsicht und Strafverfolgung liegt auf der Grenze zwischen zwei grundverschiedenen Welten[717], wodurch ein gemeinsamer Anwendungsbereich unmöglich erscheint. Vor allem aber muß der Bürger vor seiner Handlung erkennen können, was strafrechtlich verboten ist. Die Gesetze müssen so formuliert sein, daß der Einzelne die Möglichkeit hat, den durch die Strafnorm geschützten Wert sowie das Verbot bestimmter Verhaltensweisen zu erkennen und die staatliche Reaktion vorauszusehen[718]. Kompatibilität zwischen Kapitalmarktregulierung und dem Strafrecht kann jedoch nur erreicht werden, wenn der Anspruch an ein rechtsstaatliches Strafrecht gesenkt wird und die Zweckmäßigkeit entscheidende Komponente des Rechts ist. Da letzteres abzulehnen ist, zeigt sich, daß abweichendes Verhalten am Kapitalmarkt aufgrund der hohen Anforderungen an ein rechtsstaatliches Strafrecht nicht nur dogmatisch, sondern auch aus pragmatischer Sicht durch außerstrafrechtliche Rechtsgebiete besser zu regulieren ist. Ein geeignetes Mittel zur Kapitalmarktregulierung ist primär das Zivilrecht, sekundär kann auch auf das Verwaltungsrecht zurückgegriffen werden. Das rechtsstaatliche Strafrecht jedenfalls ist mit der Notwendigkeit der Regulierung des Kapitalmarktes unvereinbar.

---

[715] *Albrecht, P.-A.*, Erosionen des rechtsstaatlichen Strafrechts, in: KritV 1993, 171.
[716] *Albrecht, P.-A.*, Prävention als problematische Zielbestimmung im Kriminaljustizsystem, in: KritV 1986, 58.
[717] *Benner, K.-D.*, Wertpapiermarktaufsicht, in: ZRP 2001, 450.
[718] BVerfGE 45, 363 (372).

5. Kapitel: Anleger- und Kapitalmarktschutz durch außerstrafrechtliche Regulierung

An der Funktionsfähigkeit des Kapitalmarkts, des vorrangigen Regelungsziels des Kapitalmarktrechts, besteht ein starkes Interesse des Staates. Die Funktionsfähigkeit des Kapitalmarktes ist nach den Gesetzesmaterialien zum Zweiten Finanzmarktförderungsgesetz ein Schutzgut, das dem öffentlichen Interesse an effizienten Märkten dient[719] und somit volkswirtschaftlich von großer Bedeutung ist. Der Individualschutz der Anleger ist ein weiteres Regelungsziel des Kapitalmarktrechts, das bei genauer Betrachtung als Teilbereich des Funktionsschutzes der Kapitalmärkte deutlich wird. Der Funktionsschutz zielt auf die Leistungsfähigkeit der kapitalmarktbezogenen Einrichtungen und Ablaufmechanismen. Im Vordergrund steht der Schutz des Vertrauens der Anleger, der zur Erhaltung und Steigerung des Volumens des volkswirtschaftlich benötigten Investitionskapitals erforderlich ist[720].

Die Schutzwürdigkeit des Kapitalmarktes und seiner Anleger steht aufgrund der hervorgehobenen Bedeutung außer Frage. Ebenso eindeutig ist aber auch, daß ein strafrechtlicher Schutz des Kapitalmarktes -über den Bereich des Kernstrafrechts hinaus- und seiner Anleger nicht dem Charakter des Strafrechts entspricht.

Da eine generelle Liberalisierung des Kapitalmarktes, ohne gesetzliche Regulierung, die Gefahr der Wiederholung der Ereignisse von 1929 in sich birgt, ist im Rahmen einer konstruktiven Kritik am aktuellen Zustand der Kapitalmarktregulierung deshalb die Frage nach einer außerstrafrechtlichen Alternative zu stellen. Denn nur eine außerstrafrechtliche Regulierung des Kapitalmarktes entspricht der ultima ratio-Funktion des Strafrechts. Der Vorrang des Zivilrechts und anderer außerstrafrechtlicher Schutzvorschriften wurde schon vor der Einführung des Insiderhandels und des Kapitalanlagebetrugs auf dem 51. Deutschen Juristentag hervorgehoben, aber vom Gesetzgeber nicht berücksichtigt[721].

A. Vorrangigkeit des Zivilrechts zum Schutz des Kapitalmarkts

So viel Schutz wie möglich, so wenig Regulierung wie nötig. Dieses allgemeinverbindliche Prinzip einer Liberalisierung von Wirtschaftsmärkten beansprucht auch für den Kapitalmarkt Geltung. Die Bedeutung des Kapitalmarktes ist national wie international in volkswirtschaftlicher Hinsicht

---

719 Beschlussempfehlung und Bericht des Finanzausschusses des Deutschen Bundestages, BT-Drucks 12/7918, S. 102.

720 *Kübler, F.*, Gesellschaftsrecht, 5. Aufl., 1998, § 31 II.

721 Vgl. hierzu *Hopt, K.*, Gutachten für den 51. Juristentag, S. 62.

enorm, weshalb staatliche Aufsicht und gesetzliche Spezialvorschriften unerläßlich sind. Dies bedeutet aber nicht, daß eine Regulierung auf strafrechtlicher Basis erforderlich ist. Vielmehr muß der Gesetzgeber die Grundlage dafür schaffen, daß der Bürger sich mit rechtlichen Mitteln selbst helfen kann, ohne strafrechtliche Intervention. Das Mittel, das der Staat dem Bürger hierzu an die Hand gibt, ist das Zivilrecht. Ob die bestehenden zivilrechtlichen Gesetze hierzu ausreichen, oder ob de lege ferenda eine Veränderung der Gesetzeslage zu fordern ist, soll im folgenden geklärt werden.

I. Zivilrechtlicher Anlegerschutz de lege lata

1. Zivilrechtliche Prospekthaftung als Alternative zu § 264a StGB

Im Mittelpunkt des zivilrechtlichen Anlegerschutzes steht die Prospekthaftung. Da viele Anleger auch vor dem großen Börsen-Boom Ende der neunziger Jahre schon durch unrichtige oder unvollständige Prospekte getäuscht wurden, hat die Rechtsprechung ihnen einen zivilrechtlichen Schadensersatz zugebilligt[722]. Anspruchsgrundlage für die Erstattung des Schadens wurde zunächst in der Rechtsfigur des Verschuldens bei Vertragsverhandlungen (c.i.c.) gesehen[723]. Erst in der Folgezeit hat sich der allgemeine Prospekthaftungsanspruch zu einem eigenen Rechtsinstitut entwickelt. Danach müssen Prospektaussagen über diejenigen Umstände, die von wesentlicher Bedeutung für den Anlageentschluß des Interessenten sind, zutreffend und vollständig sein und darüber hinaus eine eingehende und verständige Aufklärung über Risiken geben[724].

Aus der allgemeinen Prospekthaftung entwickelt, gibt es aber auch spezialgesetzliche Prospekthaftungsregeln. Die Rechtsgrundlagen hierfür liegen im Börsengesetz und im Wertpapierverkaufsprospektgesetz. Seit dem 1. Januar 1991 ist das Gesetz über Wertpapierverkaufsprospekte in Kraft, das auf dem Bestreben nach Rechtsangleichung innerhalb der Europäischen Union beruht[725]. Die nähere Ausgestaltung des Gesetzes wird in der Verkaufsprospekt-Verordnung geregelt[726]. Mit dem Dritten Finanzmarktförderungsgesetz, welches am 01.01.1998 überwiegend in Kraft getreten ist, wurde die Haftung für fehlerhafte Börsenzulassungsprospekte nach den §§ 45 – 49 BörsG grundlegend umgestaltet. Die Haftungsregeln gelten nach § 77 BörsG a.F. bzw. § 55 BörsG n.F. entsprechend für unrichtige oder unvollständige Unternehmensberichte und nach § 13 VerkProspG für fehlerhafte Verkaufsprospekte.

[722] *Schmid, W.*, Kapitalbeschaffung, in: Müller-Gugenberger/Bieneck, Wirtschaftsstrafrecht, S. 601.

[723] Vgl. BGHZ 60, 221 (226); BGH, in: NJW 1975, 1774; *Hüffer, J.*, Das Wertpapier – Verkaufsprospektgesetz, S. 150; *Schönenberger, A.*, Ökonomische Analyse der Notwendigkeit und Effizienz des börsengesetzlichen Haftungsregimes, S. 21.

[724] BGHZ 79, 3337, 341.

[725] Vom 13.12.1990, BGBl. I, S. 2869 ff..

[726] Vom 17.12.1990, BGBl. I, S. 2869 ff..

Anspruchsvoraussetzung ist, daß gemäß § 45 Abs. 1 BörsG a.F. bzw. § 44 Abs. 1 BörsG n.F. der Anspruchsinhaber Wertpapiere erworben hat, die auf Grund eines unrichtigen oder unvollständigen Prospekts zum Börsenhandel zugelassen worden sind. Diese zivilrechtliche Alternative zu § 264a StGB eröffnet die Möglichkeit einer Regulierung des IPO, ohne hierbei auf die einschneidende Wirkung des Strafrechts zu setzen. Der Erwerber hat einen Anspruch auf Erstattung des Erwerbspreises in Höhe des Ausgabekurses, inklusive der Provision. Für den Fall, daß der Erwerber nicht mehr Inhaber der Wertpapiere ist, regelt § 45 Abs. 2 BörsG a.F. bzw. § 44 Abs. 2 BörsG n.F. den Schadensersatzanspruch. Hiernach hat der Erwerber einen Anspruch auf den Differenzbetrag zwischen Erwerbspreis und Veräußerungspreis, sowie der damit verbundenen üblichen Kosten. Der Anspruchsteller muß nicht mehr nachweisen, daß der Erwerb des Wertpapiers aufgrund des Prospekts erfolgte[727].

Die hierdurch erzielte zivilrechtliche Ausgleichsfunktion vermag den Anspruch des Einzelnen zu befriedigen. Der durch den IPO unrechtmäßig erlangte Vermögensvorteil wird beim Verkäufer der Wertpapiere abgeschöpft, jedoch sollte zusätzlich eine spürbare Sanktion in Form eines Bußgeldbescheids durch das BAFin ergehen, damit ein Anreizsystem geschaffen wird, den Verkaufsprospekt verstärkt auf seine Richtigkeit zu überprüfen.

2. Deliktsrecht als Alternative zum Strafrecht

Eine weitere zivilrechtliche Lösung zur Regulierung des Kapitalmarktes könnte im Deliktsrecht zu sehen sein. Voraussetzung hierfür ist allerdings, daß § 48 Abs. 2 BörsG bzw. § 47 Abs. 2 BörsG n.F. nicht entgegensteht. Demnach sollen weitergehende Haftungsansprüche als die der §§ 44 f. BörsG n.F. nur auf Grund von vertraglichen Vereinbarungen möglich sein. Dies hätte jedoch einen Ausschluß jeglichen Deliktsschutzes zur Folge und wäre zu weitgehend. Die sich aus den §§ 45, 46 BörsG ergebenden einschränkenden Haftungsvoraussetzungen und § 48 Abs. 2 BörsG gebieten nur, daß die vom Gesetzgeber gewollte Begrenzung des Haftungsrisikos auch bei Anwendung des allgemeinen Deliktsrechts Geltung beansprucht[728]. Da das Deliktsrecht an strengere Voraussetzungen anknüpft als § 45 BörsG, sind die Vorschriften des Deliktsrechts dennoch anzuwenden.

a) § 823 Abs. 1 BGB als Anlegerschutznorm

§ 823 Abs. 1 BGB könnte die Fälle erfassen, in denen durch kursbeeinflussende Manipulationen ein Anleger in einem seiner durch die Vorschrift geschützten Rechte oder Rechtsgüter verletzt ist. Kursmanipulationen können einerseits den

[727] *Meixner, R.*, Das Dritte Finanzmarktförderungsgesetz, in: NJW 1998, 1900.
[728] BGH NJW 1986, 837 (840); *Schwark, E.*, §§ 45, 46 BörsG; a.A. *Hüffer, J.*, Das Wertpapierverkaufsprospektgesetz, S. 154.

Aktienkurs nach unten bewegen, andererseits aber auch kurssteigernde Wirkung haben. Für die Anwendung von § 823 Abs. 1 BGB könnte lediglich der Kursverfall des Wertpapiers relevant sein, denn hierdurch wird das Vermögen des Aktieninhabers beeinträchtigt. Das Vermögen als solches wird aber nicht von § 823 Abs. 1 BGB geschützt[729], weshalb eine zivilrechtliche Regulierung von Manipulationsfällen über diese Vorschrift nicht möglich ist.

b) § 823 Abs. 2 BGB in Verbindung mit Schutzgesetz

Der Schadensersatz von reinen Vermögensinteressen kann jedoch durch § 823 Abs. 2 BGB gewährleistet werden. Voraussetzung für die Schadensersatzpflicht ist die Verletzung eines Schutzgesetzes im Sinne der Vorschrift. Hierfür kommen alle Rechtsnormen in Betracht, sofern sie ein bestimmtes Gebot oder Verbot aussprechen[730]. Gesetze im formellen Sinn sind nicht die unbedingte Voraussetzung. Auch Verordnungen können Schutzgesetze im Sinne von § 823 Abs. 2 BGB sein[731]. Voraussetzung für die Anwendbarkeit des Deliktsrechts ist in diesem Fall, daß die Rechtsnorm zumindest auch auf den Schutz von Individualinteressen gerichtet ist und nicht nur Belange der Allgemeinheit zum Gegenstand hat[732]. Einzelne Personen oder Personenkreise müssen gerade von dem Schutzzweck der Norm erfaßt sein[733].

Eine strafrechtliche Norm als Schutzgesetz kommt nur aus dem Bereich des Kernstrafrechts in Betracht, wobei einzig der Betrugstatbestand einschlägig ist. Der Vermögensschaden durch Manipulationen am Kapitalmarkt ist über die Vorschrift des § 823 Abs. 2 BGB in Verbindung mit § 263 StGB erfaßt. Ziel der Überlegung soll es allerdings sein, eine Regelung aufzuzeigen, die keine über das Kernstrafrecht hinausgehenden Elemente enthält. Um eine außerstrafrechtliche Regelung anzustreben, bietet sich § 15 WpHG an, der die sogenannte Ad-hoc-Publizität regelt. Hierunter ist die unverzügliche Veröffentlichung kurssensibler Ereignisse zu verstehen, die in einem Geschäftsbereich eingetreten sind[734]. Der Bereich der Ad-hoc-Publizität wurde in der Vergangenheit von vielen Unternehmen, gerade am Neuen Markt, dazu genutzt, um durch werbende Veröffentlichungen den Aktienkurs unbegründet in die Höhe zu treiben. Durch einen möglichen Schadensersatzanspruch könnte dies unterbunden werden und gleichzeitig bei entsprechender Fassung der Norm eine Alternative zum Strafrecht geschaffen werden. De lege lata steht dem allerdings § 15 Abs. 6 S. 1 WpHG entgegen. Danach ist der Emittent nicht schadensersatzpflichtig, wenn er gegen die Verpflichtung nach § 15 Absatz 1, 2 oder 3 WpHG verstößt, es sei denn die Voraussetzungen der §§ 37b und 37 c

---

[729] BGHZ 41, 123 (127); BGH in: NJW 1980, 1582.
[730] BGHZ 64, 232 (237).
[731] Palandt-*Thomas*, § 823, Rn. 140.
[732] Jauernig-*Teichmann*, § 823, Rn. 44.
[733] Münchner Kommentar, § 823, Rn. 163.
[734] *Ekkenga, J.*, Anlegerschutz , S. 165.

WpHG liegen vor. Hierdurch soll klargestellt werden, daß die Vorschrift ausschließlich der Sicherung der Funktionsfähigkeit des Kapitalmarkts dient. Demzufolge handelt es sich bei § 15 WpHG nicht um eine Schutznorm im Sinne von § 823 Abs. 2 BGB.

c) § 826 BGB

Eine Norm, die ebenfalls bei reinen Vermögensschäden Anwendung finden kann, ist § 826 BGB. Voraussetzung für eine Haftung nach dieser Vorschrift ist eine vorsätzliche sittenwidrige Schädigung. Die Anwendbarkeit der Vorschrift hängt also von einer sittlichen Wertung ab. Das Verhalten, welches momentan unter die Vorschriften der Kursmanipulation, des Insiderhandels, des Verleitens zu Spekulationsgeschäften und des Kapitalanlagebetrugs subsumiert wird, müßte als vorsätzliche sittenwidrige Schädigung angesehen werden. Konkretisiert werden soll das Merkmal der guten Sitten am Anstandsgefühl aller billig und gerecht Denkenden, wobei der Inhalt der guten Sitten nach den Maßstäben der beteiligten Kreise zu bestimmen ist[735]. Die beteiligten Kreise am Kapitalmarkt sind Händler, Banken, Kleinanleger und institutionelle Investoren, denen gemeinsam ist, daß alle Teilnehmer einen fairen und transparenten Handel als billig und gerecht betrachten. Man kann davon ausgehen, daß das durch das Börsenstrafrecht inkriminierte Verhalten gegen das Anstandsgefühl aller billig und gerecht Denkenden verstößt und somit von § 826 BGB umfaßt ist. Subjektiv setzt § 826 BGB dem Wortlaut entsprechend Vorsatz hinsichtlich der Sittenwidrigkeit des Handelns sowie des Schadens voraus. Durch die Rechtsprechung wurden die subjektiven Voraussetzungen dahingehend erweitert, daß für die Sittenwidrigkeit grobe Fährlässigkeit ausreichend ist und hinsichtlich der Schädigung bedingter Vorsatz gefordert wird. Die Vorschrift des § 826 BGB könnte demnach als zivilrechtliche Alternativlösung zum Börsenstrafrecht herangezogen werden und bedürfte der Konkretisierung durch die Rechtsprechung.

d) Deliktischer Schadensersatz am Beispiel des Falls Informatec

Im Fall Informatec forderten Aktienkäufer von Vorständen wegen einer unrichtigen Ad-hoc-Mitteilung Schadensersatz, weil diese zur Steigerung des Aktienkurses fingierte Großaufträge enthielt. Von dieser Ad-hoc-Mitteilung erfuhren die Kläger in einem Fall durch eine Börsensendung und durch eine Veröffentlichung im Teletext. Sie erwarben daraufhin Aktien der Gesellschaft, über deren Vermögen anschließend das Insolvenzverfahren eröffnet wurde.

Die 3. Zivilkammer des LG Augsburg[736]verurteilte die Vorstände wegen Kursbetrugs zu Schadensersatz nach § 823 Abs. 2 BGB i.V.m. § 88 Nr. 1 BörsG als Schutzgesetz, weil diese Norm das Vermögen einzelner Kapitalanleger vor

---

[735] Palandt-*Thomas*, § 826, Rn. 2.
[736] LG Augsburg, WM 2001, 1944.

möglichen Schäden durch unredliche Beeinflussung der Preisbildung an den Börsen und Märkten schütze. Falls § 88 BörsG nicht als Schutzgesetz gelte, wurde der Anspruch auf § 826 BGB gestützt, dessen Tatbestand wegen des grob leichtfertigen und gewissenlosen Verhaltens der Beklagten erfüllt sei.

Gegenteilig hat die 6. Zivilkammer beim LG Augsburg[737] im Falle eines anderen Klägers entschieden. Der Schutzzweck des § 88 BörsG sei nur die gesicherte Preiswahrheit an den Börsen und Märkten im Interesse der Allgemeinheit. § 826 BGB entfalle, weil der Vorsatz den konkreten Schaden des individuellen Anlegers umfassen müsse.

Das erstgenannte Urteil der 3. Zivilkammer des LG Augsburg wurde am 01. Oktober 2002 vom OLG München[738] aufgehoben. Selbst für den Fall, daß die falschen Pflichtmitteilungen den Straftatbestand der Kursmanipulation erfüllten, verschaffe dies keinen Anspruch auf Schadensersatz, da es sich bei § 88 BörsG nicht um ein Schutzgesetz im Sinne des Deliktsrechts handele. Diese Bestimmung schützt auch nach Ansicht der Münchener Richter nur den Kapitalmarkt als solchen, nicht aber den einzelnen Anleger. Auch die Voraussetzungen einer vorsätzlichen sittenwidrigen Schädigung nach § 826 BGB sahen die Münchener Richter nicht als gegeben an.

Der Kläger legte gegen das Urteil Revision ein, so daß nunmehr der Bundesgerichtshof über diesen Fall zu entscheiden hat.

Als inhaltlich richtig und konsequent ist die Entscheidung der Richter zu bezeichnen, § 88 BörsG als Schutzgesetz im Sinne von § 823 Abs. 2 BGB abzulehnen. Wie bereits im Rahmen der Untersuchung von § 88 BörsG gesehen, handelt es sich hierbei um eine Vorschrift, die lediglich einen Institutionenschutz für das öffentliche Vertrauen in die Integrität des Kapitalmarktes gewährleistet. Der einzelne Kapitalanleger soll einen Vermögensschutz nur als Rechtsreflex erlangen, der für die Schutzgesetzqualität i.S.d. § 823 Abs. 2 BGB nicht genügt. Da der Schädigungsvorsatz bei § 826 BGB teilweise schwierig nachweisbar ist und somit zu unbilligen Ergebnissen führt, gilt es zu überlegen, welche Möglichkeiten der Gesetzgeber für einen rechtsstaatlich begründeten Anlegerschutz de lege ferenda bieten kann.

II. De lege ferenda: Schadensersatzklagemöglichkeit des Anlegers

Eine über die aktuelle Gesetzeslage hinausgehende zivilrechtliche Möglichkeit der Regulierung des Kapitalmarkts ist wünschenswert. Dem Anleger sollte die Möglichkeit gegeben werden, auf zivilrechtlicher Ebene auf unrechtmäßiges Verhalten am Kapitalmarkt direkt reagieren zu können. In diesem Zusammenhang ist die durch das Vierte Finanzmarktförderungsgesetz neu

[737] LG Augsburg, WM 2002, 592.
[738] Az.: 30 U 855/01.

eingeführte Möglichkeit, daß auch Kleinanleger Schadensersatz einklagen können (§§ 37b und 37c WpHG), positiv zu erwähnen. Hiernach steht dem Anleger ein Anspruch auf Schadensersatz wegen unterlassener oder unrichtiger Veröffentlichung kursbeeinflussender Tatsachen gegen den Emittenten zu.

Da diese Regelungen jedoch nicht als ausreichend bezeichnet werden können, stellt sich die Frage, welche Regelung de lege ferenda einen verbesserten Schutz des Kapitalmarktes bieten kann.

1. Zivilrechtliche Sammelklage nach dem Vorbild der US-amerikanischen „class action"

Eine weiterer Ansatz zur Regulierung des Kapitalmarkts mit außerstrafrechtlichen Mitteln könnte in einer zivilrechtlichen Sammelklage nach dem Vorbild der US-amerikanischen *class action* bestehen. Diese US-amerikanische Form der Gruppenklage ist eine Klage, bei der ein Zusammenschluß von Personen mit gleichen rechtlichen Interessen wie ein einziger Kläger behandelt wird. Die *class action* dient dazu, separate Klagen einer Vielzahl von Personen mit gleichen Interessen zu vereinigen, ohne daß diese namentlich genannt zu werden brauchen und selbst vor Gericht erscheinen müssen[739].

Die Anwendung von *class actions* ist in bestimmten Fallsituationen gerade typisch für das US-amerikanische Rechtssystem. Hierzu zählen z. B. Verstöße gegen Bürgerrechte, Kartellabsprachen, Verbraucherschutz und die Verletzung von Verhaltensnormen zum Schutz von Kapitalanlegern[740]. Das US-amerikanische Rechtssystem setzt demnach das Institut der *class action* auch zur gemeinschaftlichen Durchsetzung von Ansprüchen geschädigter Kapitalanleger ein. Seine Anwendung setzt jedoch eine gewisse Vergleichbarkeit auch hinsichtlich der Rechtssysteme voraus. Problematisch könnte diesbezüglich das verfassungsrechtliche Gebot des Art. 103 Abs. 1 GG sein. Der Anspruch auf rechtliches Gehör gewährleistet die von Staats wegen ungehinderte Gelegenheit, sich am Gerichtsverfahren zu beteiligen und gehört zu werden[741]. Eine Verletzung dieses Verfassungsprinzips wäre mit den Ansprüchen an eine rechtsstaatlich-demokratische Grundordnung unvereinbar. Allerdings ist es dem Betroffenen möglich, freiwillig von der Ausübung dieses Rechts abzusehen[742]. Folglich steht Art. 103 Abs. 1 GG der Anwendung einer sogenannten *class action* nicht entgegen.

---

[739] *Dielmann, B.*, Litigation and Arbitration in the USA, S. 202.

[740] Einen konkreten Überblick hierzu gibt *Greiner, C.*, Die class action, S. 34.

[741] BGH NJW 1992, 3096 (3099); *Schneider, H.*, Class Actions – Rechtspolitische Fragen in den USA, S. 101.

[742] BVerfGE 55, 72 (94).

Eine weitere Frage wirft das Gebührenrecht auf. Die Anwälte von *class actions* in den Vereinigten Staaten arbeiten nicht nach einem bestimmten Gebührensatz, sondern vereinbaren Erfolgshonorare[743]. Ein Erfolgshonorar wird jedoch in Deutschland überwiegend als sittenwidrig angesehen[744], weshalb hier eine neue Regelung erforderlich wäre.

Die Übernahme eines solchen Rechtsinstituts erfordert ferner die Frage nach einer bereits bestehenden Möglichkeit, die Ansprüche von Gruppen oder Verbänden nach deutschem Recht durchzusetzen.

2. Zivilrechtliche Verbandsklage als Substitution für die strafrechtliche Regulierung des Kapitalmarktes

Eine Möglichkeit zur Durchsetzung der Regulierung des Kapitalmarkts mit außerstrafrechtlichen Mitteln könnte in einer zivilrechtlichen Verbandsklage zu sehen sein. Dieser Gedanke ist im deutschen Recht keineswegs so fremd, wie dies zunächst erscheinen mag. Bereits 1894 machte die Börsenenquêtekommission, die mit der Untersuchung des Börsenrechts und dem Entwurf des Börsengesetzes betraut war, den erfolglosen Vorschlag, eine Gruppenklage für börsenrechtliche Ansprüche in das deutsche Zivilprozeßrecht einzuführen[745]. Ziel des Vorschlags war es, parallel zur Begründung eines subjektiven Anspruchs gegen den Emittenten ein Verfahren zu dessen Durchsetzung zu schaffen[746]. Die ablehnende Haltung wurde durch negative Erfahrungen in Österreich begründet, wo ein ähnliches Rechtsinstitut bestand[747].

Vorbilder für eine Verbandsklage bestehen allerdings nicht nur in rechtshistorischen Quellen. De lege lata findet sich eine Anleihe für eine derartige Regelung z.B. im Wettbewerbsrecht. Hier räumt der Gesetzgeber im lauterkeitsrechtlichen vorbeugenden Rechtsschutz neben dem selbst und unmittelbar betroffenen Mitbewerber die Abmahn- und Klagebefugnis auch den Verbänden sowie allen nicht selbst und unmittelbar betroffenen Konkurrenten ein und durchbricht damit den Grundsatz des lediglich subjektiven Rechtsschutzes[748]. Zwar besteht die eigentliche Aufgabe des Zivilprozesses in dem Schutz subjektiver Rechte und schließt generell Popularklagen aus, jedoch läßt sich der Kapitalmarkt mit dem vermeintlichen Rechtsgut des „Vertrauens der Anleger in die Funktionsfähigkeit der Börse“ auch als einen Teilbereich des

---

743 *Schneider, H.*, Class Actions – Rechtspolitische Fragen in den USA, S. 113; *Haß, D.*, Die Gruppenklage, S. 327.

744 BGHZ 34, 64, 70ff.

745 Bericht der Börsenenquêtekommisssion, Bd. 1, S. 71; vgl. auch *Haß, D.*, Die Gruppenklage, S. 323.

746 *Haß, D.*, Die Gruppenklage, S. 324.

747 *Haß, D.*, Die Gruppenklage, S. 324.

748 *Greiner, C.*, Die class action, S. 125; *Hefendehl, R.*, Die Popularklage als Alternative zum Strafrecht bei Delikten gegen die Gemeinschaft, in: GA 1997, 126.

allgemeinen wirtschaftlichen leistungsfähigen Wettbewerbs ansehen und somit in den entsprechenden Schutz miteinbeziehen. Der Gesetzgeber ging bei der Konzeption der Verbandsklage im UWG-Bereich von gebietsspezifischen strukturellen Schwächen aus und mißtraute hierbei der individuellen Interessenwahrnehmung[749]. Diese Überlegungen lassen sich auch auf den Kapitalmarkt erweitern, der als Zielvorstellung ebenso einen fairen, transparenten Wettbewerb herzustellen versucht. Durch eine Verbandsklagemöglichkeit, vergleichbar mit § 13 UWG, wäre die Verletzung des „Börsenwettbewerbs" ebenso sanktioniert, wie durch die Intervention der Staatsanwaltschaft. Der entscheidende Unterschied wäre die Angemessenheit des zivilrechtlichen Mittels zum Schutz eines überindividuellen Rechtsguts. Ebenso würden die Prozeßscheu des Einzelnen und der teilweise geringe Schaden des Anlegers aufgefangen und die Ansprüche -zielgerichtet kanalisiert- im Wege des Zivilprozesses durchgesetzt werden. Die daraus entstehende präventive Wirkung würde aufgrund der stärkeren Wirkung der negativen Publizität durch die mediale Aufbereitung gegenüber dem Strafrecht verstärkt sein.

Davon ausgehend, daß die börsenrechtlichen Strafvorschriften aus dem Gesetz herausgenommen werden und der strafrechtliche Rechtsgüterschutz sich nur auf individuelle Rechtsgüter bezieht, stellt sich die Frage, ob die hierdurch entfallende staatliche Intervention mit den Mitteln des Strafrechts durch eine staatliche, zivilrechtliche Intervention ersetzt werden sollte. Dies widerspricht jedoch dem Wesen des Zivilrechts, das auf einen Ausgleich zwischen den Bürgern angelegt ist. Die Alternative hierzu wären privatrechtlich organisierte Abmahnvereine. Grundsätzlich ist diesbezüglich anzumerken, daß die geringst mögliche staatliche Einwirkung im Rahmen einer pluralistischen und liberalen Gesellschaft zu fordern ist. Dies bezieht sich auch auf die Wirtschaftsmärkte. Allerdings wirft dies die Frage auf, wie privatrechtlich organisierte Vereine und Verbände an die notwendigen Informationen gelangen, ohne daß diesbezüglich Mißbrauch betrieben wird. Zahlreiche Informationen müßten durch die Handelsüberwachungsstellen der Börsen selbst und durch die Bundesanstalt für Finanzdienstleistungsaufsicht (BAFin) erteilt werden. Der Verband wäre folglich auf eine enge Kooperation mit den Behörden angewiesen. Demzufolge erscheint es angebracht, einen privatrechtlich organisierten Verband zu beleihen und ihn somit einer staatliche Einflußnahme nicht gänzlich zu entziehen. Denn der Bürger soll am Kapitalmarkt nicht schutzlos sein. Das Strafrecht jedoch ist nicht auf den Schutz überindividueller Rechtsgüter angelegt und zeigt sich in der praktischen Anwendung als ungeeignetes Mittel. Zu den angemessenen zivilrechtlichen und öffentlich-rechtlichen Schutzregulatorien gibt es keine strafrechtliche Alternative.

---

[749] *Hefendehl, R.*, Die Popularklage als Alternative zum Strafrecht bei Delikten gegen die Gemeinschaft, in: GA 1997, 126.

3. Modifikation des zivilrechtlichen Schadensersatzes

Zu überlegen ist auch, ob es im Rahmen der Prospekthaftung nicht sinnvoll wäre, den Schadensersatz generell in doppelter Höhe in Ansatz zu bringen. Hierdurch würde der Anreiz geschaffen werden, die Richtigkeit und Vollständigkeit der Prospekte sehr genau zu überprüfen. Diese Art der zivilrechtlichen Sanktion entspricht einer vorgelagerten Vertragsstrafe[750], deren Ausgestaltung durch entsprechende Sorgfaltspflichten konkretisiert werden müßte. Zu überlegen ist auch, ob das deutsche Schadensersatzrecht mit seiner Ausgleichsfunktion eventuell durch ein neues Rechtsinstitut, ähnlich dem US-amerikanischen Strafschadensersatz, erweitert werden sollte. Hiergegen könnte man zwar grundsätzlich das Argument einer über einen sehr langen Zeitraum gewachsenen deutschen Rechtskultur anführen, die einen Schadensausgleich und keine Überkompensation gewährt. Es bestehen jedoch zwischen der zivilrechtlichen und strafrechtlichen Regulierung qualitative Unterschiede, die eine Veränderung des zivilrechtlichen Schadensersatzrechts zugunsten einer Reduzierung auf das Kernstrafrecht sinnvoll erscheinen läßt. Lediglich den entstandenen materiellen Schaden auszugleichen bietet in jedem Fall einen geringeren Anreiz sich regelgerecht zu verhalten.

B. Mögliche verwaltungsrechtliche Maßnahmen de lege ferenda

Das Zivilrecht bietet zwar viele Möglichkeiten der Regulierung, alternativ oder kumulativ sollten jedoch auch weitere legislative Möglichkeiten des Anlegerschutzes durch staatliche Aufsicht in Betracht gezogen werden. Ein weiterer Lösungsansatz könnte verwaltungsrechtlicher Natur sein, indem z.B. für alle Kapitalmarktteilnehmer eine generelle Erlaubnisfiktion angenommen wird, die bei Zuwiderhandlungen widerrufen werden kann. Mit dem BAFin als kompetenter Verwaltungsbehörde könnten bereits bestehende Strukturen genutzt werden und durch ergänzende Regelungen fühlbare außerstrafrechtliche Sanktionsmöglichkeiten geschaffen werden.

Durch eine auf die Bedürfnisse des Kapitalmarktes zugeschnittene Regelung, der Grundstruktur § 34c GewO entsprechend, könnte man den Banken die Erlaubnis zur Durchführung eines IPO wegen mangelnder Zuverlässigkeit versagen, wenn sie das Unternehmen vor dem Börsengang fehlerhaft oder ohne die entsprechende Sorgfalt geprüft oder bewertet haben. Diese Regelung könnte auch entsprechend auf die Wirtschaftsprüfer angewendet werden. Eine solche Erlaubnisversagung mit vorangestellter Überprüfung und Bewertung des Falles könnte durch das BAFin vorgenommen werden. Eine weitere Anleihe für eine

[750] Vgl. hierzu *Albrecht, P.-A.*, Entkriminalisierung als Gebot des Rechtsstaats, in: KritV 1996, 337.

solche Regelung findet sich im dritten Abschnitt des Kreditwesengesetzes. Dort ist in den §§ 32 ff. KWG die Erlaubnis für Bankgeschäfte und Finanzdienstleistungen geregelt. Als eine besondere Genehmigung für den sehr profitablen Bereich des IPO könnte hierdurch ein besonderer Anreiz geschaffen werden, Gesetze und Verordnungen einzuhalten. Inhaltliche Konkretisierungen der Vorschriften ließen sich, den aktuellen Regelungsbedürfnissen entsprechend, per Verordnung, durch das BAFin vornehmen.

Die systematische Stellung einer solchen Vorschrift im WpHG oder in anderen Gesetzen ist als nachrangig zu beurteilen, zumal der Deutsche Juristentag aktuell diskutiert, ob nicht ein einheitlicher Kapitalmarktkodex geschaffen werden sollte.

C. Exkurs: Forderungen des 64. Deutschen Juristentages zum Thema Anlegerschutz

Der 64. Deutsche Juristentag, Abteilung Wirtschaftsrecht, hat sich für einen drastischen Ausbau des Anlegerschutzes ausgesprochen. Folgende Punkte wurden u.a. mehrheitlich beschlossen:

1.1.
Den bewährten Ausgangspunkt des kapitalmarktrechtlichen Anlegerschutzes bildet die Information der Investoren durch Verkaufsprospekte und nachfolgende Pflichtveröffentlichungen der Emittenten. Die gemeinschaftsrechtliche und deutsche Gesetzgebung muß auf den Ausbau und die effektive Sanktionierung dieses Informationssystems gerichtet sein.

1.3.
Den traditionellen Ausgangspunkt des informationsorientierten Anlegerschutzes im Börsen- und Kapitalmarktrecht bildet die gemeinschaftsrechtlich und gesetzlich angeordnete Prospektpflicht für börsennotierte Wertpapiere. Sie hat sich bewährt und soll – ungeachtet vereinzelter wirtschaftswissenschaftlicher Kritik – auch in Zukunft eine zentrale Säule des Börsen- und Kapitalmarktrechts bilden.

1.4.
Es empfiehlt sich, die Grundzüge der Börsenprospekthaftung auf Gemeinschaftsebene anzugleichen.

1.5.
Es empfiehlt sich, vertriebsbezogene Werbeveröffentlichungen außerhalb des Börsenzulassungs- oder Verkaufsprospekts der bürgerlich-rechtlichen Prospekthaftung zu unterwerfen. Einzubeziehen sind vor allem massenhaft versandte E-Mails und Internetangebote.

1.8.
Es empfiehlt sich eine Präzisierung der Prospektprüfungspflichten der Emissionsbanken und gegebenenfalls der Experten.

1.9.
Es empfiehlt sich, die zivilrechtliche Schadenersatzpflicht des Emittenten für fehlerhafte Kapitalmarktinformationen über die Fälle falscher Ad-hoc-Mitteilungen hinaus auf sämtliche fehlerhaften Pflichtveröffentlichungen auszudehnen.

1.10.
Es wird empfohlen, die Informationshaftung auch auf freiwillige Verlautbarungen zu erstrecken.

1.11.
Empfehlenswert ist, der Emittentenhaftung eine persönliche Außenhaftung der verantwortlichen Vorstands- und Aufsichtsratsmitglieder an die Seite zu stellen.

1.12.
Eine persönliche Informationshaftung von Gesellschaftsorganen sollte nicht schon bei leichter Fahrlässigkeit eingreifen und auch bei grober Fahrlässigkeit mit einer Haftungshöchstgrenze ausgestattet werden.

1.13.
Es wird empfohlen, Vorstands- und Aufsichtsratmitglieder zur Rückzahlung von auf der Grundlage falscher Bilanzen geleisteten anreizorientierten Vergütungen und Abfindungen nach bereicherungs- und schadenersatzrechtlichen Grundsätzen zu verpflichten.

1.14.
Es empfiehlt sich, effektive Maßnahmen zu ergreifen, um die Korrektheit der Abschlussprüfer zu stärken und um die Durchsetzung des Bilanzrechts zu gewährleisten (Enforcement).

1.15.
Zur wirkungsvollen Durchsetzung der Anlegerrechte wird die Einführung einer zivilprozessualen Anspruchsbündelung in Form einer bereichsspezifischen Gruppenklage empfohlen.

1.16.
Es wird empfohlen, die Bundesanstalt für Finanzdienstleistungsaufsicht (BAFin) zu ermächtigen, gegenüber Vorstands- und Aufsichtsratsmitgliedern börsennotierter Gesellschaften bei wiederholten oder schweren Verstößen gegen kapitalmarktrechtliche Verhaltenspflichten ein zeitlich begrenztes Bestellungsverbot anzuordnen.

1.17.
Es empfiehlt sich, die BAFin zu ermächtigen, wegen kapitalmarktrechtlicher Pflichtverletzungen verhängte Sanktionen öffentlich bekannt zu geben.

6.4.
Es empfiehlt sich, der BAFin das Recht einzuräumen, im Verdachtsfall bei börsennotierten Gesellschaften eine Sonderprüfung durchzuführen oder durchführen zu lassen.

Diese Empfehlungen des 64. Deutschen Juristentages zeigen, daß es durchaus angemessene außerstrafrechtliche Mittel zur Regulierung des Kapitalmarktes gibt. Entscheidend ist, daß der Gesetzgeber die Regelungsaufgaben der einzelnen Rechtsgebiete strukturell klar erkennt und das Strafrecht als ultima-ratio im staatlichen Sanktionensystem begreift.

D. RECHTSSTAATLICHE PERSPEKTIVE:

Der Kapitalmarkt, insbesondere die Emission von Aktien und der Aktienhandel bedürfen einer Regulierung. Diese Regulierung mit den Mitteln des Strafrechts herbeiführen zu wollen, ist aus rechtsstaatlicher Perspektive verfehlt.

Die Untersuchung hat gezeigt, daß die derzeitige strafrechtliche Regulierung des Kapitalmarktes im Widerspruch zu Verfassungswerten und grundlegenden Prinzipien des deutschen Strafrechts steht und deshalb abzulehnen ist. Die staatliche Interventionsmöglichkeit am Kapitalmarkt durch das Strafrecht aus den Gesetzen zu entfernen, ist deshalb zu fordern.

Gleichzeitig darf der Anleger am Kapitalmarkt nicht schutzlos gestellt werden. Die Sicherheit der Investoren am Kapitalmarkt kann nur mit einem legislativ verbesserten Anlegerschutz erreicht werden. Diese Verbesserung des Anlegerschutzes kann sowohl durch eine modifizierte Rechtslage bezüglich eines zivilrechtlichen Schadensersatzes, als auch durch eine erweiterte verwaltungsrechtliche Sanktionskompetenz erzielt werden. Zu favorisieren ist allerdings eine umfassende Kombination aus zivilrechtlichen und verwaltungsrechtlichen Vorschriften. Hierdurch kann eine hohe Regelungsdichte mit qualitativ angemessenen legislativen Regelungen am Kapitalmarkt erreicht werden, die auch der ultima ratio-Funktion des Strafrechts gerecht wird. Einen ersten Ansatz hierzu bieten die Beschlüsse des 64. Deutschen Juristentages.

Im Rahmen einer solchen Regulierung des Kapitalmarktes ist der Gesetzgeber de lege ferenda zu einigen Veränderungen der aktuellen Gesetzeslage *rechtsstaatlich* gefordert.

Literaturverzeichnis:

Achenbach, Hans: Das Zweite Gesetz zur Bekämpfung der Wirtschaftskriminalität, in: NJW 1986, 1835 (zit.: Achenbach, H., Das Zweite Gesetz zur Bekämpfung der Wirtschaftskriminalität, in: NJW 1986).

Achilles-Baumgärtel, Janine: Über die Notwendigkeit zur Einschränkung der Auslegung der Tatbestandsmerkmale des § 89 Abs. 1 BörsG, in: NStZ 1998, 603 (zit.: Achilles-Baumgärtel, J., § 89 BörsG, in: NStZ 1998).

Adrian, Reinhold / Heidorn, Thomas: Der Bankbetrieb, 14. Auflage, Wiesbaden 1996, (zit.: Adrian / Heidorn, Der Bankbetrieb).

Albrecht, Peter-Alexis; Braum, Stefan: Defizite europäischer Strafrechtsentwicklung, in: KritV 1998, 460, (zit.: Albrecht, P.-A. / Braum, St., Defizite europäischer Strafrechtsentwicklung, in: KritV 1998, 460).

Albrecht, Peter-Alexis: Das Strafrecht auf dem Weg vom liberalen Rechtsstaat zum sozialen Interventionsstaat, in: KritV 1988, 182 (zit.: Albrecht, P.-A., Das Strafrecht auf dem Weg vom liberalen Rechtsstaat zum sozialen Interventionsstaat, in: KritV 1988).

Albrecht, Peter-Alexis: Die neu verfasste Polizei: Grenzverwischung und Geheimverfahren, in: KritV 2000, 17, Sonderheft für Winfried Hassemer zum 60. Geburtstag, (zit.: Albrecht, P.-A., Die neu verfasste Polizei: Grenzverwischung und Geheimverfahren, in: KritV 2000).

Albrecht, Peter-Alexis: Entkriminalisierung als Gebot des Rechtsstaats, in: KritV 1996, 330, (zit.: Albrecht, P.-A., Entkriminalisierung als Gebot des Rechtsstaats, in: KritV 1996).

Albrecht, Peter-Alexis: Entwicklungstendenzen des materiellen Strafrechts, in: KritV 1988, 194, (zit.: Albrecht, P.-A., Entwicklungstendenzen des materiellen Strafrechts, in: KritV 1988).

Albrecht, Peter-Alexis: Erosionen des rechtsstaatlichen Strafrechts, in: KritV 1993, 163, (zit.: Albrecht, P.-A., Erosionen des rechtsstaatlichen Strafrechts, in: KritV 1993).

Albrecht, Peter-Alexis: Informalisierung des Rechts, Berlin 1990, (zit.: Albrecht, P.-A., Informalisierung des Rechts).

Albrecht, Peter-Alexis: Kriminologie, München 1999 (zit.: Albrecht, P.-A., Kriminologie).

Albrecht, Peter-Alexis: Prävention als problematische Zielbestimmung im Kriminaljustizsystem, in: KritV 1986, 55 (zit.: Albrecht, P.-A., Prävention als problematische Zielbestimmung im Kriminaljustizsystem, in: KritV 1986).

Albrecht, Peter-Alexis; Hassemer, Winfried; Voß, Michael: Rechtsgüterschutz durch Entkriminalisierung, Vorschläge der Hessischen Kommission „Kriminalpolitik" zur Reform des Strafrechts, Baden-Baden, 1992, (zit.: Albrecht, Rechtsgüterschutz durch Entkriminalisierung).

Albrecht, Peter-Alexis; Beckmann, Heinrich; Frommel, Monika; Goy, Alexandra; Grünwald, Gerald; Hannover, Heinrich; Holtfort, Werner; Ostendorf, Heribert: Strafrecht – ultima ratio, Empfehlungen der Niedersächsischen Kommission zur Reform des Strafrechts und des Strafverfahrensrechts, Baden-Baden 1992, (zit.: Albrecht, P.-A., Strafrecht - ultima ratio).

Arzt, Gunther: Wissenschaftsbedarf nach dem 6. StRG, ZStW 111 (1999), 757, (zit.: Arzt, G., Wissenschaftsbedarf nach dem 6. StRG, ZStW 111 (1999).

Assmann, Heinz-Dieter / Schütze, Rolf: Handbuch des Kapitalanlagerechts, 2. Auflage, Stuttgart 1996, (zit.: Assman/Schütze, Handbuch des Kapitalanlagerechts).

Assmann, Heinz-Dieter / Schneider, Uwe: Kommentar zum Wertpapierhandelsgesetz, 2. Auflage, Köln 1999, (zit.: Assmann/Schneider, Wertpapierhandelsgesetz).

Assmann, Heinz-Dieter: Das künftige deutsche Insiderrecht, in: AG 1994, 237, (zit.: Assmann, H.-D., Das künftige deutsche Insiderrecht, in: AG 1994).

Baumbach, Adolf / Hefermehl, Wolfgang : Kommentar zum Wettbewerbsrecht, 22. Auflage, München 2001, (zit.: Baumbach / Hefermehl, UWG).

Beccaria, Cesare: Über Verbrechen und Strafen, nach der Ausgabe von 1766 übersetzt von Alff, Wilhelm, Frankfurt am Main, Leipzig 1998, (zit.: Beccaria, C., Über Verbrechen und Strafen).

Becker, Hans Paul / Peppmeier, Arno: Bankbetriebslehre, Ludwigshafen 2000, (zit.: Becker/Peppmeier, Bankbetriebslehre).

Beike, Rolf / Köttner, Andre / Schlütz, Johannes: Neuer Markt und Nasdaq, Stuttgart 2000, (zit.: Beike/Köttner/Schlütz, Neuer Markt und Nasdaq).

Benner, Klaus-Dieter: Konsequenzen der Zentralisierungsbestrebungen der Wertpapiermarktaufsicht, in: ZRP 2001, 450, (zit.: Benner, K.-D., Wertpapiermarktaufsicht, in: ZRP 2001).

Benner, Klaus-Dieter: Kriminalität im Wertpapierhandel, in: Wabnitz, Heinz-Bernd / Janovsky, Thomas, Handbuch des Wirtschafts- und Steuerstrafrechts, München 2000, (zit.: Benner, K.-D. Kriminalität im Wertpapierhandel, in: Wabnitz/Janovsky).

Binding, Karl: Lehrbuch des gemeinen Deutschen Strafrechts, Besonderer Teil, Erster Band, 2. Auflage, Leipzig 1902 (zit.: Binding, Lehrbuch des gemeinen Deutschen Strafrechts, BT, 1. Band).

Bock, Michael: Prävention und Empirie – über das Verhältnis von Strafzwecken und Erfahrungswissen, in: JuS 1994, 89, (zit.: Bock, M., Prävention und Empirie, in: JuS 1994).

Bocker, Hans,/ Haertrich, Wolfgang: Der Börsengang in den USA – „Going Public“ an der NASDAQ, Dortmund 1999, (zit.: Bocker / Haertrich, Der Börsengang in den USA).

Bottke, Wilfried: Das Wirtschaftsstrafrecht in der Bundesrepublik Deutschland, in: wistra 1991, 1, (zit.: Bottke, W., Das Wirtschaftsstrafrecht in der BRD, in: wistra 1991).

Braum, Stefan: Geschichte der Revision im Strafverfahren von 1877 bis zur Gegenwart, Frankfurt am Main 1996, (zit.: Braum, St., Geschichte der Revision).

Bröker, Klaus: Neue Strafvorschriften im deutschen Börsenrecht, in: wistra 1995, 130, (zit.: Bröker, K., Neue Strafvorschriften im deutschen Börsenrecht, in: wistra 1995).

Callies, Rolf-Peter: Strafzweck und Strafrecht, in: NJW 1989, 1342, (zit.: Callies, R.-P., Strafzweck und Strafrecht, in: NJW 1989).

Cerny, Jochen: § 264a StGB – Kapitalanlagebetrug, Gesetzlicher Anlegerschutz mit Lücken, in: MDR 1987, 271, (zit.: Cerny, J., § 264a StGB, in: MDR 1987).

Claussen, Carsten Peter: Bank- und Kapitalmarktrecht, München 2000, (zit.: Claussen, Bank- und Kapitalmarktrecht).

Deimling, Gerhard: Cesare Beccaria: die Anfänge moderner Strafrechtspflege in Europa, Heidelberg 1989, (zit.: Cesare Beccaria: die Anfänge moderner Strafrechtspflege in Europa).

Deutsche Börse AG: Vision and Money, Frankfurt 2000, (zit.: Deutsche Börse AG, Vision and Money).

Deutsche Informationsbörse AG: DIB-Sonderratgeber Nasdaq Berliner Listing, Frankfurt 1999, (zit.: Deutsche Informationsbörse AG, Nasdaq).

Deutsche Informationsbörse AG: DIB-Ratgeber Freiverkehr, Frankfurt 1999, (zit.: Deutsche Informationsbörse AG, Freiverkehr).

Dielmann, Barron : Litigation and Arbitration in the USA, New York 1986, (zit.: Dielmann, B., Litigation and Arbitration in the USA).

Dierlamm, Alfred: Das neue Insiderstrafrecht, in: NStZ 1996, 519 (zit.: Dierlamm, A., Das neue Insiderstrafrecht, in: NStZ 1996).

Dreyling, Georg M./Schäfer, Frank A.: Insiderrecht und Ad-hoc-Publizität: Praxis und Entwicklungstendenzen, Köln 2001, (zit.: Dreyling, G./Schäfer, F., Insiderrecht und Ad-hoc-Publizität).

Ehret, Susanne: Franz von Liszt und das Gesetzlichkeitsprinzip: zugleich ein Beitrag wider die Gleichsetzung von Magna-charta-Formel und Nullum-crimen-Grundsatz, Frankfurt am Main 1996, (zit.: Ehret, S., Franz von Liszt und das Gesetzlichkeitsprinzip).

Ehret, Susanne: Strafrechtsbegrenzung durch das Gesetzlichkeitsprinzip bei Franz von Liszt? in: KritV 1996, 340 (zit.: Ehret, S., Strafrechtsbegrenzung durch das Gesetzlichkeitsprinzip bei Franz von Liszt? in: KritV 1996).

Eilenberger, Guido: Bankbetriebswirtschaftslehre: Grundlagen – internationale Bankleistungen – Bank-Management, 7. Auflage, München 1997, (zit.: Eilenberger, G., Bankbetriebswirtschaftlehre).

Eilenberger, Guido: Lexikon der Finanzinnovationen, München 1996, (zit.: Eilenberger, G., Lexikon der Finanzinnovationen).

Ekey, Friedrich / Klippel, Diethelm / Kotthoff, Jost / Meckel, Astrid / Plaß, Gunda : Heidelberger Kommentar zum Wettbewerbsrecht, Heidelberg 2000, (zit.: Ekey in HK-WettbR).

Ekkenga, Jens: Anlegerschutz, Rechnungslegung, Kapitalmarkt, Tübingen 1998, (zit.: Ekkenga, J., Anlegerschutz).

Ekkenga, Jens: Kapitalmarktrechtliche Aspekte der „Investor Relations“, in: NZG 2001, 1 (zit.: Ekkenga, J., Investor Relations, in: NZG 2001).

Elsing, Siegfried H./ van Alstine, Michael P.: US-amerikanisches Handels- und Wirtschaftsrecht, 2. Auflage, Heidelberg 1999, (zit.: Elsing, S., US-amerikanisches Handels- und Wirtschaftsrecht).

Enderle, Bettina: Blankettstrafgesetze, Frankfurt am Main 2000, (zit.: Enderle, B., Blankettstrafgesetze).

Erbs, Georg / Kohlhaas, Max: Strafrechtliche Nebengesetze, Kommentierung zum Börsengesetz, Band 1, 141. Ergänzungslieferung, Börsengesetz bearbeitet von Fuhrmann, Hans, München 2001, (zit.: Erbs, G. / Kohlhaas, M.-Fuhrmann, BörsG).

Fama, Eugene F.: „Efficient Capital Markets: A Review of Theory and Empirical Work", The Journal of Finance 25, 1970, (zit.: Fama, E. F., Efficient Capital Markets, The Journal of Finance).

Feuerbach, Paul Johann Anselm von: Anti-Hobbes, Nachdruck der Originalausgabe von 1797, Darmstadt 1967, (zit.: Feuerbach, P.J.A., Anti-Hobbes).

Feuerbach, Paul Johann Anselm von: Lehrbuch des gemeinen in Deutschland geltenden Peinlichen Rechts, Nachdruck der Originalausgabe von 1801, Frankfurt am Main 1985, (zit.: Feuerbach, P.J.A., Lehrbuch des gemeinen in Deutschland geltenden Peinlichen Rechts).

Feuerbach, Paul Johann Anselm von: Revision der Grundsätze und Grundbegriffe des positiven peinlichen Rechts, in zwei Teilen, Nachdruck der Originalausgabe von 1799, Erfurt 1967, (zit.: Feuerbach, P.J.A., Revision der Grundsätze und Grundbegriffe des positiven peinlichen Rechts).

Feuerbach, Paul Johann Anselm von: Über die Strafe als Sicherungsmittel vor künftigen Beleidigungen des Verbrechers: Nebst einer näheren Prüfung der kleinischen Strafrechtstheorie, Nachdruck der Originalausgabe von 1800, Darmstadt 1970, (zit.: Feuerbach, P.J.A., Über die Strafe als Sicherungsmittel vor künftigen Beleidigungen des Verbrechers).

Feuerbach, Paul Johann Anselm von: Über Philosophie und Empirie in ihrem Verhältnisse zur positiven Rechtswissenschaft, Darmstadt 1969, (zit.: Feuerbach, P.J.A., Über Philosophie und Rechtswissenschaft).

Flanderka, Fritz / Heydel, Reinhart: Strafbarkeit des Vertriebs von Bauherren-, Bauträger- und Erwerbermodellen gemäß § 264a StGB, in: wistra 1990, 257 (zit.: Flanderka / Heydel, Strafbarkeit von Bauherrenmodellen, in: wistra 1990).

Fletcher, George P.: Rethinking Criminal Law, New York 2000, (zit.: Fletcher, G., Rethinking Criminal Law).

Fletcher, George P.: Basic Concepts of Criminal Law, New York 1998, (zit.: Fletcher, G., Basic Concepts of Criminal Law).

Franke, Günther: Finanzwirtschaft, Kapitalmarktorientierte Finanzierungstheorie, Hagen 1992, (zit.: Franke, Finanzwirtschaft, Kapitalmarktorientierte Finanzierungstheorie).

Freund, Georg: Der Zweckgedanke im Strafrecht, in: GA 1995, 4, (zit.: Freund, G., Der Zweckgedanke im Strafrecht, in: GA 1995).

Fürhoff, Jens: Kapitalmarktrechtliche Ad-hoc-Publizität zur Vermeidung von Insiderkriminalität: die Notwendigkeit einer kapitalmarktrechtlich orientierten Ad-hoc-Publizitätsnorm zur Legitimation eines strafrechtlichen Insiderhandelsverbotes, Frankfurt am Main 2000, (zit.: Fürhoff, J., Kapitalmarktrechtliche Ad-hoc-Publizität zur Vermeidung von Insiderkriminalität).

Fugger, Horst: Lexikon der Kapitalanlage, 11. Auflage, München 1999, (zit.: Fugger, H., Lexikon der Kapitalanlage).

Gäbhard, Babette: Das Tatbestandsmerkmal der „wesentlichen Umstände" beim Kapitalanlagebetrug § 264a StGB, Freiburg 1993, (zit.: Gäbhard, B., Wesentliche Umstände beim Kapitalanlagebetrug, § 264a StGB).

Gallandi, Volker: § 264a StGB – Der Wirkung nach ein Mißgriff? in: wistra 1987, 316 (zit.: Gallandi, V., Der Wirkung nach ein Mißgriff? in: wistra 1987).

Garner, Bryan A., Black`s Law Dictionary, 7. Auflage, St. Paul 1999, (zit.: Garner, B., Black`s Law Dictionary).

Geerds, Detlev: Wirtschaftsstrafrecht und Vermögensschutz, Lübeck 1990, (zit.: Geerds, D., Wirtschaftsstrafrecht).

Gehrig, Bruno / Zimmermann, Heinz: Fit for Finance, Frankfurt am Main 1999, (zit.: Gehrig/Zimmermann, Fit for Finance).

Gerke, Wolfgang / Arneth, Stefan: Die Wirkung von Insiderinformationen an Börsenmärkten, in: Gerke, Wolfgang, Die Börse der Zukunft, Stuttgart 1997, (zit.: Gerke/Arneth, Wirkung von Insiderinformationen).

Greiner, Christoph: Die Class Action im amerikanischen Recht und deutscher Order Public, München 1997, (zit.: Greiner, C., Die Class Action).

Grimm, Dieter: Verfassungsrechtliche Anmerkungen zum Thema Prävention, in: KritV 1986, 38 (zit.: Grimm, D., Verfassungsrechtliche Anmerkungen zum Thema Prävention, in: KritV 1986).

Groß, Wolfgang: Kapitalmarktrecht, Kommentar zum Börsengesetz, zur Börsenzulassungs-Verordnung, zum Verkaufsprospektgesetz und zur Verkaufsprospekt-Verordnung, München 2000, (zit.: Groß, W., § 88 BörsG).

Haouache, Gerhard Gordon: Börsenaufsicht durch Strafrecht, Frankfurt am Main 1996, (zit.: Haouache, G., Börsenaufsicht durch Strafrecht).

Hartmann-Wendels, Thomas / Pfingsten, Andreas / Weber, Martin: Bankbetriebslehre, 2. Auflage, Berlin 2000, (zit.: Hartmann-Wendels/Pfingsten/Weber, Bankbetriebslehre).

Harzer, Regina: Der Naturzustand als Denkfigur moderner praktischer Vernunft, Frankfurt am Main 1994, (zit.: Harzer, R. Naturzustand).

Hassemer, Winfried: Legalität und Opportunität im Strafverfahren, in: Ostendorf, Heribert, Strafverfolgung und Strafverzicht, Köln 1992, (zit.: Hassemer, Legalität und Opportunität im Strafverfahren).

Hassemer, Winfried: Perspektiven einer neuen Kriminalpolitik, in: StV 1995, 484 (zit.: Hassemer, W., Perspektiven einer neuen Kriminalpolitik, in: StV 1995).

Hassemer, Winfried: Strafen im Rechtsstaat, Baden-Baden 2000, (zit.: Hassemer, W., Strafen im Rechtsstaat).

Hassemer, Winfried: Symbolisches Strafrecht und Rechtsgüterschutz, in: NStZ 1989, 553, (zit.: Hassemer, W., Symbolisches Strafrecht und Rechtsgüterschutz, in: NStZ 1989).

Haß, Detlev: Die Gruppenklage – Wege zur prozessualen Bewältigung von Massenschäden, München 1996, (zit.: Haß, D., Die Gruppenklage).

Hay, Peter: US-amerikanisches Recht, München 2000, (zit.: Hay, P., US-amerikanisches Recht).

Hazen, Thomas Lee: The Law of Securities Regulation, 3. Auflage, St. Paul 1996, (zit.: Hazen, T., Securities Regulation).

Hefendehl, Roland: Die Popularklage als Alternative zum Strafrecht bei Delikten gegen die Gemeinschaft, in: GA 1997, 119 (zit.: Hefendehl, R., Die Popularklage als Alternative zum Strafrecht bei Delikten gegen die Gemeinschaft, in: GA 1997).

Heise, Detlef: Der Insiderhandel an der Börse und dessen strafrechtliche Bedeutung, Frankfurt am Main 2000, (zit.: Heise, D., Insiderhandel).

Hernandez, Hector: Strafrechtlicher Vermögensschutz vor irreführender Werbung - § 4 UWG, Heidelberg 1999, (zit.: Hernandez, H., Strafrechtlicher Vermögensschutz vor irreführender Werbung - § 4 UWG).

Hillenkamp, Thomas: Vorsatztat und Opferverhalten, Göttingen 1981, (zit.: Hillenkamp, Th., Vorsatztat).

Höffe, Otfried: Klassiker der Philosophie II, 3. Auflage, München 1995, (zit.: Höffe, O., Klassiker der Philosophie II).

Höffe, Otfried: Immanuel Kant, 5. Auflage, München 2000, (zit.: Höffe, O., Immanuel Kant).

Hohmann, Ralf: Prävention als Instrument der Aufklärung – Cesare Beccaria: „Über Verbrechen und Strafen" (1764), in: Jura 1991, 121, (zit.: Hohmann, R., Prävention als Instrument der Aufklärung, in: Jura 1991).

Hopt, Klaus / Will, Michael: Europäisches Insiderrecht, Stuttgart 1973, (zit.: Hopt/Will, Europäisches Insiderrecht).

Hopt, Klaus: Europäisches und deutsches Insiderrecht, in: ZGR 1991, 26 (zit.: Hopt, K., Europäisches und deutsches Insiderrecht, in: ZGR 1991).

Hopt, Klaus: Inwieweit empfiehlt sich eine allgemeine gesetzliche Regelung des Anlegerschutzes? Gutachten für den 51. Deutschen Juristentag, in: Verhandlungen des 51. Deutschen Juristentages, Band I, Gutachten G, München 1976, (zit.: Hopt, K., Gutachten des 51. Juristentages).

Hopt, Klaus: Grundsatz- und Praxisprobleme nach dem Wertpapierhandelsgesetz – insbesondere Insidergeschäfte und Ad-hoc-Publizität, in: ZHR 159 (1995), 135, (zit.: Hopt, K., Grundsatz- und Praxisprobleme nach dem Wertpapierhandelsgesetz ,in: ZHR 159 (1995)).

Horn, Norbert: Einführung in die Rechtswissenschaft und Rechtsphilosophie, Heidelberg 1996, (zit.: Horn, Rechtsphilosophie).

Hüffer, Jens : Das Wertpapier – Verkaufsprospektgesetz, München 1996, (zit.: Hüffer, J., Das Wertpapier – Verkaufsprospektgesetz).

Jacobi, Christoph: Der Straftatbestand des Kapitalanlagebetruges (§ 264a StGB), Baden-Baden 2000, (zit.: Jacobi, Ch., Kapitalanlagebetrug).

Jacobs, James: Criminal Law, in: Morrison, Alan B., Fundamentals of American Law, Oxford 1996, (zit.: Jacobs, J., in Morrison, American Law).

Jakobs, Günther: Strafrecht Allgemeiner Teil, 2. Auflage, Berlin 1993, (zit.: Jakobs, G., Strafrecht Allgemeiner Teil).

Jennings, Richard W., Marsh, Harold Jr., Coffee, John C., Seligman, Joel: Securities Regulation, 8. Auflage, (zit.: Jennings, Marsh, Coffee, Seligman, Securities Regulation).

Jescheck, Hans-Heinrich / Weigend, Thomas: Lehrbuch des Strafrechts, Allgemeiner Teil, 5. Auflage, Berlin 1996, (zit.: Jescheck, H.-H., Strafrecht AT).

Joecks, Wolfgang: Anleger- und Verbraucherschutz durch das 2. WiKG, in: wistra 1986, 142 (zit.: Joecks, W., Anleger- und Verbraucherschutz, in: wistra 1986).

Joecks, Wolfgang: Strafgesetzbuch, 2. Auflage, München 2000, (zit.: Joecks, W., Strafgesetzbuch).

Kant, Immanuel: Grundlegung zur Metaphysik der Sitten, Hamburg 1954, (zit.: Kant, I., Metaphysik der Sitten).

Kaufmann, Arthur / Hassemer, Winfried: Einführung in Rechtsphilosophie und Rechtstheorie der Gegenwart, 6. Auflage, Heidelberg 1994, (zit.: Kaufmann/ Hassemer, Rechtsphilosophie).

Kaufmann, David : Art. 23-A, N.Y. General Business Law, in: Mc Kinneys Consolidated Laws of NY Annotated, New York 1998, (zit.: Kaufmann, D., Art. 23 – A, N.Y. General Business Law, in. Mc Kinneys Consolidated Laws of NY Annotated).

Kersting, Wolfgang: Die politische Philosophie des Gesellschaftsvertrages, Darmstadt 1994, (zit.: Kersting, Die politische Philosophie des Gesellschaftsvertrages).

Kleinknecht, Theodor / Meyer-Goßner, Lutz: Strafprozessordnung, Gerichtsverfassungsgesetz, Nebengesetze und ergänzende Bestimmungen, 45. Auflage, München 2001, (zit.: Kleinknecht / Meyer-Goßner).

Knauth, Alfons: Kapitalanlagebetrug und Börsendelikte im zweiten Gesetz zur Bekämpfung der Wirtschaftskriminalität, in: NJW 1987, 28, (zit.: Knauth, A., Kapitalanlagebetrug und Börsendelikte, in: NJW 1987).

Knips, Susanne: Risikokapital und Neuer Markt, Frankfurt am Main 2000, (zit.: Knips, S., Risikokapital und Neuer Markt).

Köhler, Michael: Der Begriff der Strafe, Heidelberg 1986, (zit.: Köhler, M., Der Begriff der Strafe).

Köhler, Michael: Strafrecht Allgemeiner Teil, Berlin 1997, (zit.: Köhler, M., Strafrecht AT).

Köhler, Michael: Zur Begründung des Rechtszwanges im Anschluß an Kant und Fichte, in: Kahlo / Wolff / Zaczyk (Hrsg.), Fichtes Lehre vom Rechtsverhältnis, Frankfurt, 1992, (zit.: Köhler, M., Zur Begründung des Rechtszwanges im Anschluß an Kant und Fichte, in Kahlo/Wolff/Zaczyk (Hrsg.), Fichtes Lehre vom Rechtsverhältnis).

König, Markus: Anlegerschutz im Investmentrecht, Osnabrück 1998, (zit.: König, M., Anlegerschutz im Investmentrecht).

Krack, Ralf: Die Tätige Reue im Wirtschaftsstrafrecht, in: NJW 2001, 508 (zit.: Krack, R., Die Tätige Reue im Wirtschaftsstrafrecht, in: NJW 2001).

Krahl, Matthias: Die Rechtsprechung des Bundesverfassungsgerichts und des Bundesgerichtshofs zum Bestimmtheitsgrundsatz im Strafrecht (Art. 103 Abs. 2 GG), Frankfurt am Main 1986, (zit.: Krahl, M., Die Rechtsprechung des BVerfG und des BGH zum Bestimmtheitsgrundsatz im Strafrecht).

Kramel, Wolfgang: Insiderhandel, Baden-Baden 2000, (zit.: Kramel, W., Insiderhandel).

Krüger, Matthias: Die Entmaterialisierungstendenz beim Rechtsgutsbegriff, Berlin 2000, (zit.: Krüger, M., Die Entmaterialisierungstendenz beim Rechtsgutsbegriff).

Kübler, Friedrich: Gesellschaftsrecht: die privatrechtlichen Ordnungsstrukturen und Regelungsprobleme von Verbänden und Unternehmen, 5. Auflage, Heidelberg 1998, (zit.: Kübler, F., Gesellschaftsrecht).

Kühl, Christian: Zur Aktualität der Prinzipien der Kantschen Rechts- und Eigentumslehre, in: Festschrift für E.A. Wolff zum 70. Geburtstag, Berlin 1998, (zit.: Kühl, Ch., Zur Aktualität der Prinzipien der Kantschen Rechts- und Eigentumslehre, in: Festschrift für E.A. Wolff).

Kümpel, Siegfried: Bank- und Kapitalmarktrecht, Köln 2000, (zit.: Kümpel, S., Bank- und Kapitalmarktrecht).

Kümpel, Siegfried: Die Preisfeststellung im Geregelten Markt, in: WM 1988, 1621 (zit.: Kümpel, S., Die Preisfeststellung im Geregelten Markt, in: WM 1988).

Kümpel, Siegfried: Kapitalmarktrecht – Eine Einführung, Berlin 2000, (zit.: Kümpel, S., Kapitalmarktrecht).

Küpper, Wilfried: Cesare Beccaria, in: JuS 1968, 547, (zit.: Küpper, W., Cesare Beccaria, in: JuS 1968).

Lackner, Karl / Kühl, Kristian: Kommentar zum Strafgesetzbuch, 23. Auflage, München 1999, (zit.: Lackner/Kühl).

LaFave, Wyne R.: Criminal Law, 3. Auflage, St. Paul 2000, (zit.: LaFave, Criminal Law).

Leipziger Kommentar: Strafgesetzbuch, Einleitung, §§ 1, 2, 1. Lieferung, bearbeitet von Gribbohm, Günter, Berlin 1992, (zit.: LK-Bearbeiter).

Leipziger Kommentar: Strafgesetzbuch, §§ 264 – 265b, 24. Lieferung, 11. Auflage, bearbeitet von Tiedemann, Klaus, Berlin 1997, (zit.: LK-Bearbeiter).

Lenzen, Ursula: Reform zur Verhinderung der Börsenkursmanipulation, in: WM 2000, 1163 (zit.: Lenzen, U., Börsenkursmanipulation, in: WM 2000).

Lenzen, Ursula: Unerlaubte Eingriffe in die Börsenkursbildung, Frankfurt 2000, (Lenzen, U., Unerlaubte Eingriffe in die Börsenkursbildung).

Levasseur, Alain A. / Baker, John S.: An introduction to the Law of the United States, Maryland 1992, (zit.: Lavasseur, A. / Baker, J., Intruduction to US-Law).

Liebel, Hermann / Oehmichen, Joachim: Motivanalyse bei Opfern von Kapitalanlagebetrug, Wiesbaden 1992, (zit.: Liebel / Oehmichen, Motivanalyse bei Opfern von Kapitalanlagebetrug).

Liebel, Hermann: Täter-Opfer-Interaktion bei Kapitalanlagebetrug, Neuwied 2002, (zit.: Liebel, H., Täter-Opfer-Interaktion bei Kapitalanlagebetrug).

Liszt, Franz von: Der Zweckgedanke im Strafrecht, 2. Auflage, Frankfurt am Main 1948, (zit.: Liszt, F.v., Der Zweckgedanke im Strafrecht).

Liszt, Franz von: Strafrechtliche Aufsätze und Vorträge, 2. Band, Berlin 1905, (zit.: Liszt, F.v., Strafrechtliche Aufsätze und Vorträge).

Loesche, Marco: Die Eignung zur erheblichen Kursbeeinflussung in den Insiderhandelsverboten des Wertpapierhandelsgesetz, Gießen 1998, (zit.: Loesche, Die Eignung zur erheblichen Kursbeeinflussung).

Loesche, Marco / Eichner, Gerrit / Stute, Winfried: Die Berechnung von Erheblichkeitsgrenzen in den Insiderhandelsverboten des WpHG, in: AG 1999, 308, (zit.: Loesche/Eichner/Stute, Erheblichkeitsgrenzen in den Insiderhandelsverboten, in: AG 1999).

Löhr, Andreas: Börsengang, Stuttgart 2000, (zit.: Löhr, A., Börsengang).

Loke, Alexander: The Internet and Antifraud Regulation of Securities Markets, Singapore 2001, (zit.: Loke A., The Internet and Antifraud Regulation of Securities Markets).

Loss, Louis / Seligmann, Joel: Fundamentals of Securities Regulation, New York 2001, (zit.: Loss/Seligmann, Securities Regulation).

Lücker, Volker: Der Straftatbestand des Mißbrauchs von Insiderinformationen nach dem Wertpapierhandelsgesetz, Bochum 1997, (zit.: Lücker, V., Mißbrauch von Insiderinformationen).

Manne, Henry: Insider Trading and the Stock Market, New York 1966, (zit.: Manne, H., Insider Trading and the Stock Market).

Martin, Sigmund P.: Criminal Securities and Commodities Fraud, Kapitalanlagebetrug im US-amerikanischen und deutschen Recht, Heidelberg 1993, (zit.: Martin, S., Criminal Securities Fraud).

Martin, Sigmund P.: Aktuelle Probleme bei der Bekämpfung des Kapitalanlageschwindels, in: wistra 1994, 127 (zit.: Martin, S., Kapitalanlageschwindel, in: wistra 1994).

Maurach, Reinhart / Zipf, Heinz: Strafrecht Allgemeiner Teil, Teilband 1, 8. Auflage, Heidelberg 1992 (zit.: Maurach/Zipf, Strafrecht Allgemeiner Teil).

Meixner, Rüdiger: Das Dritte Finanzmarktförderungsgesetz, in: NJW 1998, 1896 (zit.: Meixner, R., Das Dritte Finanzmarktförderungsgesetz, in: NJW 1998).

Meller, Hermann: Der Insidertatbestand des US-amerikanischen und deutschen Rechtes, Osnabrück 1997, (zit.: Meller, H., Der Insidertatbestand).

Möhrenschlager, Manfred: Der Regierungsentwurf eines Zweiten Gesetzes zur Bekämpfung der Wirtschaftskriminalität, in: wistra 1982, 203(zit.: Möhrenschlager, M., RegEntw. zum 2. WiKG, in: wistra 1982).

Münchener Kommentar zum Bürgerlichen Gesetzbuch: herausgegeben von Rebmann, Kurt, Band 5, Schuldrecht Besonderer Teil – 3 (§§ 705 – 853), 3. Auflage, München 1997, (zit.: Münchener Kommentar-Bearbeiter).

Nack, Armin: Börsengeschäfte, in: Müller-Gugenberger, Christian / Bieneck, Klaus, Wirtschaftsstrafrecht, Köln 2000, (zit.: Nack, A., Börsengeschäfte, in Müller-Gugenberger / Bieneck, Wirtschaftsstrafrecht).

Naucke, Wolfgang: Der Zustand des Legalitätsprinzips, in Lüderssen/Nestler-Tremel/Weigend, Modernes Strafrecht und ultima-ratio-Prinzip, Frankfurt am Main 1990, (zit.: Naucke, W., Der Zustand des Legalitätsprinzips).

Naucke, Wolfgang: Die Aushöhlung der strafrechtlichen Gesetzlichkeit durch den relativistischen, politisch aufgeladenen strafrechtlichen Positivismus, in: Gesetzlichkeit und Kriminalpolitik, Frankfurt am Main 1999, (Naucke, W., Die Aushöhlung der strafrechtlichen Gesetzlichkeit durch den relativistischen, politisch aufgeladenen strafrechtlichen Positivismus, in: Gesetzlichkeit und Kriminalpolitik).

Naucke, Wolfgang: Eine leblose Vorschrift: Art. 103 Abs. 2 GG, in: KritV 2000, Sonderheft zum 60. Geburtstag von Winfried Hassemer, Baden-Baden, 2000, (zit.: Naucke, W., Eine leblose Vorschrift: Art. 103 Abs. 2 GG, in: KritV 2000).

Naucke, Wolfgang: Gesetzlichkeit und Kriminalpolitik: Abhandlungen zum Strafrecht und zum Strafprozeßrecht, Frankfurt am Main 1999, (zit.: Naucke, W., Gesetzlichkeit und Kriminalpolitik).

Naucke, Wolfgang: Gesetzlichkeit und Kriminalpolitik, in: JuS 1989, 862 (zit.: Naucke, W., Gesetzlichkeit und Kriminalpolik, in: JuS 1989).

Naucke, Wolfgang: Kants Kritik der empirischen Rechtslehre, Stuttgart 1996, (zit.: Naucke, Kants Kritik der empirischen Rechtslehre).

Naucke, Wolfgang: Kant und die psychologische Zwangstheorie Feuerbachs, Hamburg 1962, (zit.: Naucke, W., Kant und die psychologische Zwangstheorie Feuerbachs).

Naucke, Wolfgang: Notizen zur relativen Verbindlichkeit des Strafrechts, in: Festschrift für E.A. Wolff zum 70. Geburtstag, Berlin 1998, (zit.: Naucke, W., Notizen zur relativen Verbindlichkeit des Strafrechts, in: Festschrift für E.A. Wolff zum 70. Geburtstag).

Naucke, Wolfgang: Paul Johann Anselm von Feuerbach – Zur 200. Wiederkehr seines Geburtstags am 14. November 1975, in: ZStW 1987, 861 (zit.: Naucke, W., Feuerbach, in: ZStW 1987).

Naucke, Wolfgang: Rechtsphilosophische Grundbegriffe, 3. Auflage, Neuwied 1996, (zit.: Naucke, W., Rechtsphilosophische Grundbegriffe).

Naucke, Wolfgang: Schwerpunktverlagerungen im Strafrecht, in: KritV 1993, 135, (zit.: Naucke, W., Schwerpunktverlagerungen im Strafrecht, in: KritV 1993).

Naucke, Wolfgang: Strafrecht – eine Einführung, 9. Auflage, Neuwied 2000 (zit.: Naucke, W., Strafrecht – eine Einführung).

Naucke, Wolfgang: Über die Zerbrechlichkeit des rechtsstaatlichen Strafrechts, in: KritV 1990, 244, (zit.: Naucke, W., Über die Zerbrechlichkeit des rechtsstaatlichen Strafrechts, in: KritV 1990).

Naucke, Wolfgang: Über die Zerbrechlichkeit des rechtsstaatlichen Strafrechts, in: KritV 1990, 245, (zit.: Naucke, W., Über die Zerbrechlichkeit des rechtsstaatlichen Strafrechts, in KritV 1990).

Naucke, Wolfgang: Über die Zerbrechlichkeit des rechtsstaatlichen Strafrechts, Baden-Baden 2000 (zit.: Naucke, W., Zerbrechlichkeit des rechtsstaatlichen Strafrechts).

Naucke, Wolfgang: Über den Einfluß Kants auf Theorie und Praxis des Strafrechts im 19. Jahrhundert, in: Blühdorn, Jürgen: Philosophie und Rechtswissenschaft: Zum Problem ihrer Beziehung im 19. Jahrhundert, Frankfurt am Main 1969, (zit.: Blühdorn, J., Philosophie und Rechtswissenschaft).

Nerlich, Heinrich: Die Tatbestandsmerkmale des Insiderhandelsverbotes nach dem Wertpapierhandelsgesetz, Osnabrück 1999, (zit.: Nerlich, H., Insiderhandelsverbot).

Otto, Harro: Die Tatbestände gegen Wirtschaftskriminalität im Strafgesetzbuch, in: Jura 1989, 24 (zit.: Otto, H., Die Tatbestände gegen Wirtschaftskriminalität im StGB, in: Jura 1989).

Otto, Harro: Strafrechtliche Aspekte der Anlageberatung, in: WM 1988, 729, (zit.: Otto, H., Strafrechtliche Aspekte der Anlageberatung, in: WM 1988).

Otto, Harro: Bankentätigkeit und Strafrecht, München 1983, (zit.: Otto, H., Bankentätigkeit und Strafrecht).

Otto, Harro: Die strafrechtliche Bekämpfung unseriöser Geschäftstätigkeit, Lübeck 1990, (zit.: Otto, H., Die strafrechtliche Bekämpfung unseriöser Geschäftstätigkeit).

Pabst, Günter: Rechtliche Risiken bei Konzeption und Vertrieb von Kapitalanlagen, Heidelberg 1988, (zit.: Pabst, G., Rechtliche Risiken beim Vertrieb von Kapitalanlagen).

Palandt: Kommentar zum Bürgerlichen Gesetzbuch, 60. Auflage, München 2001 (zit.: Palandt-Bearbeiter, BGB).

Park, Tido: Börsenstrafrechtliche Risiken für Vorstandsmitglieder von börsennotierten Aktiengesellschaften, in: BB 2001, 2069, (Park, T., Börsenstrafrechtliche Risiken, in: BB 2001).

Peters, Peter A.: Das deutsche Insiderstrafrecht unter Berücksichtigung strafrechtlicher Konsequenzen für Kreditinstitute und prozessualer Durchsetzung, Frankfurt am Main 1997, (zit.: Peters, P., Das deutsche Insiderstrafrecht).

Petersen, Harald: Die Strafbarkeit des „Scalping", in: wistra 1999, 328 (zit.: Petersen, H., Die Strafbarkeit des Scalping, in: wistra 1999).

Petersen, Harald: Der Schutz des Kapitalmarktes und des Börsenwesens durch die Tatbestände des Kapitalanlagebetruges und des Kursbetruges, in: Gropp, Walter, Wirtschaftskriminalität und Wirtschaftsstrafrecht, Leipzig 1998, (zit.: Petersen, H., Der Schutz des Kapitalmarktes, in: Gropp, W., Wirtschaftskriminalität und Wirtschaftsstrafrecht).

Pott, Christine: Die Außerkraftsetzung der Legalität durch das Opportunitätsdenken in den Vorschriften der §§ 154, 154a StPO: zugleich ein Beitrag zu einer kritischen Strafverfahrensrechtstheorie, Frankfurt am Main 1996, (zit.: Pott, Ch., Die Außerkraftsetzung der Legalität durch das Opportunitätsdenken).

Pott, Christine: Rechtsgutsgedanke versus Freiheitsverletzung – Zum Begriff des Unrechts bei der Vergewaltigung nach dem 6. Strafrechtreformgesetz, in: KritV 1999, 91, (zit.: Pott, Ch., Rechtsgutsgedanke versus Freiheitsverletzung, in: KritV 1999).

Prittwitz, Cornelius: Der fragmentarische Charakter des Strafrechts – Gedanken zu Grund und Grenzen gängiger Strafrechtsbeschränkungspostulate, in: Herausforderungen an das Recht, Berlin 1998, (zit.: Prittwitz, C., Der fragmentarische Charakter des Strafrechts, in: Herausforderungen an das Recht).

Radbruch, Gustav: Recht und Staat, in: Geschichte und Gegenwart – eine Feuerbach-Gedenkrede sowie drei Aufsätze aus dem wissenschaftlichen Nachlaß, Tübingen 1952, (zit.: Radbruch, G., Feuerbach-Gedenkrede).

Rauscher, Regina: Das Bundesaufsichtsamt für den Wertpapierhandel und seine Kompetenzen bei der Verfolgung von Insidergeschäften, Frankfurt 1999, (zit.: Rauscher, R., Das BAWe und seine Kompetenzen).

Reuter, Lothar: Verbrechen und Strafen im Werk Cesare Beccarias, in: NJ 1988, 171, (zit.: Reuter, L. Verbrechen und Strafen im Werk Cesare Beccarias, in: NJ 1988).

Ritter, Joachim: Historisches Wörterbuch der Philosophie, Band 3, Basel 1974, (zit.: Ritter, Rechtsphilosophie, Bd. 3).

Ritter, Joachim / Gründer, Karlfried: Historisches Wörterbuch der Philosophie, Band 6, Basel 1984 (zit.: Ritter/Gründer, Rechtsphilosophie, Bd. 6).

Rössner, Michael-Christian / Worms, Alexander: Welche Änderungen bringt § 264 a StGB für den Anlegerschutz? in: BB 1988, 93 (zit.: Rössner, M.-C./Worms, A., Änderungen des Anlegerschutzes, in: BB 1988).

Rössner, Michael-Christian / Worms, Alexander: in: Assmann/Schütze, Handbuch des Kapitalanlagerechts, 2. Auflage, Stuttgart 1996, (zit.: Rössner/Worms in Assmann/Schütze, Handbuch des Kapitalanlagerechts).

Roxin, Claus: Sinn und Grenzen staatlicher Strafe, in: derselbe, Strafrechtliche Grundlagenprobleme, Berlin 1973, (zit.: Roxin, C., Sinn und Grenzen staatlicher Strafe).

Schäfer, Frank: Zulässigkeit und Grenzen der Kurspflege, in: WM 1999, 1345, (zit.: Schäfer, F., Kurspflege, in: WM 1999).

Schäfer, Frank: Kommentar zum Wertpapierhandelsgesetz, Börsengesetz, Verkaufsprospektgesetz, Stuttgart 1999, (zit.: Schäfer, F., WpHG, BörsG, VerkProspG).

Scheu, Udo-Karl: Das Börsenstrafrecht und seine Reform, Gießen 1974, (zit.: Scheu, U.-K., Das Börsenstrafrecht und seine Reform).

Schild, Wolfgang: Die staatliche Strafmaßnahme als Symbol der Strafwürdigkeit, in: Festschrift für E.A. Wolff zum 70. Geburtstag, Berlin 1998, (zit.: Schild, W., Die staatliche Strafmaßnahme als Symbol der Strafwürdigkeit, in: Festschrift für E.A. Wolff zum 70. Geburtstag).

Schlüchter, Ellen: Zweites Gesetz zur Bekämpfung der Wirtschaftskriminalität, Heidelberg 1987, (zit.: Schlüchter, E., 2. WiKG).

Schmid, Niklaus: Strafverfahren und Strafrecht in den Vereinigten Staaten, 2. Aufl., Heidelberg 1993, (zit.: Schmid, N., Strafverfahren und Strafrecht in den Vereinigten Staaten).

Schmid, Wolfgang: Kapitalbeschaffung, in: Müller-Gugenberger, Christian / Bieneck, Klaus; Wirtschaftsstrafrecht, 3. Auflage, Köln 2000, (zit.: Schmid, W., Kapitalbeschaffung, in Müller-Gugenberger/Bieneck).

Schmidt-Bleibtreu, Bruno / Klein, Franz : Kommentar zum Grundgesetz, 9. Auflage, Neuwied 1999, (zit.: Schmidt-Bleibtreu / Klein, Art. 103 Abs. 2 GG).

Schmitz, Heinz-Gerd: Zur Legitimität der Kriminalstrafe, Berlin 2001, (zit.: Schmitz, H.-G., Legitimität der Kriminalstrafe).

Schneider, Hilka: Class Actions – Rechtspolitische Fragen in den USA und Anerkennung in Deutschland, Münster 1999, (zit.: Schneider, H., Class Actions – Rechtspolitische Fragen in den USA).

Schönenberger, Andreas: Ökonomische Analyse der Notwendigkeit und Effizienz des börsengesetzlichen Haftungsregimes, Baden-Baden 2000, (zit.: Schönenberger, A., Ökonomische Analyse der Notwendigkeit und Effizienz des börsengesetzlichen Haftungsregimes).

Schönke, Adolf / Schröder, Horst: Strafgesetzbuch, Kommentar, Bearbeiter: Cramer, Peter; Eser, Albin; Lenckner, Theodor; Stree, Walter; 26. Auflage, München 2001, (zit.: Sch/Sch-Bearbeiter).

Schröder, Christian: Aktienhandel und Strafrecht, Osnabrück 1994, (zit.: Schröder, Ch., Aktienhandel und Strafrecht).

Schwark, Eberhard: Kommentar zum Börsengesetz, 2. Aufl., München 1994, (zit.: Schwark, E., Börsengesetz).

Schwintowski, Hans-Peter: Recht und Gerechtigkeit, Berlin 1996, (zit.: Schwintowski, Recht und Gerechtigkeit).

Sorgenfrei, Ulrich: Zum Verbot der Kurs- oder Marktpreismanipulation nach dem 4. Finanzmarktförderungsgesetz, in wistra 2002, S. 321, (zit.: Sorgenfrei, U., Kursmanipulation, wistra 2002).

Stolleis,Michael: Juristen – ein biographisches Lexikon – von der Antike bis zum 20. Jahrhundert, München 2001, (zit.: Bearbeiter in: Stolleis, M., Juristen).

Süß, Frank: Vom Umgang mit dem Bestimmtheitsgebot, in: Albrecht, Peter-Alexis, Vom unmöglichen Zustand des Strafrechts, Frankfurt am Main 1995, (zit.: Vom Umgang mit dem Bestimmtheitsgebot, in: Albrecht, P.-A., Vom unmöglichen Zustand des Strafrechts).

Systematischer Kommentar zum Strafgesetzbuch, herausgegeben von Rudolphi, Hans-Joachim; Horn, Eckhard; Samson, Erich; Günther, Hans-Ludwig; Frankfurt am Main 1994, (zit.: SK-Bearbeiter).

Tawakkoli, Boris: Aktienplatzierung via Internet, in: DStR 1999, 1330 (zit.: Tawakkoli, B., Aktienplatzierung via Internet, in: DStR 1999).

Tiedeken, Rolf: Die Entwicklung der staatlichen Regulierung des Wertpapiermarktes in den USA, Regensburg 1999, (zit.: Tiedeken, R., Wertpapierregulierung in den USA).

Tischler, Werner Georg: Freiheit und soziale Bindung im Wirtschaftsrecht „Betrug und Opferverantwortung“, in: Jura 1988, 122, (zit.: Tischler, W., Freiheit und soziale Bindung im Wirtschaftsrecht, in: Jura 1988).

Tröndle, Herbert / Fischer, Thomas: Kommentar zum Strafgesetzbuch, 50. Auflage, München 2001, (zit.: Tröndle / Fischer).

Ungern-Sternberg, Joachim, von: Wirtschaftskriminalität beim Handel mit ausländischen Aktien, in: ZStW 88 (1976), 653, (zit.: Ungern-Sternberg, J., Wirtschaftskriminalität beim Handel mit ausländischen Aktien, in: ZStW 88).

Volk, Klaus: Scalping - strafbar? in: ZIP 1999, 787 (zit.: Volk, K., Scalping strafbar? in: ZIP 1999).

Vortmann, Jürgen: Prospekthaftung und Anlageberatung, Stuttgart 2000, (zit.: Vortmann, J. Prospekthaftung).

Weber, Ulrich: Das Zweite Gesetz zur Bekämpfung der Wirtschaftskriminalität (2. WiKG), in: NStZ 1986, 481, (zit.: Weber, U., Das 2. WiKG, in: NStZ 1986).

Weber, Martin: Kursmanipulationen am Wertpapiermarkt, in: NZG 2000, 113, (zit.: Weber, M., Kursmanipulationen, in: NZG 2000).

Weber, Martin: Scalping – Erfindung und Folgen eines Insiderdelikts, NJW 2000, 562, (zit.: Weber, M., Scalping, in: NJW 2000).

Weber, Ulf Andreas: Das neue deutsche Insiderrecht, in: BB 1995, 157, (zit.: Weber, U., Das neue deutsche Insiderrecht, in: BB 1995).

Weigend, Thomas: Das Opportunitätsprinzip zwischen Einzelfallgerechtigkeit und Systemeffizienz, in: ZStW 109 (1997), 105, (zit.: Weigend, T., Das Opportunitätsprinzip zwischen Einzelfallgerechtigkeit und Systemeffizienz, in: ZStW 109).

Weinstein, Martin: Summary of American Law, New York 1988, (zit.: Weinstein, M., American Law).

Weis, Eberhard: Cesare Beccaria (1738 – 1794) – Mailänder Aufklärer und Anreger der Strafrechtsreformen in Europa, München 1992 (zit.: Weis, E. Cesare Beccaria).

Westphalen, Stefanie von: Derivatgeschäfte, Risikomanagement und Aufsichtsrathaftung, Baden-Baden 2000, (zit.: von Westfalen, Derivatgeschäfte).

Winkler, Harald: Der Vermögensbegriff beim Betrug und das verfassungsrechtliche Bestimmtheitsgebot, Marburg 1994, (zit.: Winkler, H., Der Vermögensbegriff beim Betrug und das verfassungsrechtliche Bestimmtheitsgebot).

Wittich, Georg: Zusammenwachsende europäische Märkte – eine Herausforderung für die Wertpapieraufsicht in Europa, in: WM 1999, 1613 (zit.: Wittich, G., Wertpapieraufsicht in Europa, in: WM 1999).

Wittich, Georg: Erfahrungen mit der Ad hoc-Publizität in Deutschland, in: AG 1997, 1, (zit.: Wittich, G., Erfahrungen mit der Ad hoc-Publizität in Deutschland, in: AG 1997).

Wolff, Ernst Amadeus: Die Abgrenzung von Kriminalunrecht zu anderen Unrechtsformen, in: Hassemer, Windfried, Strafrechtspolitik – Bedingungen der Strafrechtsreform, Frankfurt, 1987, (zit.: Wolff, E.A., Die Abgrenzung von Kriminalunrecht zu anderen Unrechtsformen, in: Hassemer, W., Strafrechtspolitik).

Worms, Alexander: § 264a StGB – ein wirksames Remedium gegen den Anlageschwindel (1. Teil), in: wistra 1987, 242 (zit.: Worms, A., Anlageschwindel - § 264a, 1. Teil, in: wistra 1987).

Worms, Alexander: § 264a StGB – ein wirksames Remedium gegen den Anlageschwindel (2. Teil), in: wistra 1987, 271 (zit.: Worms, A., Anlageschwindel - § 264a, 2. Teil, in: wistra 1987).

Worms, Alexander: Anlegerschutz durch Strafrecht, Eine kritische Analyse des neuen Tatbestandes „Kapitalanlagebetrug“ (§ 264a StGB), Köln 1987 (zit.: Worms, A. Anlegerschutz).

Zaczyk, Rainer: Über Begründung im Recht, in: Festschrift für E.A. Wolff zum 70. Geburtstag, Berlin 1998, (zit.: Zaczyk, R., Über Begründung im Recht, in: Festschrift für E.A. Wolff).

Zaczyk, Rainer: Strafrechtliches Unrecht und die Selbstverantwortung des Verletzten, Heidelberg 1993, (zit.: Zaczyk, R., Strafrechtliches Unrecht).

FRANKFURTER KRIMINALWISSENSCHAFTLICHE STUDIEN

Band 1 Peter Böning: Die Lehre vom Unrechtsbewußtsein in der Rechtsphilosophie Hegels 100 S., 1978.

Band 2 Wolfgang Schneider: Kriminelle Straßenverkehrsgefährdung (§ 315c Abs. 1 Ziff. 2, Abs. 3 StGB). Eine kriminologische und strafrechtliche Untersuchung zur Problematik dieser Verkehrsstraftaten unter Berücksichtigung ausländischer Rechte. 342 S., 1978.

Band 3 Lothar Kuhlen: Die Objektivität von Rechtsnormen. Zur Kritik des radikalen labeling approach in der Kriminalsoziologie. 178 S., 1978.

Band 4 Günther Grewe: Straßenverkehrsdelinquenz und Marginalität. Untersuchungen zur institutionellen Regelung von Verhalten. 148 S., 1978.

Band 5 Dieter Haberstroh: Strafverfahren und Resozialisierung. Eine Studie über Verstehen und Nicht-Verstehen, über Verstanden-Werden und Nicht-Verstanden-Werden und deren Bedingungen in der Hauptverhandlung. 202 S., 1979.

Band 6 Thomas Vogt: Die Forderungen der psychoanalytischen Schulrichtungen für die Interpretation der Merkmale der Schuldunfähigkeit und der verminderten Schuldfähigkeit (§§ 51 a.F., 20, 21 StGB). 182 S., 1979.

Band 7 Andreas Michael: Der Grundsatz in dubio pro reo im Strafverfahrensrecht. Zugleich ein Beitrag über das Verhältnis von materiellem Recht und Prozeßrecht. 214 S., 1981.

Band 8 Ilias G. Anagnostopoulos: Haftgründe der Tatschwere und der Wiederholungsgefahr (§§ 112 Abs. 3, 112 a StPO). Kriminalpolitische und rechtssystematische Aspekte der Ausweitung des Haftrechts. 1984.

Band 9 Helga Müller: Der Begriff der Generalprävention im 19. Jahrhundert. Von P.J.A. Feuerbach bis Franz v. Liszt. 1984.

Band 10 Frowin Jörg Kurth: Das Mitverschulden des Opfers beim Betrug. 1984.

Band 11 Martin J. Worms: Die Bekenntnisbeschimpfung im Sinne des § 166 Abs. 1 StGB und die Lehre vom Rechtsgut. 1984.

Band 12 Jong-Dae Bae: Der Grundsatz der Verhältnismäßigkeit im Maßregelrecht des StGB. 1985.

Band 13 Helmut Fünfsinn: Der Aufbau des fahrlässigen Verletzungsdelikts durch Unterlassen im Strafrecht. 1985.

Band 14 Christoph Krehl: Die Ermittlung der Tatsachengrundlage zur Bemessung der Tagessatzhöhe bei der Geldstrafe. 1985.

Band 15 Walter-Hermann Kiehl: Strafrechtliche Toleranz wechselseitiger Ehrverletzungen - Zur ratio legis der §§ 199, 233 Strafgesetzbuch -. 1986.

Band 16 Matthias Krahl: Die Rechtsprechung des Bundesverfassungsgerichts und des Bundesgerichtshof zum Bestimmtheitsgrundsatz im Strafrecht (Art. 103 Abs. 2 GG). 1986.

Band 17 Patrick Carroll Campbell: § 220a StGB. Der richtige Weg zur Verhütung und Bestrafung von Genozid? 1986.

Band 18 Winfried Hassemer (Hrsg.): Strafrechtspolitik. Bedingungen der Strafrechtsreform. 1987.

Band 19 Felix Herzog: Prävention des Unrechts oder Manifestation des Rechts. Bausteine zur Überwindung des heteronom-präventiven Denkens in der Strafrechtstheorie der Moderne. 1987.

Band 20 Astrid Michalke-Detmering: Die Mindestanforderungen an die rechtliche Begründung des erstinstanzlichen Strafurteils. Zur Auslegung des § 267 StPO. 1987.

Band 21 Lothar Kuhlen: Die Unterscheidung von vorsatzausschließendem und nichtvorsatzausschließendem Irrtum. 1987.

Band 22 Michael Buttel: Kritik der Figur des Aufklärungsgehilfen im Betäubungsmittelstrafrecht (§ 31 BtMG). 1988.

Band 23 Matthias Kögler: Die zeitliche Unbestimmtheit freiheitsentziehender Sanktionen des Strafrechts. Eine vergleichende Untersuchung zur Rechtslage und Strafvollstreckungspraxis in der Bundesrepublik Deutschland und den USA. 1988.

Band 24 Klaus Lüderssen/Cornelius Nestler-Tremel/Ewa Weigend(Hrsg.): Modernes Strafrecht und ultima-ratio-Prinzip. 1990.

Band 25 Jürgen Taschke: Die behördliche Zurückhaltung von Beweismitteln im Strafprozeß. 1989.

Band 26 Daniela Westphalen: Karl Binding (1841-1920). Materialien zur Biographie eines Strafrechtsgelehrten. 1989.

Band 27 Sigrid Jans: Die Aushöhlung des Klageerzwingungsverfahrens. 1990.

Band 28 Dimitris Spirakos: Folter als Problem des Strafrechts. Kriminologische, kriminalsoziologische und (straf-)rechtsdogmatische Aspekte unter besonderer Berücksichtigung der Folterschutzkonvention und der Pönalisierung der Folter in Griechenland. 1990.

Band 29 Stephan Moll: Strafrechtliche Aspekte der Behandlung Opiatabhängiger mit Methadon und Codein. 1990.

Band 30 Stefan Werner: Wirtschaftsordnung und Wirtschaftsstrafrecht im Nationalsozialismus. 1991.

Band 31 Xanthi Bassakou: Beiträge zur Analyse und Reform des Absehens von Strafe nach § 60 StGB. 1991.

Band 32 Rainer Runte: Die Veränderung von Rechtfertigungsgründen durch Rechtsprechung und Lehre. Moderne Strafrechtsdogmatik zwischen Rechtsstaatsprinzip und Kriminalpolitik. 1991.

Band 33 Olaf Hohmann: Das Rechtsgut der Umweltdelikte. Grenzen des strafrechtlichen Umweltschutzes. 1991.

Band 34 Klaus Jochen Müller: Das Strafbefehlsverfahren (§§ 407 ff. StPO). Eine dogmatisch-kriminalpolitische Studie zu dieser Form des schriftlichen Verfahrens unter besonderer Berücksichtigung der geschichtlichen Entwicklung – zugleich ein Beitrag zum StVÄG 1987. 1993

Band 35 Sang-Don Yi: Wortlautgrenze, Intersubjektivität und Kontexteinbettung. Das strafrechtliche Analogieverbot. 1991.

Band 36 Birgit Malsack: Die Stellung der Verteidigung im reformierten Strafprozeß. Eine rechtshistorische Studie anhand der Schriften von C. J. A. Mittermaier. 1992.

Band 37 Rüdiger Schäfer: Die Privilegierung des "freiwillig-positiven" Verhaltens des Delinquenten nach formell vollendeter Straftat. Zugleich ein Beitrag zum Grundgedanken des Rücktritts vom Versuch und zu den Straftheorien. 1992.

Band 38 Cornelius Nestler-Tremel: AIDS und Strafzumessung. 1992.

Band 39 Christine Gutmann: Freiwilligkeit und (Sozio-)Therapie – notwendige Verknüpfung oder Widerspruch? 1993.

Band 40 Walter Kargl: Der strafrechtliche Vorsatz auf der Basis der kognitiven Handlungstheorie. 1993.

Band 41 Jürgen Rath: Zur strafrechtlichen Behandlung der aberratio ictus und des error in objecto des Täters. 1993.

Band 42 Martin Fischer: Wille und Wirksamkeit. Eine Untersuchung zum Problem des *dolus alternativus*. 1993.

Band 43 Regina Harzer: Der Naturzustand als Denkfigur moderner praktischer Vernunft. Zugleich ein Beitrag zur Staats- und Rechtsphilosophie von Hobbes und Kant. 1994.

Band 44 Helmut Pollähne: Lockerungen im Maßregelvollzug. Eine Untersuchung am Beispiel der Anwendung des nordrhein-westfälischen Maßregelvollzugsgesetzes im Westfälischen Zentrum für Forensische Psychiatrie (Lippstadt). 1994.

Band 45 Hans-Joachim Leonhardt: Rechtsmittelermessen der Staatsanwaltschaft. Eine Gegenüberstellung von § 296 StPO mit Nummern 147 und 148 Richtlinien für das Strafverfahren und das Bußgeldverfahren (RiStBV). 1994.

Band 46 Rolf Grünebaum: Zur Strafbarkeit des Therapeuten im Maßregelvollzug bei fehlgeschlagenen Lockerungen. 1996.

Band 47 Barbara Bialas: Promille-Grenzen, Vorsatz und Fahrlässigkeit. 1996.

Band 48 Christine Pott: Die Außerkraftsetzung der Legalität durch das Opportunitätsdenken in den Vorschriften der §§ 154, 154a StPO. Zugleich ein Beitrag zu einer kritischen Strafverfahrensrechtstheorie. 1996.

Band 49 Wolfgang Köberer: *Iudex non calculat*. Über die Unmöglichkeit, Strafzumessung sozialwissenschaftlich-mathematisch zu rationalisieren. 1996.

Band 50 Institut für Kriminalwissenschaften Frankfurt a.M. (Hrsg.): Vom unmöglichen Zustand des Strafrechts. 1995.

Band 51 Petra Kamberger: Treu und Glauben (§ 242 BGB) als Garantenstellung im Strafrecht? 1996.

Band 52 Anastassios Triantafyllou: Das Delikt der gefährlichen Körperverletzung (§ 223a StGB) als Gefährdungsdelikt. (Zugleich ein Beitrag zur Dogmatik der Gefährdungsdelikte). 1996.

Band 53 Norbert Kissel: Aufrufe zum Ungehorsam und § 111 StGB. Grundrechtlicher Einfluß bei der Feststellung strafbaren Unrechts. 1996.

Band 54 Susanne Ehret: Franz von Liszt und das Gesetzlichkeitsprinzip. Zugleich ein Beitrag wider die Gleichsetzung von Magna-charta-Formel und Nullum-crimen-Grundsatz. 1996.

Band 55 Stefan Braum: Geschichte der Revision im Strafverfahren von 1877 bis zur Gegenwart. Zugleich eine Kritik der Kontinuität politischer Macht im Recht. 1996.

Band 56 Katja Diel: Das Regreßverbot als allgemeine Tatbestandsgrenze im Strafrecht. 1997.

Band 57 Christoph Koller: Die Staatsanwaltschaft – Organ der Judikative oder Exekutivbehörde? Die Stellung der Anklagebehörde und die Gewaltenteilung des Grundgesetzes. 1997.

Band 58 Frank Schößler: Anerkennung und Beleidigung. Rechtsgut und Strafzweck des § 185 StGB. 1997.

Band 59 Regina Engelstädter: Der Begriff des Unfallbeteiligten in § 142 Abs. 4 StGB. Zugleich eine Kritik an aktuellen Zurechnungslehren. 1997.

Band 60 Jörg Reinhardt: Der Ausschluß und die Ablehnung des befangen erscheinenden Staatsanwaltes. 1997.

Band 61 Jens Christian Müller-Tuckfeld: Integrationsprävention. Studien zu einer Theorie der gesellschaftlichen Funktion des Strafrechts. 1998.

Band 62 Peter Maria Rohe: Verdeckte Informationsgewinnung mit technischen Hilfsmitteln zur Bekämpfung der Organisierten Kriminalität. Zugleich eine rechtsvergleichende Analyse der polizeilichen Abhörbefugnisse in den U.S.A. 1998.

Band 63 Dirk Fabricius: Was ein Lehrbuch lehrt ... Eine exemplarische Untersuchung von Jakobs *Strafrecht – Allgemeiner Teil*. 1998.

Band 64 Stefan Sinner: Der Vertragsgedanke im Strafprozeßrecht. 1999.

Band 65 Sebastian Schattenfroh: Die Staatsphilosophie Giovanni Gentiles und die Versuche ihrer Verwirklichung im faschistischen Italien. 1999.

Band 66 Athanassia Dionyssopoulou: Der Tatbestand der Geldwäsche. Eine Analyse der dogmatischen Grundlagen des § 261 StGB. 1999.

Band 67 Klaus von Lampe: *Organized Crime*. Begriff und Theorie organisierter Kriminalität in den USA. 1999.

Band 68 Christian Hanssen: "Trennung der Märkte". Rechtsdogmatische und rechtspolitische Probleme einer Liberalisierung des Drogenstrafrechts. 1999.

Band 69 Institut für Kriminalwissenschaften und Rechtsphilosophie Frankfurt a.M. (Hrsg.): Irrwege der Strafgesetzgebung. 1999.

Band 70 Konstantinos Chatzikostas: Die Disponibilität des Rechtsgutes Leben in ihrer Bedeutung für die Probleme von Suizid und Euthanasie. 2000.

Band 71 Bettina Wirmer-Donos: Die Strafrechtstheorie Karl Christian Friedrich Krauses als theoretische Grundlage des spanischen Korrektionalismus. 2001.

Band 72 Christine Löw: Die Erkundigungspflicht beim Verbotsirrtum nach § 17 StGB. 2001.

Band 73 Florian Ufer: Der Verwertungswiderspruch in Theorie und Praxis. Prozessuale Obliegenheiten des Verteidigers und ihre Bedeutung für die Rechtsposition des Beschuldigten. 2002.

Band 74 Katja Melzer: Psychisch kranke Straftäterinnen. Frauen im Maßregelvollzug. 2001.

Band 75 Gregor Kuntze-Kaufhold: Lebenswelt und Unparteilichkeit. Kriterien für eine Rechtsanwendungslehre am Beispiel der Analyse von fünf Hauptverhandlungen in Strafverfahren. 2002.

Band 76 Iris Kristina Passek: Die erstinstanzliche Zuständigkeit der Oberlandesgerichte in Staatsschutzstrafsachen. Historische Entwicklung und aktuelle Probleme. 2002.

Band 77 Michael Krebs: Die Weisungsgebundenheit des Staatsanwalts unter besonderer Berücksichtigung des rechtstatsächlichen Aspekts. 2002.

Band 78 Kerstin Degenhardt: Europol und Strafprozeß. Die Europäisierung des Ermittlungsverfahrens. 2003.

Band 79 Domenico Siciliano: Das Leben des fliehenden Diebes: Ein strafrechtliches Politikum. 2003.

Band 80 Marc Colussi: Produzentenkriminalität und strafrechtliche Verantwortung. 2003.

Band 81 Thilo Lars Hild: Grenzen einer strafrechtlichen Regulierung des Kapitalmarktes. Eine kriminalrechtliche Untersuchung von Börsengängen und Aktienhandel in Deutschland und den USA. 2004.

FSC
www.fsc.org
MIX
Papier | Fördert
gute Waldnutzung
FSC® C083411

Kolibri 360 GmbH
Ferdinand-Jühlke-Straße 7
99095 Erfurt, Deutschland
produktsicherheit@kolibri360.de

Druck:
CPI Druckdienstleistungen GmbH
im Auftrag der
Kolibri 360 GmbH
Ferdinand-Jühlke-Str. 7
99095 Erfurt